서바이벌 리포트

KB246813

마리아-루이즈 폰 프란츠Marie-Louise von Franz,
호노라리 패트론Honorary Patron
융 학파 분석가들이 쓴 융 심리학 연구Studies in Jungian Psychology by Jungian Analysts
대릴 샤프Daryl Sharp(편집 책임자)

The Survival Papers

서바이벌 리포트

인생 제2막을 위한 융 심리상담

대릴 샤프 지음 ◦ 정여울 옮김

CRETA

옮긴이 **정여울**

끊임없이 읽고 쓰고 '책을 살아내려고' 노력하는
작가이자 문학평론가, 나약함 속에서 힘을 찾고 작은
공동체에서 잠재력을 발견하는 인문학자.

문학과 심리학, 예술을 향한 열정을 담아 꾹꾹 눌러쓴
글로 독자들과 만나고 있다. 산 자와 죽은 자를 잇는
바리데기처럼, 인간과 신을 잇는 오디세우스처럼, 집이
없는 존재와 집이 있는 존재를 잇는 빨강머리 앤처럼
문학과 독자의 '사이'를 잇고 싶은 사람. 그렇게 사이에
존재함으로써 '이해하고 공감하고 소통하는 의지'를
날마다 배우는 사람. 서울대학교 독어독문학과를
졸업하고 동 대학원 국어국문학과에서 박사학위를
받았다. KBS 제1라디오 〈정여울의 도서관〉, 네이버
오디오클립 〈월간 정여울〉, 네이버 프리미엄 콘텐츠
〈살롱 드 뮤즈〉를 진행하고 있다.

지은 책으로 《데미안 프로젝트》《감수성 수업》《문학이
필요한 시간》《가장 좋은 것을 너에게 줄게》《끝까지
쓰는 용기》《상처조차 아름다운 당신에게》《나를 돌보지
않는 나에게》《빈센트 나의 빈센트》《월간 정여울》
《마흔에 관하여》《내성적인 여행자》《늘 괜찮다 말하는
당신에게》《공부할 권리》《헤세로 가는 길》《내가 사랑한
유럽 TOP10》《그때 알았더라면 좋았을 것들》《조국의
공부》《다시 만난 월든》 등이 있으며, 《제국 그 사이의
한국》을 우리말로 옮겼다. 산문집 《마음의 서재》로
제3회 전숙희문학상을 수상했으며, 《오직 나를 위한
미술관》은 2024년 '서점인이 뽑은 올해의 책'에
선정되었다.

데이브Dave,

벤Ben

그리고

타냐Tanya에게

일러두기

1. 이 책은 국립국어원의 한글 맞춤법과 외래어 표기법을 따랐습니다. 그러나 심리학에 쓰이는 일부 용어에는 예외를 두었습니다.

2. '대릴 샤프가 들려주는 융 심리학 이야기'는 원서에서 가장 앞부분에 있었으나, 분량이 길고 이론에 해당하여 에필로그 뒤로 옮겼습니다. 또한 각 장의 제목은 본문 내용에 맞춰 새롭게 달았습니다.

3. 저자의 주는 원래 각주였으나 미주로 옮겼고, 옮긴이의 주는 ( ) 표시하고 '옮긴이'라고 표시했습니다. ( )에 '옮긴이'로 표시되지 않은 부분은 원저자의 부연 설명입니다.

4. 원문의 이탤릭체 강조 표시는 고딕체로 표기했습니다.

5. 원문 중 라틴어나 독일어 개념어는 첫 글자에 알파벳 대문자로 표기했고, 영어는 그대로 두었습니다.

6. 주에 있는 융 전집은 1953년부터 1979년에 걸쳐 프린스턴대학교 출판부에서 펴낸 볼링겐 시리즈의 융 전집 20권(R.F.C. Hull 옮김, H. Read, M. Fordham, G. Adler, Wm. McGuire 엮음)을 가리킵니다. 줄여서 《전집》으로 표기했습니다. 출처 표기 맨 앞에 저자명을 적는 것이 원칙이지만, 융 전집에 한하여 융의 이름은 생략했습니다.

7. 주에 《전집》이 끝난 뒤 나오는 숫자 옆에 '~항'이라고 적힌 부분은 원문에서 "par.(paragraph)"로 표기된 부분입니다. 또한 약어 'ff.'는 '이하'로 표기했습니다.

진정한 치유는 궁극적으로 자기 자신이 되는 것이다.

— 카를 구스타프 융,《두 편의 에세이*Two Essays*》

옮긴이의 말

인생의 과도기를 겪고 있는 당신을 위한
융 심리학 상담일지

과연 용기를 내어 상담실에 찾아갈 수 있을까. 힘들고 아프지만 끝내 상담실의 문을 두드리지 못하는 사람들이 많다. 이 책은 그런 사람들에게 '진짜 나와 마주할 용기'를 주는 책이다. 노먼이라는 남자, 겉으로는 매우 평범해 보이는 한 남자가 상담실의 문을 두드린다. 그가 선생님께 털어놓는 모든 고통과 슬픔은 때로는 충격적이기도 하고, 때로는 우리네 보통 사람들의 고통과 지극히 닮은 모습이기도 하다. 나는 이 책을 번역하며 '드디어 오랫동안 그토록 읽고 싶던 책을 이제야 번역하고 있구나' 하는 희열을 느꼈다. 너무 어렵거나 심오해서 일반인들은 접근하기 어려웠던 융 심리학을 쉽고 재미있는 소설의 형태로 보여주는 책이라니. 이런 책을 얼마나 갈망했던가.

내가 《데미안 프로젝트》나 《나를 돌보지 않는 나에게》를 강의할 때마다 융 심리학의 핵심 개념을 설명하면, 독자들은 눈을 반짝이며 나에게 질문했다. "융 심리학에 대한 쉽고 재미있는 책을 소개해 주시면 안 될까요?"라는 질문을 수백 번 받은 것이다. 나는 그때마다 다양한 융 심리학 관련 저서들을 소개해 주었지만, 대릴 샤프만큼 깊이 있고, 흥미진진하며, 독자 친화적으로 융 심리학의 핵심으로 들어간 책은 매우 드물다. 깊이를 추구하다 보면 책이 어려워지고, 재미만을 강조하다 보면 융 심리학의 핵심을 놓쳐버리곤 하는데, 이 책은 재미와 깊이를 모두 추구하여 마침내 독자를 융 심리학의 거대한 숲으로 초대하는 데 성공한다. 마치 이 책을 읽고 있는 것만으로도 절묘하고도 심오한 융 심리학 특강을 듣고 있는 듯한 행복한 착각이 든다. 소설의 형식을 빌려 노먼이라는 가상의 인물과 지은이가 실제 상담을 하는 듯한 구성으로 이루어진 이 책은 '소설로 읽는 융 심리학 상담'이자 '쉽고 재미있게 풀어쓴 융 심리학 개론서'이기도 하다. 나 또한 이 책을 번역하며 한국의 독자들에게 소개할 수 있게 되어 뛸 듯이 기쁘다.

이 책에서 노먼은 '극심한 우울감을 견디다 못해 마침내 상담실을 찾은 보통 사람'의 전형이다. 그는 어느 날 갑자기 지금까지 이루어 온 삶의 모든 성취와 행복이 더 이상 예전처럼 기쁨을 주지 못한다는 것을 깨닫는다. 아내 낸시가 그를 감정적으로나 육체적으로나 멀리하면서, 노먼은 자신이 가장 소중한 사람에게서조차 존중받지 못하는 느낌, 자신의 행복에 아무도 신경쓰지 않는 느낌에 시달린다. 그리고 무엇보다도 '내 인생은 과연 무엇을 위해 존재하는가, 나는 무엇을 위해 이토록 힘들게 버텨왔는가, 나는 과연 어떤 사람인가'라는 근원적인 질문에 도달하고, 마침내 '나'라는 존재에 대해 한 번도 제대로 궁리해 본 적 없는 자신의 벌거벗은 삶과 마주한다. 그는 친구의 소개를 통해 융 심리학 상담사인 '나'를 찾게 되고, 나는 그와의 상담을 통해 '인생의 위기를 겪고 있는 수많은 내담자'의 고통과 치유의 여정을 펼쳐 보이게 된다. 이 책에 등장하는 또 하나의 중요한 인물은 레이철과 아놀드인데, 레이철은 융 심리학 전문가인 '나'의 상상 속 '아니마anima(남성의 무의식 속에 숨겨진 여성성)'이고, 아놀드는 '나'의 절친한 벗이면서 동시에 '나의 그림자(내 오랜 트라우마와 콤플렉스를 응축한 인물)'를 상징하는 캐릭터다. 이 책을 읽고 번역하면서 나는 노먼과 '나'와의 만남, 우울감을 앓고 있는 내담자와 융 심리학자의 만남이 바로 우리가 꿈꾸던 진정한 '내면의 자기'와의 만남임을 깨달았다.

이렇게까지 솔직해질 수 있을까. 자기 인생의 수많은 트라우마, 낯 뜨거운 실수들, 부끄러운 과거, 남에게 이해받지 못할까 두려워하며 마음 깊은 곳에 숨겨두었던 모든 비밀스러운 이야기들까지, 심리 상담사 앞에서 다 털어놓을 수 있을까. 이 흥미로운 심리 상담 속 주인공 노먼은 바로 그 어려운 과제를 해낸다. 그런데 더 중요한 것은 상담사 앞에서 정직해지는 것만이 아니라 '나 자신에게 정직해지는 것'이다. 내면의 자기와 투명하게 마주 서는 것, 남들에게 결코 보여주고 싶지 않았던 모든 부끄러운 이야기까지 남김없이 마주하는 것. 그것이 트라우마와 대면하는 용기의 시작이며, 인생 제2막을 준비하는 사람들을 위한 융 심리학의 제안이다. 특히 온갖 불안과 우울로 가득한 중년의 위기를 겪는 사람들은 그저 이 힘든 시간이 지나가기를 바라지만, 융 심리학에서는 중년의 위기야말로 자기 안의 눈부신 잠재력을 발견하는 기회로 바라본다. 비로소 나 자신으로 살아가는 용기를 되찾는 것. 나아가 성난 파도처럼 마구 밀려드는 고달픈 과거의 기억들 속에서 끝내 나 자신으로 살아갈 용기를 되찾는 것. 그 찬란한 개성화의 과업을 이루기 위해서 필연적으로 겪어내야만 하는 제2의 사춘기가 바로 중년의 위기다.

사춘기에는 내가 누군지도 모른 채 극심한 영혼의 성장통을 겪지만, 중년의 위기엔 내가 누구인지를 누구보다도 잘 알면서도 방황과 좌절을 멈출 수 없기에 더욱 고통스럽다. 사춘기의 고통이 '내 영혼에 눈뜨는 아픔'이라면, 중년의 고통은 '한 번도 뒤집어 보지 못했던 인생의 카드를 마침내 뒤집는 순간의 고통'이다. 그러나 언젠가 반드시 찬란한 꽃을 피워낼 내 인생을 찾기 위해 기꺼이 감수해야 할, 보다 성숙한 아픔이다. 생물학적 태어남이 제1의 탄생이라면, 이 시기의 개성화는 중년의 위기를 거쳐 더 나은 존재로 거듭나는 제2의 탄생이다. 그리하여 이 새로운 태어남의 아픔은 반가운 깨어남의 증거이기도 하다. 융 심리학에서 중년의 위기를 오히려 개성화의 긍정적인 기회로 보는 까닭이기도 하다. 방황하고 깨어지고 무너지는 그 모든 아픔이 바로 제2의 탄생, 개성화를 위한 아름다운 성장통이 될 것이다. 나는 이 책을 통해 내 모든 방황이 결코 쓸데없는 시간낭비가 아니었음을 기쁘게 깨닫게 되었다. 특히 마흔 이후의 방황은 타인의 시선에 일희일비하지 않고 '그냥 나로 살아갈 수 있는 용기'를 낼 수 있도록 나를 무의식 깊은 곳의 참 자아로 이끌어 주는 '아리아드네의 실' 같은 역할을 했다. 독자 여러분도 이 책을 통해 우리가 '알고 보면 참 아름답고 쓸모 있는 방황의 시간'이 지닌 깊은 의미를 찾을 수 있기를. 나아가 내가 잘 돌봐주지 않으면 그 누구도 구할 수 없는 바로 나 자신의 삶을 보살피는 마음의 기술을 터득할 수 있기를 바란다.

여기, 남들이 보기에는 더없이 행복해 보이던 한 가족이 중년의 위기로 인해 붕괴될 위험에 놓여 있다. 이 가족의 붕괴는 남편 노먼의 불륜으로 시작되었지만, 아내도 남편과의 진솔한 대화를 포기하고 자신의 진짜 문제를 숨김으로써 두 사람의 관계는 걷잡을 수 없이 악화된다. 부부 사이의 육체적 친밀감이 사라진 것으로 시작된 중년의 위기는 통제불능의 상태로 악화되어 심각한 우울과 자살 충동으로까지 번진다.

그러나 끝내 희망은 있다. 이 책은 바로 그 그칠 줄 모르는 희망에 대한 이야기다. 아무리 우울하고 절망적인 상황에서도, '아직 내게 남은 희망' 한 가닥을 붙잡고 일어설 수 있는 바로 우리들을 위한 이야기다. 중년의 위기를 잘 겪어내는 사람은 이후 인생 제2막을 아름답게 가꿀 수 있는 정신의 지형도를 거머쥐게 된다. 또한 이 책이 다루고 있는 문제는 비단 '중년의 위기'에만 그치지 않는다. '나만의 꿈, 내게 어울리는 길'을 찾지 못해 방황하는 모든 사람, 인간관계에서 심한 상처를 받고 원래의 내 모습조차 완전히 잃어버린 듯한 아픔을 앓고 있는 모든 사람, 커다란 트라우마는 없지만 소소한 트라우마들이 쌓이고 쌓여 마침내 커다란 장애물이 된 것 같은 당혹감을 느끼는 모든 사람에게 도움이 될 것이다. 쉽게 검색하고 간단하게 소유하는 간편한 정보가 아닌, '감동적인 이야기'의 형태로 풍요롭고 아름답게 수놓아진 내 인생의 지형도를 거머쥔 당신이 어제보다 더 나은 모습으로, 눈부신 젊음과 용기로 가득한 하루하루를 보낼 수 있기를.

당신과 함께,
그 어느 때보다도 풍요로운
인생의 가을을 준비하며.
정여울

차례

프롤로그

중년의 위기는 마치 급성 신경증처럼 갈등, 우울증, 불안의 형태로 닥쳐온다.

사람들은 보통 이러한 증상들이 해로운 것이라고 생각하고, 질병의 징후라고 믿는다. 하지만 카를 융은 이 모든 증상을 자기 치유의 시도라고 보았다. 중년의 위기는 기본적으로 건강한 정신이 적절한 균형을 찾으려는 내적 갈망의 발현이라고 본 것이다.

융은 이렇게 말한다. "신경증은 그저 우연히 발생하는 것이 아니다." "신경증이 일어나는 순간은 매우 중대한 시점이다. 그것은 보통 새로운 심리적 조정, 즉 새로운 적응이 요구되는 순간이다."[1]

이러한 관점에서, 신경증으로 인한 인격의 붕괴는 분명한 목적을 지닌다. 중년의 위기에서 겪는 신경증은 개인을 새로운 깨달음, 더 높은 자기인식의 차원으로 끌어올리기 위한 것이다.

이 책은 융 심리학의 기본 개념들을 토대로, 중년의 삶에서 겪는 심리적 문제들과 연관된 갈등, 우울, 그리고 수많은 다른 증상의 경험과 의미를 심층적으로 탐구한다.

1

'나'와의 만남,
그 시작의 어려움

자신의 내면을 제대로 인식하지 못하면, 그것은 마치 운명처럼, 외부의 사건으로 일어난다.
— 카를 구스타프 융, 《아이온 Aion》

성장의 시기에는 언제나 수많은 어려움에 부딪힌다. 그것은 마치 아이의 첫 번째 탄생과도 같다. 그러나 그 어려움은 바로 형태를 얻으려 몸부림치는 모든 것의 흘러넘침에서 비롯된다. 모든 것이 움직이고 변화한다. 그러므로 인내하며 나아간다면, 위대한 성취에 다다를 가능성이 열려 있다. (…) 그리고 무엇보다 중요한 것은, 혼자 머물러 있지 않는 일이다. 이 혼돈을 헤쳐나가기 위해, 반드시 함께할 동반자가 필요하다.
— '첫 시작의 어려움', 〈수뢰둔水雷屯〉《역경》의 세 번째 괘)

노먼은 내 대기실에서 울고 있었다. 나중에 알게 된 사실이지만, 그는 한 시간 가까이 약속 시간을 기다리며 그곳에 앉아 있었다고 했다. 내 비서는 그에게 차 한 잔을 내주었다. 그의 손은 떨리고 있었으며, 마시던 차를 바지에 흘렸다.

내가 그를 안으로 안내하자, 그는 가죽 안락의자에 털썩 주저앉았다.

그것은 우리가 함께한 첫 번째 상담 세션이었다. 노먼은 내가 분석가로서 15년 동안 본 사람들 중 가장 기이한 외모는 아니었지만, 가장 평범한 인상도 아니었다. 노먼의 머리는 꽤 길었고, 수염과 콧수염은 단정하게 다듬어져 있었다. 노먼의 나이는 30대 후반쯤이었지만, 10년쯤은 더 젊어 보였다. 그는 깔끔하게 차려입고 있었다. 스포츠 셔츠 위에 얇은 양모 스웨터를 입고 있었다. 허쉬퍼피 신발은 잘 어울리지 않았다. 그의 눈은 붉게 충혈되고 잔뜩 부어 있었다.

"이런 모습 보여드려서 죄송합니다."

그가 코를 풀며 말했다.

"버스를 타자마자 울기 시작했어요. 멈출 수가 없었어요. 왜 그런지도 모르겠어요. 이렇게 일찍 도착한 건, 갈 데가 없어서였어요."

나는 아무 말도 하지 않았다.

"저는 정말 불행해요."

그가 말했다.

"며칠 전 아침에 울면서 깼는데, 그 이후로 자꾸만 눈물이 멈추지 않았어요. 이렇게 갑자기 시간을 내주셔서 정말 감사해요. 이제 저는 뭘 믿어야 할지도 모르겠어요. 너무 혼란스러워요. 제가 미친 건지도 모르겠어요. 가끔은 그냥 죽는 게 나을 거란 생각도 들어요. 당장 뭘 해야 할지도 모르겠어요."

그는 낡은 가죽 서류가방을 열고 노트 한 권을 꺼냈다.

"저는 원래 참 멋진 삶을 살고 있었어요. 아내와 두 아이가 있어요. 가족은 제 전부예요. 저는 가족들 없이 절대 혼자 살 수 없어요."

그는 다시 울기 시작했다.

"제 인생은 무너지고 있어요."

그가 말했다.

"우리는 6년간 행복한 결혼생활을 해왔어요. 저는 아내를 사랑해요. 제가 아내와 헤어질 가능성은 전혀 없어요."

그가 어깨를 으쓱였다.

"제가 다른 여자들을 만난 건 사실이에요. 하지만 그들에게는 정말 아무런 감정도 없었어요. 전 정말 우리 가족 없이는 살 수가 없다고요."

그는 갑자기 반항하듯 나를 똑바로 바라보았다.

"저는 가족 문제 때문에 여기 온 게 아니에요. 문제는 제 안에 있어요. 제 아이들은 정말 훌륭해요. 아내는 세상에서 가장 좋은 엄마예요. 그녀는 저를 사랑해요. 저를 절대로 떠나지 않을 거라고요. 그건 알아요."

우리는 잠시 침묵 속에 앉아 있었다. 나는 그를 지켜보았다. 그는 벽을 응시하고 있었다. 나는 그를 바라보며 이 사람과 계속 상담하게 된다면 어떤 느낌일지를 가늠하고 있었다. 그는 자기 내면의 환영들을 보고 있었다.

"모든 게 시작된 건 아마 2년 전쯤이었어요. 그때 아내는 나와의 잠자리를 좋아하지 않는다고 말했지요."

그는 코를 풀었다.

"아내가 그런 생각을 하고 있을 줄은 꿈에도 몰랐어요."

그가 말했다.

"아, 사실은 제가 전혀 몰랐다는 것은 완전히 사실은 아니에요. 결혼 첫해가 지나고 나서부터 아내가 저와의 잠자리에 흥미를 잃었다는 걸 어렴풋이 알긴 했어요. 그래도 그 말을 아내의 입으로 직접 들었을 땐 마음이 찢어졌죠. 그때 저는 디트로이트에 있었어요. 계약을 마무리하던 중이었죠. 호텔방에서 아내와 아이들에게 안부를 전하려고 전화를 걸었어요. 저는 집에 자주 연락하려고 하는 편이에요. 그때 제 곁엔 어떤 여자가 있었는데, 이름은 기억나지 않아요.

아내가 말했죠. '제발 집에 와줘요. 우리 얘기 좀 해야 해요.' '무슨 얘기?'라고 제가 물었더니, '섹스에 대한 거예요. 이제 우리 사이에는 불꽃이 사라져 버렸어요'라고 했어요. 그녀는 울고 있었고, 저도 울었어요. 저는 모든 걸 접고 곧장 비행기를 타고 집에 돌아왔죠."

노먼은 자신의 노트를 내려다보았다.

"그 이후로는 모든 게 예전 같지 않았어요. 우리는 그 문제에 대해 얘기했지만, 말이 별로 필요하지도 않았죠. 저는 다른 여자들을 만나는 걸 그만뒀어요. 신시내티에서 만난 승무원과 바텐더는 빼고요. 그리고 성생활 테크닉에 관한 책도 몇 권 읽었죠. 하지만 아무것도 달라지지 않았어요. 아, 그녀가 저를 거부한 적은 없어요. 예전에도, 지금도요. 그녀는 늘 저를 받아주었죠. 하지만 여전히 그걸 즐기진 않아요."

그는 다시 코를 닦았다.

"저는 그 정도는 받아들일 수 있었어요. 쉽진 않았지만, 감당할 수 있었죠. 우리는 생각하는 방식도 비슷하고, 뭐든 같이 해요. 잠자리가 그렇게 중요한 건 아니죠. 우리 부부는 완벽해요. 모두가 부러워하죠."

그는 약간 자랑스러운 눈빛으로 나를 바라보았다.

"그러다 1년 전쯤, 아내는 다른 남자를 만나기 시작했어요. 아주 괜찮은 사람이에요, 예술가죠. 보리스와 그의 아내는 우리 부부와 오랜 친구예요. 함께 브리지(카드놀이의 일종-옮긴이)도 하고요. 저는 아내와 보리스의 관계가 뭔가 이상하다고 느꼈지만, 아내는 그저 제 상상일 뿐이라고 했지요."

"그러다 아내와 보리스가 주고받은 연애편지를 발견했어요. 하지만 차마 아내에게 털어놓을 수는 없었어요. 내가 아내의 물건을 몰래 뒤졌다는 걸 알게 되면 당연히 그녀는 분노할 테니까요. 어쨌든, 그녀에게도 즐길 권리가 있다고 생각해요. 물론 질투는 나지만, 그건 제 문제죠. 그 남자가 우리 가정을 위협하는 존재는 아니라는 걸 저는 알아요. 저는 이 모든 걸 바로잡기 위해 뭐든 할 수 있어요."

눈물이 그의 얼굴을 타고 흘러내리고 있었다. 그는 흐르는 눈물을 닦지도 않았다.

"몇 달 동안 아내와 보리스를 몰래 지켜봤어요. 덤불 뒤에 숨어서 엿보고, 전화 통화도 엿들었어요. 정말 부끄럽지만, 멈출 수가 없었어요. 아내와 보리스가 뭘 하고 있을지 궁금하고, 그러다 보니 늘 거대한 바윗덩어리가 위장을 짓누르고 있는 기분이에요. 그녀가 저와 잠자리를 원하지 않는 것도 힘든데, 다른 남자와는 사랑을 나누고 있을지도 모른다는 상상을 하니 견딜 수가 없어요. 그래서 여기에 상담을 받으러 온 거예요. 저는 그걸 받아들일 수 있어야 해요. 이렇게 아내에게 집착하고 싶지는 않아요. 제 안에 뭔가 문제가 있어요."

그는 몇 장의 사진을 꺼냈다.

"이쪽이 제 아내 낸시고, 아이들이에요. 얘는 이안, 다섯 살 반이고, 얘는 제니퍼, 네 살이에요. 이건 우리 집이에요."

"제 직업은 꽤 괜찮은 것 같아요. 그런데 요즘엔 거의 일에 집중을 못 하고 있어요. 기분이 안 좋을 땐 지하실에 내려가 대마초를 피워요. 예전 일들을 떠올리죠. 우리가 얼마나 행복했는지를요. 가끔은 도움이 되지만, 가끔은 더 우울해져요."

"어떻게 나를 찾으셨나요?" 내가 물었다. "왜 융 분석가에게 오신 거죠?"

"뭐라고요?"

"왜 융 분석가를 택하셨냐고요."

노먼은 눈가를 닦았다.

"친구가 추천해 줬어요."

그는 매우 슬픈 표정으로 나를 바라보았다.

"저는 너무 우울하고, 잠도 잘 못 자요. 식욕도 없고 에너지가 하나도 없어요. 그러니까, 제가 뭘 해야 한다고 생각하세요?"

＊

　나는 노먼이 무엇을 해야 할지 몰랐다. 이기적으로 들
리겠지만, 사실 나는 그를 만나게 되어 기뻤다.

　심리 분석가로서의 일은 이제 나의 일상이 되어버렸
고, 스무 해 전 나를 융 심리학 분석으로 이끌었던 내 안의
조용한 절망조차 이제는 거의 기억나지 않았다. 노먼은 나
자신의 과거와 내가 융 분석가가 되기까지의 험난한 과정
을 때마침 제때 상기시켜 주는 존재였다. 나에게도 노먼처
럼, 당시 내가 누리고 있는 삶보다 차라리 자살이 더 매력
적인 선택지처럼 보였던 시기가 있었다.

　노먼은 타오르는 불꽃 속에 홀로 서 있다. 그는 무너진
사람이다. 중년의 위기와 관련된 모든 증상이 보인다. 불
안, 우울, 자기 연민과 죄책감. 그는 먹지도, 자지도 못한다.
그는 매사에 기운이 없고 깊은 혼란에 빠져 있다. 당시 노
먼에게 유일한 희망은 그가 자신의 문제를 분명히 인식한
다는 점이었다.

　그가 자신이 겪고 있는 문제의 본질이나 심각성을 아
직 이해하지 못하는 것은 사실이지만, 분명히 그는 한계점
에 다다랐다. 그는 분석에 적합한 상태, 매우 유망한 사례
이기도 했다. 그가 이미 자신의 문제를 혼자 해결할 수 없
다는 것을 깨닫고 이미 항복한 상태였기 때문이었다.

　노먼과 그의 아내는 둘 다 길을 잃고 일탈한 상태이지
만, 아직 서로를 떠날 수 없는 공생 관계에 있다. 노먼의 가

족은 그의 중심이다. 가족이 없다면 노먼은 존재할 수 없다. 그는 아내에게 거부당했다고 느끼지만, 그 사실에 직면하여 아무것도 할 수 없다. 아무리 비참함을 느껴도, 아내 없이 홀로 인생을 살아갈 가능성은 없다고 믿는다. 그는 자신의 상황을 명확히 판단할 수 없다. 자신이 겪고 있는 문제를 떠올릴 때마다 수많은 감정의 파도에 휩쓸리기 때문이다.

나는 모든 것이 뒤틀린 한 사람을 본다. 머리와 몸, 이성과 감정, 그 모든 것이 조화를 이루지 못하고 분열된 사람이다. 마치 호안 미로Joan Miró의 그림 〈초상〉(1938년작)처럼 말이다(이 책 원서의 표지 그림이 호안 미로의 〈초상〉이다.-옮긴이).

신경증이 점차 심해지는 과정에서 보면, 노먼의 리비도libido(성적 에너지-옮긴이)는 더 이상 앞으로 전진하지 않는다. 그는 겨우겨우 기능할 수 있는 수준이다. 그의 환경은 변했지만, 적응하지 못하고 있다. 감정은 작동하지 않고, 제대로 생각할 수도 없다. 그의 에너지는 퇴행하여, 잃어버린 낙원, 즉 아내와 한때 잘 지냈던 좋았던 시절에 대한 유아적 환상을 품고 있다. 그는 과거의 잃어버린 낙원을 되찾기 위해, 인생의 변화를 간절히 갈망하고 있다.

노먼의 내면세계 안에서는 맹렬한 지각변동이 일어나고 있다. 그는 아직 그것을 인식하지는 못하지만, 그런 내적 갈등이 없었다면 며칠 동안이나 울고 난 뒤 결국 나를 찾아오는 일도 없었을 것이다. 그러나 지금 이 시점에서 그의 모든 방어기제는, 자신이 누리던 예전의 삶이 끝났다는 사실을 인식하지 못하도록 방해하고 있다. 그는 단지 '모든 것을 바로잡고 싶어' 할 뿐이며, 이는 자신이 사랑받고 있다고 느꼈던 시절로 시간을 되돌리고 싶어 한다는 의미다.

노먼은 나를 만나기 위해 상당한 금액을 치르고 있다. 그는 도움을 받기 위해 나를 찾아왔다. 그는 자신의 문제에 대한 해결책을 원하며, 내가 그것을 제공해 줄 수 있다고 진심으로 믿고 있다. 하지만 내가 노먼이 무엇을 해야 할지 분명하게 안다면, 나는 신일 것이다. 다행히도 나는 스스로 신이라고 믿을 정도로 자아가 팽창하는 과대망상에 빠지지는 않는다.

나는 노먼의 말을 들으며 아무 말도 하지 않는다. 나는 그의 눈물을 본다. 그의 고통을 듣는다. 나는 연민을 느끼지는 않지만, 그렇다고 무감각한 것도 아니다. 그가 보여주는 감정적 혼란은 나에게 기이한 영향을 준다. 한편으로는 그가 고통스러워하는 모습이 나를 꽤 냉담하게 만들지만, 다른 한편으로는 내 배 속에서 점점 커져가는 감정의 응어리를 느낀다. 이제 노먼은 나에게 흥미를 불러일으키기 시작한다. 우리는 마음 깊은 곳에서는 형제 같은 관계다. 그의 외적인 상황은 내가 그 나이였을 때와 완전히 같지는 않지만, 심리상태는 매우 비슷하다. 노먼을 보고 있으면, 나는 마치 스무 해 전의 나 자신의 모습을 보는 것 같기도 하고, 그 당시의 내 목소리를 듣고 있는 듯하다.

그 당시 나는 심리분석이란 것을 일정 기간 제대로 받

으면 아픈 마음이 치유되고 언젠가는 치료가 끝날 것이라는 보편적인 믿음을 공유하고 있었다. 이것은 여전히 많은 사람이 가지고 있는 환상이다. 이는 정신분석 초창기 시절의 유산으로, 당시에는 무의식 속에 의식이 억압한 내용만이 담겨 있다고 생각했다. 무의식이 의식화되고 다시 체험되고, 감정적으로 정화되면, 환자는 그 이후로 평생 행복하게 살 수 있다고 여겼기 때문이다.

그러나 유감스럽게도 무의식의 갈등은 절대 고갈되지 않는 것으로 드러났다. 마치 거대한 바다 위에서 수영하는 사람처럼, 우리는 표면의 파도를 스치며 헤엄칠 수는 있지만, 무의식의 심연에서는 끊임없이 새로운 문제들이 떠오른다. 내면세계에서 그렇게 끊임없이 새로운 문제가 일어나듯, 실제 삶에서도 마찬가지다. 우리는 끊임없이 새로운 상황에 적응해야 할 필요성에 직면하게 된다.

나는 노먼이 자신의 상황을 제대로 인식하지 못하고, 자기 자신에 대해 부적절한 태도를 취한다는 것을 알고 있다. 그러나 나는 그에게 그것을 소리 내어 말하지 않는다. 왜냐하면 아직 노먼은 내가 무슨 말을 하는지 이해하지 못할 것이기 때문이다. 노먼은 자신의 문제를 스스로 깨달아야 한다. 마치 순무 밭에서도 기어이 뿌리를 내리고 자라나는 장미처럼, 노먼은 자기 내면의 토양에서 스스로 성장해야만 한다. 그는 아직 더 많은 고통을 겪어내야 한다. 자신에게 더 적절한 삶의 태도를 찾을 때까지, 그리고 인생의 문제에 대처할 방도가 자신의 내면에서 솟아오를 때까지 고통을 겪어야 한다. 언젠가 그것을 스스로 깨닫기 위해, 그에게는 시간이 필요하다. 그의 고통은 그가 아직 의식하지 못하는 내적 갈등의 결과다. 나는 격렬한 고통을 겪어내야만 의미 있는 해결책을 찾을 수 있다는 것을 안다. 격렬한 고통은 그동안의 삶이 얼마나 견딜 수 없을 정도로 망가져 있었는지를 보여준다. 그러나 단지 고통받는 것만으로는 충분하지 않다. 그 고통을 이겨내기 위해 뭔가 해내려는 의지가 있어야 한다.

나는 지금 당장은 노먼의 고통을 덜어주기 위해 아무 말도 하지 않는다. 왜냐하면 지금 그는 마땅히 있어야 할 그 자리에 있기 때문이다. 그는 자기 자신을 형편없는 존재라고 느끼고 있지만, 그는 무의식의 문제를 의식화할 기회가 생긴 것이다. 설령 내가 그의 문제를 마법처럼 없앨 수 있더라도 나는 그렇게 하지 않을 것이다.

모든 심리적 갈등은 개인의 마음속에서 서로 반대되는 대극opposites의 문제를 가리킨다. 일반적으로 '대극'은 자아ego와 무의식unconscious의 관계를 의미한다. 즉 모든 갈등은 자아와 무의식이 충돌하고 있음을 보여주는 것이다. 본인이 갈등을 실제로 인식하든 아니든, 자아와 무의식의 충돌은 일어난다. 이는 갈등이 내적인 것으로 인식되든 아니든 사실이다. 왜냐하면 나와 다른 타인, 특히 아내나 남편과의 갈등은 실제로 자기 내부의 무의식적 갈등이 외부로 투사projection된 것이기 때문이다. 이러한 무의식의 갈등이 충분히 표면적으로 의식화되지 않기 때문에, 그 갈등은 타인을 향한 행동으로 드러나게 된다.

이것이 바로 투사라 불리는 것이며, 3장에서 자세히 이야기할 것이다. 여기에서는 잠시 갈등의 심리학을 살펴보자.

의식 속에 어떤 태도가 존재한다면, 그 반대의 태도는 무의식 속에 존재한다. 무의식을 억지로 끌어낼 방법은 없다. 억지로 끌어내려고 하면, 무의식은 나오기를 거부한다. 그래서 심리분석 과정은 의식과 무의식 사이에 활발한 갈등이 없으면 생산적이지 못한 것이다. 외부 생활이 비교적 원활하게 진행되는 한, 굳이 무의식을 분석할 필요는 없다. 하지만 의식과 무의식 사이, 즉 외부 생활과 내면 사이에 갈등이 일어날 때는 피할 길이 없으며, 우리는 자동적으로 의식의 반대 측면, 무의식과 직면하게 된다.

가장 보편적으로 나타나는 갈등 상황이란, 미래의 진로를 결정할 때 여러 가지 선택 사이에서 방황하는 경우다. 이론적으로 보기에는 아주 다양한 선택지가 있는 것처럼 보인다. 그러나 본질적으로 갈등은 두 가지 중 하나를 선택해야만 하는 경우다. 인생의 갈림길에서 어느 쪽을 선택하느냐에 따라 인생의 결과도 달라진다.

예컨대 가장 고통스러운 갈등은 인생의 의무와 관련된 것이거나, 안전과 자유 사이에서 하나를 선택해야 하는 상황과 관련된 것이다. 이러한 갈등은 상당한 내적 긴장inner tension을 유발한다. 이 갈등을 본인이 명확하게 의식하지 못하면, 그 긴장은 신체적 증상으로 나타난다. 무의식과 의식이 갈등할 때, 우리는 흔히 위장이나 등, 목 등에 통증을 느낀다. 만약 내담자 스스로 안전과 자유 사이에서 갈등을 느낀다는 것을 제대로 의식한다면, 그는 신체적인 고통보다는 도덕적이고 윤리적인 압박감을 경험할 것이다. 당시 노먼은 아직 자신의 내적 갈등을 제대로 의식하지 못했다. 그리하여 그는 신체적인 고통, 특히 위통에 시달리고 있었다.

내적 갈등은 신경증을 앓고 있다는 증거다. 하지만 모든 갈등이 바로 신경증으로 이어지는 것은 아니다. 삶은 본질적으로 상충하는 의무들과 양립할 수 없는 욕망들 간의 충돌을 수반한다. 우리는 항상 뭔가 결정을 내려야만 한다. 어느 정도의 갈등은 바람직하기도 하다. 왜냐하면 자아와 무의식 사이에 일정한 긴장이 없으면 삶의 흐름이 멈춰버리기 때문이다. 갈등이 고착되어 삶의 원활한 흐름에 방해가 될 때 비로소 그것은 신경증이 된다.

나는 갈등을 겪을 때면 이런 환상을 갖곤 했다. 이 세상 어딘가에 '무엇을 해야 할까(What To Do)'라는 집단적 지혜를 담은 가상의 커다란 책이 있었으면 좋겠다는 환상이었다. 그 책은 인생의 모든 문제에 대한 정해진 해결책을 담고 있을 것만 같았다. 곤경에 처할 때마다 그 책을 찾아보고 그에 적힌 대로만 하면 될 터였다. 이러한 환상은 아버지 콤플렉스father complex에서 비롯된다. 그런 책이 정말 존재한다면, 나는 스스로 생각할 필요도 없이 전통이 정해준 대로만 따라 하면 될 것이었다. 그러나 현실에서는 모든 사람의 고민을 해결해 주는 만병통치약 같은 원칙은 없다.

현실 속에서 우리가 느끼는 심각한 문제들은 오직 한 사람 한 사람의 지독히 개인적인 투쟁을 통해서만 해결될 뿐이다.

많은 사소한 갈등은 이성에 따르기 쉽다. 또한 논리적으로 만족스러운 결정에 따르게 된다. 심각한 갈등은 그렇게 쉽게 사라지지 않는다. 갈등은 흔히 편향된 이성적 태도 때문에 발생하며, 따라서 단지 이성적인 태도만으로는 해결되지 못한 채 오랫동안 지속될 가능성이 더 크다. 이럴 때는 '하지만 나는 무엇을 원하는가?'라고 스스로 질문하는 것이 좋다. 그러면 그동안 멈춰 있던 감정 기능이 작동하기 시작한다. 감정은 우리에게 어떤 것이 실제로 얼마나 중요한 의미를 갖는지 평가하는 기능을 해낸다. 왜냐하면 심각한 갈등에는 언제나 사고와 감정 사이의 불균형이 존재하기 때문이다. 만약 그동안 감정의 기능이 당신의 의사결정에서 중요한 역할을 하지 못했다면, 이제부터 그동안 미처 살피지 못했던 감정의 기능을 신경 쓸 필요가 있다. 반대로 평상시에 사고의 기능을 간과해 왔다면, 이제는 사고의 기능을 좀 더 보살피기 시작해야 한다.

융은 인간의 심리적 갈등에 대처하는 독자적인 방법을 발견했다. 만약 한 사람이 내면에서 서로 반대되는 두 양극단의 의견 사이에서 긴장을 견딜 수 있다면, 결국 그의 정신Psyche(의식적·무의식적인 정신생활의 전체-옮긴이) 안에서 갈등을 효과적으로 해결할 수 있는 길이 생겨난다는 것이다. 외적인 상황은 실제로 변하지 않을 수도 있지만, 개인의 내면에서는 분명 변화가 일어난다. 이러한 태도의 변화는 본질적으로 비이성적이며 예측할 수 없는 것이다. 하지만 이것은 분명 자기 자신과 타인 모두에 대한 태도의 변화로 새롭게 나타난다. 이전까지 우유부단함 속에 갇혀 있던 에너지가 해방되고, 새롭게 움직일 수 있게 된다. 융은 이를 초월적 기능transcendent function이라 부른다. 초월적 기능을 통해 우리는 서로 충돌하는 두 개의 양극단을 넘어설 수 있는 제3의 관점을 가질 수 있게 된다.

그 시점에 이르면, 마치 당신이 산꼭대기 맨 위에 서서 아래쪽에서 휘몰아치는 폭풍을 내려다보는 것과 같다. 폭풍은 계속될 수 있지만, 당신은 그 바깥에 서 있으며, 어느 정도 객관적인 상태이고, 더 이상 감정적으로 휘말리지 않는다. 이 상태에서는 평화로운 느낌을 지닐 수 있다.

이 과정에는 인내와 강한 자아가 필요하다. 그렇지 않으면 긴장을 견딜 수 없고, 단지 그 긴장을 피하기 위해 절박한 마음으로 어느 한쪽을 선택하는 급박한 결정을 내리게 된다. 불행하게도 이런 식의 선택은 아무것도 바꾸지 못한다. 왜냐하면 긴장을 충분히 오래 유지하지 못하고 성급하게 결정을 내리면, 선택되지 않은 다른 쪽이 훨씬 더 강하게 반발하며 다시 갈등 속으로 돌아가기 때문이다.

노먼은 아직 형태 없는 물웅덩이처럼 경계가 없다. 그가 이런 긴장을 견뎌낼 수 있을지 알 길이 없다.

서로 양립할 수 없는 두 가지 선택지 사이에서 반드시

하나를 골라야만 할 때, 사람들은 흔히 한쪽 길을 완전히 선택하기보다는 마음이 두 개로 갈라져 갈등하게 된다. 두 개로 갈라진 마음은 마치 한 사람 안의 두 가지 인격처럼 행동한다. 이렇게 두 가지로 분열된 인격은 우리 자신의 또 다른 측면이 된다. 심리학 용어로 말하자면, 이렇게 분열된 인격은 콤플렉스가 인격화된 형태라고 할 수 있다.

콤플렉스는 병적인 현상이 아닌 매우 정상적인 현상이며, 모든 사람에게 존재한다. 콤플렉스 없이는 삶도 없다. 왜냐하면 콤플렉스는 인격의 구성요소이기 때문이다. 마치 원자와 분자처럼 보이지 않는 요소들이 물질 세계를 구성하는 것처럼 말이다. 우리는 콤플렉스를 제거할 수 없다. 우리가 할 수 있는 최선의 길은, 콤플렉스가 우리에게 어떤 영향을 미치는지 알아내어, 콤플렉스가 우리의 의식적인 태도에 어떻게 간섭하는지를 인식하는 것이다. 우리가 콤플렉스의 작동방식을 제대로 이해하면, 콤플렉스는 우리에게 더 이상 부정적인 영향을 미칠 수 없게 된다. 콤플렉스가 완전히 사라지지는 않지만, 시간이 지나면 그 영향력은 약해질 수 있다.

내가 처음 분석을 시작했을 때, 아직 나는 콤플렉스에 대해 아무것도 몰랐다. 그 단어를 들어본 적은 있었지만, 대개 부정적인 맥락에서였고, 콤플렉스가 실제로 무엇을 의미하는지는 제대로 몰랐던 것이다. 나는 오이디푸스 콤플렉스에 대한 글을 읽은 적이 있었는데, 그것은 아버지를 죽이고 어머니를 독차지하려는 것과 관련된 것으로 보였다.

융의 글을 자세히 탐독하고 난 몇 달 후에 나는 콤플렉스에 대해 많은 지식을 알게 되었다. 나는 콤플렉스가 어머니나 아버지와 같은 특정 이미지 주변에 쌓여가는 감정과 생각의 덩어리임을 알게 되었다. 또한 콤플렉스에는 일종의 원형적 뿌리가 있다는 것도 알게 되었다. 콤플렉스의 씨앗은 세월이 흐르면서 '어머니'나 '아버지' 같은 특정 이미지 주위에 축적되어 어머니 콤플렉스, 아버지 콤플렉스 같은 것으로 변해간다는 것을 알게 되었다. 예를 들어 자신의 어머니에 대한 다채로운 감정적 연상 뒤에는 어머니 원형mother archetype이 존재한다. 이 어머니 원형은 한편으로는 양육과 안전을 제공해 주는 보편적 어머니의 이미지(긍정적인 어머니상), 다른 한편으로는 아이를 집어삼키는 소유욕의 이미지(부정적인 어머니상)로 구성된다.

그러나 나는 여전히 나 자신의 콤플렉스를 정확히 이해하고 있지는 못했다. 또한 콤플렉스가 내 삶과 어떤 관계를 지니는지, 그 콤플렉스로 인해 내가 왜 절망하고 있는지도 연결시켜 이해하지 못하고 있었다.

취리히 카를 융 연구소에서 분석가가 되기 위한 훈련을 받던 유학생 시절, 우리는 '단어 연상 실험Word Association Experiment'을 수행해야 했다. 이 실험은 융이 개발한 것으로, 무의식적 요소가 의식의 작용을 어떻게 방해할 수 있는지를 보여주기 위한 것이다. 그 실험에 들어가면 감독관이 백 개의 단어 목록을 불러준다. 당신은 그 단어들을 들었을 때 가장 먼저 떠오르는 말로 즉시 응답해야 한다. 실험을 진행하는 감독관은 응답까지 걸리는 시간(반응 시간)을 스톱워치로 측정한다.

'머리' — '침대' (0.8초)

'많은' — '함께' (1.7초)

'여자' — '친구' (2초)

'집' — (긴 침묵) '없음' (5.6초)

기타 등등

이런 식으로 첫 번째 테스트가 끝나면, 당신은 동일한 단어 목록을 가지고 두 번째 테스트를 다시 진행하게 되며, 또 한 번 대답 하고(첫 번째 실험과 상관없이, 전혀 다른 대답을 자유롭게 선택할 수도 있다) 새로운 반응시간을 기록하게 된다. 마지막으로, 반응시간이 평균보다 길었던 단어, 단순한 기계적 반응을 보인 단어, 두 번째 테스트에서 다른 대답을 한 단어들에 대해 당신의 의견을 설명하게 된다. 질문자는 이 모든 사실을 '콤플렉스 지표'로 표시한다.

융이 개발한 이 테스트는 매우 통찰력 있는 경험이었다. 동시에 기가 꺾이는 경험이기도 했다. 그 경험은 나로 하여금 내가 내 마음의 주인이 아니라는 사실을 진정으로 받아들이게 했다. 콤플렉스는 단지 실재할 뿐 아니라 내 안에서 생생히 살아 있고, 내 의지에 반하여 독립적으로, 거의 자율적으로 작동하고 있었다. 나는 나도 모르는 내 무의식의 콤플렉스가 내 기억, 사고, 기분, 행동에 영향을 줄 수 있다는 것을 깨달았다. 내가 콤플렉스에 사로잡혀 있을 때 나는 나 자신일 수 없었고, 그때는 평소의 '나'라는 존재가 없어지는 것 같은 느낌이었다.

프로이트Freud는 꿈이란 무의식으로 가는 왕도Via Regia라고 설명했다. 융은 무의식으로 가는 진정한 왕도는 오히려 우리의 꿈과 온갖 증상의 설계자인 콤플렉스라고 보았다.

우리가 격렬한 감정을 느낄 때마다, 그 감정이 사랑이든, 미움이든, 슬픔이든, 기쁨이든, 우리도 모르게 무의식의 콤플렉스가 활성화된다. 격한 감정에 빠져 있을 때 우리는 이성적으로 사고할 수 없고, 우리가 무엇을 느끼는지도 잘 모른다. 그럴 때 우리는 콤플렉스에 따라 말하고 행동한다. 그리고 그 순간이 지나간 뒤에는 도대체 왜 그때 그런 말과 행동을 했는지 뒤늦게 깨닫고 놀라게 된다. 물론 콤플렉스가 없다면 인생은 매우 따분할 것이다. 분명한 사실이다. 그러나 지나친 콤플렉스는 우리의 에너지를 고갈시킨다.

콤플렉스에 에너지를 낭비하게 되면, 건전한 판단력과 원활한 감정적 반응 대신에 공허한 느낌이 자리 잡는다. 우리 안의 콤플렉스는 그 공허함을 신랄함, 분노, 짜증, 자기연민, 불안, 두려움, 죄책감 등으로 채운다. 우리가 무의식의 문제를 인식하지 못할 때, 우리는 어떤 콤플렉스에든 압도되고, 사로잡히며, 끌려다니기 쉽다. 이것이 바로 신경증의 상태다.

노먼은 확실히 콤플렉스에 얽매여 있다. 그렇지 않다면 그는 갈등을 겪지도, 고통을 느끼지도 않을 것이다. 마음속의 무언가가 그를 방해하고 있다. 즉 마음 깊은 곳의 콤플렉스가 그가 올바른 결정을 내리는 것을 방해하고, 그가 마음의 평화를 찾을 수 있는 좋은 결정을 내리는 것을 가로막고 있는 셈이다.

노먼을 움직이게 하는 콤플렉스는 무엇일까? 나도 확신할 수 없다. 하지만 그가 어떤 콤플렉스에 사로잡혀 있는지를 규명하는 것은 나의 일이 아니라 그의 일이다. 그의 에너지가 퇴행하면서 온갖 잡다한 콤플렉스들이 활성화되었다. 그가 그 콤플렉스들을 하나하나 구분하는 데 몇 년이 걸릴 수도 있다.

만약 나에게 노먼의 수많은 콤플렉스 중에 가장 근본적인 문제를 고르라면, 나는 분명 어머니 콤플렉스에 판돈을 걸 것이다. 그렇다고 해서 무슨 특별한 상을 받을 정도로 대단한 발견은 아니지만 말이다.

노먼은 남에게 보이는 삶의 모습에 너무 치중하고, 자신의 진짜 문제를 투명하게 마주하기보다는 아내에게 자신의 문제를 투사하고 있다. 그는 마치 미다스 왕의 미궁에 갇힌 테세우스처럼 보인다.

그가 그 험난한 미궁에서 빠져나갈 수 있게 도와줄 실타래는 어디에 있을까? 노먼이 해낼 수 있는 과업, 기꺼이 해내려는 과업, 그리고 결코 실행하지 않으려고 하는 과업은 무엇일까?

물론, 이 모든 것은 내 머릿속에 있는 생각이다. 노먼은 마음고생을 하고 있지만 자신이 갇혀 있다고 느끼지는 않으며, 테세우스 신화와 자신을 연관지어 생각하지도 못한다. 그러나 노먼이 몰래 지하실로 내려가서 홀로 대마초를 피울 때, 그는 종종 자살을 생각한다.

그러는 동안 노먼은 내게 벌써 세 번째쯤 반복하여 거의 강박적으로 자기 가족이 자신에게 얼마나 중요한지를 이야기하고 있다. 그의 결혼은 결코 쉽게 무너지지는 않을 것이다. 나는 그의 말을 믿지 못하는 것이 아니다. 노먼은 자신을 가정적인 남자이자 책임감 있는 아버지로 여긴다. 그는 바깥에서는 분명 바람을 피움에도 불구하고, 집안에서는 가정적인 남자로 살려고 노력한다. 그는 지금의 삶을 살아내기 위해 엄청난 에너지를 쏟아부어 왔다. 그의 일상이 얼마나 끔찍하게 파괴되어 있는지와 상관없이, 그는 아내와 아이들 없이 살아가는 것을 죽음만큼이나 두려워한다. 그는 그들 없이는 하루하루 도대체 무엇을 해야 할지도 모를 것이다. 노먼은 자신이 가족을 떠나 살 수 없다고 생각하는 것 자체를 가족에 대한 강한 헌신으로 여기는데, 그것이 그의 페르소나persona다.

노먼의 아내는 다른 남자와 관계를 맺고 있지만, 노먼은 자신이 교양 있고 이성적인 사람이라며 이를 참아내기로 결심했다. 이것 또한 노먼의 페르소나다. 아내에게 필요하지만 노먼 자신이 줄 수 없는 것을 다른 남자를 통해 아내가 얻는다고 해서, 겉으로는 아내를 시기하거나 탓하지 않는다. 이것 또한 그의 페르소나다. 성생활의 갈등 같은 사소한 문제로 아내와 아이들을 떠나는 일은 결코 일어나지 않는다고 믿는 것. 이것 또한 노먼의 페르소나다.

내가 분석가가 되기 전 수년 동안, 나는 '고군분투하는 작가'라는 자기 이미지에 사로잡혀 있었다. 그것이 나의 페르소나였고, 내가 나 자신을 인식하는 방식이자 타인에게 나를 보인 방식이었다. 나는 그런 모습 없이 살아가는 삶을 상상할 수 없었다. 좀 더 정확히 말하면, 그렇게 고군분투하는 작가 이미지를 빼면, 나에게는 남는 것이 없었다. 그래서 몇 년 동안 나는 우리 집 정원 한 귀퉁이에 있는 비좁은 작업실에서 타자기를 두드리며, 이 세상에 존재했던 고군분투하는 모든 작가와 나 자신을 동일시identification했다. 아무도 내 글을 출판해 주지 않아 실망했지만, 동시에 나는 언젠가 내 재능이 발견될 날을 고대하며 희열을 느꼈다. 나는 융 학파의 심리분석을 받으면서 결국 작가의 페르소나를 잃었지만, 그런 페르소나를 지니고 살아가는 것이 어떤 느낌이었는지는 기억한다.

융은 페르소나를 집단적 정신collective psyche의 한 측면으로 설명한다. 이는 곧 페르소나에는 개인적인 것이 아무것도 없다는 뜻이다. 페르소나는 개별적인 것으로 느껴질 수는 있지만 본질적으로 집단적인 것이다. 페르소나가 때로는 각 개인이 지닌 매우 특별하고 독특한 것으로 느껴질 수 있지만, 예를 들어 '고군분투하는 작가'나 '아버지', '교사', '의사' 등의 명칭은 한편으로는 단지 사회적으로 의미가 부여된 정체성이고, 다른 한편으로는 이상적 이미지일 뿐이다. 페르소나 자체는 특정한 개인을 묘사하는 것이 아니다. 즉 의사나 아버지, 교사, 작가라는 페르소나가 한 사람의 정체성을 다른 사람들과 구별해 주지는 못한다. 모든 페르소나는 특정한 속성과 행동 양식을 지니며, 어떤 페르소나든 그것에 부합하는 집단적 기대를 수반한다. 예컨대 '고군분투하는 작가'라는 페르소나는 진지한 사유자이며, 곧 사회적으로 인정받을 지점에 서 있는 인물이다. '교사'는 지식을 전수하는 데 헌신하는 권위적 존재다. '의사'는 지혜로운 존재이며 신체의 비밀스러운 신비를 꿰뚫고 있는 사람이다. '사제'는 신과 가까우며 도덕적으로 흠이 없는 존재다. '어머니'는 자녀를 사랑하고, 그들을 위해 자신의 생명을 기꺼이 희생할 수 있는 사람이다. 이 모두가 페르소나일 뿐이다. '회계사'라는 페르소나는 숫자에 능하지만 감정적으로는 냉정한 사람처럼 느껴진다. 이런 식으로 페르소나에는 그에 따르는 일반적인 고정관념이 있다.

바로 그런 페르소나에 대한 고정관념 때문에 우리는 그 페르소나의 틀이 깨어질 때마다 충격을 받는다. 예를 들어 어떤 교사가 학생을 성추행한 혐의를 받거나, 어떤 의사가 약물 남용으로 기소되거나, 술에 찌든 신부님을 볼 때, 우리는 심한 충격을 받는 것이다. 자녀를 물에 빠뜨려 죽이는 어머니, 혹은 도박 빚을 갚기 위해 장부를 조작한 회계사의 사연을 들을 때도 커다란 충격을 받는다. 우리가 생각한 페르소나의 고정관념에 들어맞지 않기에.

노먼의 경우, 그가 생각하는 '가정적인 남자'의 페르소나는 결코 가족을 떠나지 않는 사람이라는 뜻이다. 그리하여 그가 가족을 떠난다는 것은 상상할 수 없는 일이다. 타인에게 인정받는 페르소나를 가진다는 것은 일종의 타협, 즉 '내 마음 깊은 곳의 나'와 '사회적으로 보여주는 나' 사이에 타협의 과정이 필요하다. 사회는 우리에게 예의 바른 행동을 하기를, 그리고 남에게 해를 끼치지 않는 존재가 되기를 요구하니까 말이다.

물론 페르소나 자체에 본질적인 문제가 있는 것은 아니다. 원래 이 단어는 연기자가 자신이 맡은 역할을 나타내기 위해 쓰는 가면을 의미했다. 페르소나는 꼭 필요할 때도 있다. 특히 다른 사람들과 어울리며 지내기 위해서는 모든 것을 다 말할 수 없기에 어느 정도의 페르소나가 필요하다. 또한 페르소나는 타인의 공격으로부터 나를 지켜주는 방패막이 역할도 한다. 그리하여 가까운 친구들은 우리 본연의 모습을 알 수 있지만, 대부분의 사람은 우리가 선택해서 보여주는 이미지만을 알게 된다. 실제로, 어떤 형태로든 페르소나라는 보호막 없이 살아간다면 우리는 지나치게 취약해지고 상처받기 쉬운 상태가 될 것이다. 어리석은 사람이나 과도하게 순진한 사람만이 페르소나조차 없이 인생을 살아가려 한다.

하지만 우리는 상황이 여의치 않을 때는 기꺼이 페르소나를 내려놓을 줄도 알아야 한다. 이 점은 특히 친밀한 관계에서 더욱 그러하다. 융 분석가로서의 나와, 분석가의 역할을 하지 않을 때의 나는 분명히 다르다. 예컨대 남편이 심장 수술에 특히 뛰어난 기술을 지닌 의사일지라도, 남편에게 버려진 아내에게는 그 '뛰어난 의사'라는 페르소나가 아무런 도움이 되지 않는다. 모든 교육 과정에 통달한 뛰어난 교사라 할지라도, 부모 몰래 자동차를 빌리려는 10대 아들을 말릴 때는 그 교사의 페르소나가 도움이 되지 않는다. 현명한 성직자는 연애하러 갈 때 성직자용 깃(사제의 칼라collar - 옮긴이)과 화려한 전도용 수사학을 집에 내려두고 나갈 것이다.

현실 세계에서는 특정한 페르소나에 대해 후하게 보상함으로써, 우리가 페르소나와 자신을 동일시하도록 유혹한다. 페르소나를 잘 관리하는 사람, 즉 사회적 역할을 해내는 데 뛰어난 능력을 지닌 사람에게는 돈, 존경, 권력이 따르게 된다. 우리는 자신의 본질적 정체성이 직업이나 조직 내에서의 역할과는 별개임을 자주 잊어버리는데, 이는 놀라운 일이 아니다. 페르소나와 자신의 본질self을 혼동하는 것이다. 그리하여 페르소나는 처음에는 유용하고 편리한 장치였을지라도, 너무 쉽게 인생의 덫이 되어버린다.

페르소나가 인생의 덫이 되어버렸음을 인식하는 것과 그 상황에 대해 실질적인 조치를 취하는 것은 전혀 별개의 문제다. 시인 릴케Rilke는 《말테의 수기》에서 이를 매우 잘 표현했다.

> 우리는 결국, 자신이 어떤 역할을 맡았는지조차 모른다는 사실을 깨닫는다. 우리는 거울을 찾는다. 우리는 얼굴에 칠해진 분장을 문질러 벗겨내고, 모든 인위적인

가면을 지워내고 진짜 나 자신이 되고 싶어 한다. 그러나 어딘가에, 우리가 잊고 지냈던 연극의 흔적이 여전히 들러붙어 있다. 과장된 표현이 우리 눈썹에 여전히 남아 있고, 어떤 감정을 연기하느라 입꼬리가 뒤틀려 있는 것도 우리는 인식하지 못한다. 그렇게 우리는 웃음거리가 된 채로, 가면을 쓴 채로 이 세상을 휩쓸고 다닌다. 우리는 그저 반쪽짜리 존재일 뿐이다. 진짜 인간도, 진짜 배우도 아닌 채로.[1]

사회적 역할, 즉 페르소나를 자신의 진짜 삶과 동일시하는 것은 중년의 위기를 초래하는 가장 흔한 원인이 된다. 이런 사람은 사회적 역할과 자신을 완전히 동일시함으로써, 주어진 역할을 벗어나서 융통성 있게 대처하는 방법을 전혀 모르기 때문이다. 가면을 벗기고 나면 나는 누구인가? 그 안에 누가 있기는 한 걸까? 역할을 벗어나 홀로 있을 때 나는 어떤 사람일까. 나는 뛰어난 인재이며, 지역사회에서 존경받는 사람이다. 그런데 왜 내 아내는 다른 남자에게 더 관심을 가지는가? 정의는 어디에 있는가?

한 인간이 자신의 본모습을 버리고 집단적 정체성을 채택할 경우, 반드시 대가가 따른다. 즉 그는 페르소나라는 보호막 없이는 자신이 누구인지도 알지 못하게 된다. 그의 모든 반응은 집단의 기대에 따라 결정되어 버린다. 즉 그는 자신의 페르소나가 '해야 할' 생각, 행동, 감정을 따라가게 된다.

그와 가까운 사람들은 그가 유난히 멀게 느껴진다. 사람들은 그가 당황스러울 만큼 거만하다고 불평하게 된다. 그러나 그는 그런 페르소나 없이는 삶을 상상조차 할 수 없는 상태가 된다. 노먼과 그의 아내는 공동 페르소나를 가지고 있다. 나는 그녀 역시 노먼과 마찬가지로 그들의 삶에 대해 같은 감정을 느끼고 있으며, 마찬가지로 불만족스러워 할 것이라고 상상한다. 그러나 그들은 '행복한 부부'라는 페르소나를 지니고 있다. 두 사람 사이에 실제로 어떤 일이 벌어지고 있든 간에, 세상 사람들 앞에서는 하나 된 모습으로 인사한다. 그들은 친구들의 부러움을 산다. 다른 부부들은 심하게 다툰 뒤 결국 파국에 이르지만, 노먼과 낸시는 그렇지 않다. 그들의 결혼은 흔들림 없는 것처럼 보인다.

　　그리고 실제로도 그렇게 보인다. 노먼은 자신에게 성적으로 끌리는 여성들을 여럿 알고 있고, 아내에게 끊임없는 죄책감을 느끼면서도 다른 여성과의 관계를 끊어내지 못한다. 그러나 그의 정신적 에너지가 아내와 묶여 있는 한, 그는 다른 여성과 진정한 사랑에 빠질 수 없다. 이는 단순한 사실이다. 그는 욕망에 이끌려 다른 여성들과 잠자리를 가질 수는 있지만, 그들을 깊이 사랑할 수는 없다. 그의 에너지는 결국 아내를 향한다. 그가 다른 여성들과 무엇을 하든, 그녀들이 무슨 말을 하든 어떤 행동을 하든, 노먼과 아내와의 결속에는 흠집 하나 낼 수 없다. 이런 노먼의 행실에도 불구하고, 아내가 아닌 다른 여성들은 그에게 깊은 영향을 줄 수가 없다. 그는 아내가 아닌 다른 여성에 대한 일종의 면역력, 저항력을 가진 것이다.

이것이 바로 어머니 콤플렉스mother complex의 힘이다. 노먼에게 있어서 그것은 안전에 대한 갈망과 미지의 세계에 대한 두려움으로 나타난다. 그는 항상, 다른 여성들과 관계를 갖기 전에 자신이 기혼자임을 먼저 밝힌다. '**구매자주의**Caveat emptor(구매자 위험 부담-옮긴이)'라는 말처럼, 일종의 경고성 메시지를 미리 보내는 것이다. 이러한 방식으로 그는 자신의 행동에 대한 책임을 벗어버리고, 불륜의 장기적인 결과로부터 자신이 도망칠 수 있다고 상상한다. 그는 다른 여성들과 함께하는 시간이 자기 인생에서 어떤 의미를 지니는지 알지 못한다. 말하자면 왼손이 무엇을 하고 있는지 오른손이 모르는 상태다.

노먼 안에서 점점 격렬하게 끓어오르고 있는 갈등은 바로 페르소나와 그림자 사이의 갈등이다. 헌신적인 가장이자 남편이라는 자신의 페르소나(그와 아내가 함께 만들어온 공동 페르소나와 불가분의 관계인) vs. 내면의 또 다른 존재, 즉 자유롭고 거리낌 없는 돈 주앙Don Juan의 갈등. 즉 모범적인 가장 vs. 주어진 틀을 벗어나고 싶어 안달이 난 난봉꾼 사이의 갈등이다. 돈 주앙 같은 난봉꾼 이미지야말로 지금 노먼의 그림자shadow가 지닌 실질적인 내용이다. 그의 자아, 그의 페르소나는 아내에게 종속되어 있으나, 그의 그림자는 분기탱천하여 닭이라도 덮칠 태세다. 그것이 그의 심리적 상황이다. 너무나 많은 억압된 에너지가 무의식 속에서 발산되지 못한 채 쌓여 있어서, 그는 폭발 직전의 상태다.

나는 노먼과 악수를 했고, 다음 주에 다시 만나기로 했다. 그는 안도의 한숨을 내쉬고, 코를 풀고 나서 떠났다.

*

그날 하루가 끝났을 때, 나는 지금까지 내가 만난 환자들을 되돌아보았다. 노먼은 그날 내가 만난 첫 번째 내담자였다. 그가 떠나고 나서야 나는 그에게 더 큰 인내심을 발휘할 수 있었고, 그에게 더 깊이 공감할 수 있었다. 나는 노먼으로 인해 여전히 위통과 비슷한 통증, 뱃속에 응어리가 맺힌 듯한 아픔을 느꼈다. 그렇지만 나는 다음 상담 때 노먼과의 만남을 은근히 기다리게 되었다.

2

무의식의 욕망,
뱀이 깨어나다

"아!" 쥐가 말했다. "세상이 날마다 좁아지고 있어. 처음 엔 너무 넓어서 두려웠는데, 달리다 보니 양쪽 멀리 벽이 보이기 시작해서 그게 오히려 반가웠어. 하지만 이 긴 벽들이 점점 빠르게 안쪽으로 좁혀들더니, 이제 나는 마지막 방에 다다랐어. 저기 구석에는 덫이 있고, 나는 그쪽으로 달려가고 있지."

"그렇다면 달리는 방향만 바꾸면 되잖아." 고양이는 그 렇게 말하며 쥐를 잡아먹었다.

— 프란츠 카프카, 〈작은 우화A Little Fable〉

노먼은 새 양복을 입고 나타났다. 그날 노먼의 모습은 꽤 유쾌해 보였다.

"저는 오늘 뭔가 특별한 옷을 입을 자격이 있다고 생각했어요."

그가 말했다.

"상담실에 오는 건 마치 인생의 새 출발처럼 느껴진다고나 할까요. 일주일 내내 기분이 아주 좋았고, 상담실에 다시 오는 게 기다려졌거든요. 낸시한테 당신을 만나러 간다고 말했어요. 그랬더니 그녀는 심하게 화를 내더군요!" 그는 쑥스러운 듯이 웃었다.

"'왜 상담을 받으러 간다고 미리 말하지 않았어?'라고 따져 물었죠. 저는 사과했어요. 그녀가 정말 상처받았다는 걸 알 수 있었어요. 그녀를 탓하지는 않아요. 선생님께 상담을 받으러 오는 것. 그 결정은 낸시와 제가 함께한 이후 처음으로 저 혼자서 내린 결정입니다. 원래 우리는 모든 걸 함께 결정해 왔거든요. 장을 어떻게 볼지, 어떤 영화를 볼지, 새 고객을 만나러 갈 때 어떤 옷을 입을지까지도요."

노먼이 웃었다. "낸시는 항상 제게 큰 도움이 되었어요. 우리 부부가 열었던 멋진 저녁 파티에 대해 제가 이야기하지 않았던가요? 낸시는 요리에도 재능이 있어요. 항상 우아한 호스트죠. 그녀는 아주 예리하고 지적인 감수성을 지녔어요. 그녀에게 끌렸던 이유 중 하나가 바로 언제나 모든 순간에 자기만의 강력한 의견을 가졌다는 점이었죠. 정치적인 문제는 물론 자물쇠 고치는 법이나 아이 키우는 법과 아이들 이름 짓는 것에 이르기까지, 그 무엇이든 낸시는 강력하게 자신의 의견을 표명해요. 그녀는 제가 알아야 할 모든 걸 대신 다 말해줍니다. 낸시와 함께 살면, 전 아무 생각도 안 해도 될 정도라니까요."

그는 껄껄 웃다가 갑자기 멈췄다. "그런데 가끔은 좀 짜증이 나기도 해요. 특히 집안일을 할 때요. 그녀는 항상 저보다 더 잘하는 법을 알아요. 아내와 제가 둘이 있을 때 늘 하는 농담이 있어요. '당신한테 필요한 존재가 수리공이었다면, 내가 아니라 수리공이랑 결혼했어야지.' 저는 아내에게 손재주가 있다고 말한 기억이 없거든요. 설령 그랬다 하더라도, 망치와 톱을 잘 다루는 재주가 있다는 뜻은 아니었어요."

노먼은 뭔가 불편한 표정을 지었다. 발설해서는 안 되는 중요한 비밀을 털어놓은 듯했다.

"어쨌든, 낸시는 제가 선생님을 만나 상담하는 것에 대해 많이 걱정해요. '그 사람한테 무슨 얘기 했어?'라고 물었죠. 전 우리가 나눈 대화를 낸시에게도 들려주었어요. 전부 다는 아니지만, 글쎄요, 거의 대부분 들려줬지요. 낸시에게 걱정할 필요는 없다고 했어요. 낸시는 '선생님이 나를 만나고 싶어 해?'라고도 물었어요. 저는 아직은 굳이 필요하지 않다고 했죠. 선생님 생각은 어떠세요?"

나는 노먼에게 내가 부부 상담은 하지 않는다는 사실을 알려주었다.

"사실 우린 작년에 부부 상담을 해야할지 고민했어요. 우리는 모든 가능성을 열어놓고 이야기했죠. 낸시는 제 기분이 나아질 수 있다면 뭐든 제가 원하는 대로 함께 하겠다고 했어요. 그때는 우리 결혼생활이 꽤 괜찮다고 생각했기 때문에, 낸시는 부부 상담의 필요성을 별로 못 느낀다고 했어요. 우리는 겉으로 보기에는 싸우지도 않고 서로에게 모질게 굴지도 않거든요. 저도 아내 의견에 동의했어요. 당신 생각은 어때요?"

나는 고개를 갸우뚱하게 기울였다.

"이번 주엔 대마초를 줄였어요. 요즘은 별로 생각나지 않더라고요. 아이들과 놀아주고, 다시 일에 몰두했죠. 사람들도 좀 만났고요. 제 인생은 정말 멋지다고 생각해요."

노먼은 고개를 숙인 채 잠시 생각에 잠겼다.

"아내와 저는 한동안 부부 관계를 갖지 않았어요. 억지로 하려는 건 아니에요. 젠장, 저는 알아요. 낸시는 저와 밤을 보내는 것을 피하고 있다는 것을. 이런 어색한 상황이 그녀에게도 무척 힘든 일이겠죠. 낸시는 가끔 한밤중에 펑펑 울기도 합니다. 이제 저는 아내가 먼저 다가올 때까지 기다리기로 했어요."

우리는 상담 세션의 나머지 시간을 서로에 대해 조금씩 알아가는 데 보냈다. 노먼은 다국적 기업의 영업 관리자였다. 그가 하는 일은 내게는 생소했기 때문에 나는 주의 깊게 그의 이야기를 들었다. 그는 직업에 대해 꽤 길게 이야기했다. 나는 그에게 이것저것 자세히 물었다. 그는 일에 대해 이야기할 때는 매우 자신감 있게, 권위 있는 말투로 말했다. 그는 한 달에 몇 번씩 멀리 지방 출장을 떠났다. 호텔에 머무르며, 가끔 여성을 만나곤 했다. 때로는 그들과 밤을 함께 보내기도 했다. 노먼은 그런 행동이 '별일은 아니다'라고 주장했다.

"선생님이라면 제 기분을 이해해 주실 거라고 생각해요. 알잖아요. 저는 외로움에 무척 취약한 사람입니다. 지방에 혼자 출장을 가면 정말 외로워요." 그는 웃으며 말했다. "유혹이 오면 거절을 못하겠어요."

노먼은 매니토바 북부, 처칠이라는 작은 마을에서 자랐다. 모피 사냥꾼들이 세운 마을이다. 그곳은 캐나다와 미국 국경에서 북쪽으로 약 1500마일 떨어진 곳이다. 숲 지대가 끝나고 툰드라가 시작되는 곳이며, 지하층은 영구 동토층으로 꽁꽁 얼어 있는 추운 지방이다.

"제가 살던 북쪽 마을은 너무 추운 나머지 사람들의 팔다리가 순식간에 마비되어 버려요"라고 말했다. "처음에는 머리 쪽에 마비 증상이 오더니, 조금 있으니 내장까지 마비될 지경이라니까요. 그래서 저는 고등학교를 졸업하자마자 고향을 떠나버렸어요."

나는 이런 노먼의 유머 감각이 마음에 들었다. 우리는 잘 지낼 수 있을 것 같았다.

나는 문 앞에서 노먼과 악수했다. 그는 상담실 밖으로 나가려다 다시 돌아섰다.

"아, 그런데요, 며칠 전 밤에 꿈을 꿨어요. 우리 집이 불타고 있었어요. 저는 엄마와 함께 불타는 집 안에 머물러 있었죠. 양동이에 물을 담아서 불을 끄려 했는데, 양동이에 구멍이 뚫려 있는 걸 발견했어요. 낸시는 어디에도 보이지 않았어요. 저는 당황해서 이리저리 뛰어다녔어요. 탄산음료 병을 열어 지붕 위에 있는 사람들에게 뿌려대면서, 저는 이렇게 외쳤어요. '만약 꼭대기부터 불을 끄지 못하면 우린 망한 거야!'"

"이 꿈을 어떻게 해석해야 하죠?" 노먼이 물었다.

나는 잠시 생각에 잠겼다. 이내 "다음 주에 봅시다"라고 답했다.

*

노먼은 전문가에게 자신의 영혼을 드러낸 후 느끼는 특유의 고양감을 처음으로 경험하고 있다. 이런 들뜬 기분은 일종의 완전한 항복, 자기 인정에서 찾아오는 해방감이다. 즉 자신이 혼자서는 도저히 감당할 수 없는 사실을 솔직하게 인정하는 마음에서 우러나오는 해방감을 느끼고 있는 것이다. 지난주 그는 지금까지 그 누구에게도 말하지 않았던 비밀들을 내게 털어놓았다. 그것은 이제껏 노먼의 마음속에 쌓여 있던 수많은 이야기로 인한 압박감을 어느 정도 해소한 것이다.

이번 주에 만난 노먼은 아무 문제도 없는 사람처럼 보이고, 거침없이 이야기를 풀어낸다. 이제 그에겐 인생의 모든 문제가 내 손에 달려 있는 것처럼 느껴질 것이다.

그의 자아는 약간 팽창되어 있고 꽤나 우쭐한 상태다. 이는 의식이 한꺼번에 너무 많은 무의식의 내용을 떠맡게 될 때 저절로 일어나는 현상이다. 새로운 앎으로 인해 갑자기 공중으로 붕 뜨는 듯한 고양감을 느낀다. 인생이 갑자기 멋져 보이고, 모든 것이 불현듯 맑고 또렷하게 보이는 것처럼 느낀다.

그러나 이렇게 고양된 기분과 자아의 팽창 상태는 오래 지속되지 않는다.

나 역시 처음 심리분석을 받은 뒤 마음이 너무 들뜬 나머지, 상담이 끝난 뒤 밖에 나가 술에 흠뻑 취했다. 엄청나게 행복했다! 첫 상담 이후, 내 마음에 찾아온 극적인 변화가 믿기지 않았다. 상담실에 들어갈 때는 거의 기어들어 가다시피 했다가, 상담실을 나올 때는 신이 나서 펄펄 뛰며 나왔다. 왜 그렇게 기분이 달라졌는지, 그때는 이유도 알 수 없었다. 분석가와의 첫 상담 세션에서 무슨 이야기를 했는지는 잘 기억나지 않는다. 하지만 심리분석을 받은 것만으로도 마치 다시 태어난 듯 기분이 좋아졌던 것만은 분명 기억난다. 우울감이 사라졌다. 나는 친구들에게 전화를 걸어 밤새도록 파티의 흥분을 만끽했다.

이렇듯 한껏 고양된 기분에서 추락하는 것은 별로 즐겁지 않다. 아마 그래서 나는 지금도 높은 곳을 좋아하지 않는 것 같다.

나는 노먼에게 우리가 나눈 이야기를 비밀로 간직하라고 말하고 싶은 강한 충동을 느끼지만, 지금은 굳이 그렇게 하지 않는다. 그가 상담 내용을 비밀로 간직하는 것이 낫다는 것을 깨달을 때가 오면, 만약 그런 때가 온다면, 내가 말하지 않아도 스스로 알게 될 것이다. 지금 이 시점에서는 어차피 그럴 수도 없다. 그는 나를 만나는 것이 자신을 아내와 더 가깝게 만들어 줄 것이라고 굳게 믿고 있으며, 실제로 그럴 수도 있다. 하지만 그는 사실 아내 없이 스스로 결정을 내렸다는 사실에 은밀한 자부심을 느낀다.

비밀을 지키는 것은 분석 과정에서 매우 중요하며, 내면에서 일어나고 있는 일을 더욱 깊이 있게 만든다. 분석가가 아닌 다른 사람에게 자신의 경험을 말하게 되면, 내 안에서 소중한 무언가가 새어나간다. 타인에게 상담할 때 나눈 비밀을 털어놓으면 마음속의 긴장은 완화되지만, 진정한 분석의 과정은 느려진다.

분석을 시작한 첫 몇 달 동안 나는 마치 모든 것을 걸러내는 체sieve 같았다. 아무것도 내 마음속에 고스란히 간직할 수 없었다. 나는 취리히에서 심리분석 훈련생이던 아놀드라는 친구와 함께 살고 있었다. 아놀드와 나는 모든 것을 공유했다. 읽은 것, 느낀 것, 환상, 꿈 등등 세세한 것까지 말이다. 우리는 각자의 심리분석 세션을 밤새도록 상세히 재현했고, 분석가들이 왜 이런 말을 했는지, 또는 왜 그냥 미소 지으며 침묵했는지에 대해 나름대로 추측하며 시간을 보냈다. 아놀드와 그 모든 비밀을 나눈 밤들은 멋진 시간이었고, 그 덕분에 우리는 지금도 가까운 사이로 지낸다.

그러던 어느 날, 내 분석가가 말했다. "보세요, 당신은 깨지는 병, 넘쳐나는 싱크대, 손가락 사이로 흐르는 모래, 벽에 난 구멍에서 새어 나오는 물줄기 같은 꿈을 자주 꾸죠. 이게 다 무슨 의미일까요?"

그때는 몰랐지만, 곧 알게 되었다.

아놀드와 나는 모든 비밀을 과도하게 공유하는 관계였던 것이다. 우리 사이에는 '**신비적 참여**participation mysti-que', 즉 서로의 성공과 불행을 완전히 자기 것으로 동일시하는 상태가 자리 잡고 있었다. 그것은 우정의 일반적인 접착제이며, 나름대로 의미가 있다. 그러한 신비적 참여, 강렬한 유대감이 없었다면 나는 취리히 유학생활을 버티지 못했을 것이다. 그러나 그와 나 사이의 너무 가까운 유대감은 우리가 시도하려 했던 본래의 작업에 방해가 되었다. 즉 다른 사람의 응원이나 판단 없이 우리 자신의 내면과 홀로 마주하고, 그 안의 불가능한 갈등과 모순을 오롯이 독립적으로 다루는 일을 해내야만 했던 것이다.

처음에는 우리 두 사람 다, 그러한 내면의 작업을 담아낼 마음의 그릇이 없었다. 우리는 마음으로 느끼는 모든 감정을 있는 그대로 행동으로 표출해 버렸고, 순간적인 감정을 날것 그대로 주변에 급히 쏟아내고, 우리가 느끼는 갖가지 감정들로 주변 상황까지 오염시켰다.

연금술에는 '**헤르메스의 밀폐된 그릇**Vas Hermetis'이라는 비유가 있다. 이 그릇은 열을 가해 그 속의 내용물을 변화시키기 위해 반드시 꼭 닫힌 상태를 유지해야 한다. 만약 열이 밖으로 새 나가면 내용물에 아무런 변화도 일어나지 않는다. 심리학적으로 볼 때, 그릇에서 내용물이 새어 나간다는 것은, 내면의 갈등으로 인한 심리적 긴장감을 산산이

흩어지게 해버리는 것과 같다. 그렇게 되면 내면의 황금, 즉 현자의 돌은 만들어지지 않는다. 결국 연금술을 처음 시작할 때와 똑같은 납덩어리만 남게 되는 것이다.

그래서 나는 그때 나만의 성스러운 공간, 즉 내면의 테메노스Temenos를 만들어야 했다. 테메노스는 정신에 열을 가하고 긴장을 고조시키는 역할을 한다. 일단 무언가를 담아내는 그릇의 중요성을 이해하게 되면, 무엇을 드러내고 무엇을 감춰야 할지 본능적으로 알게 된다. 만약 실수로 드러내야 하지 말았어야 할 것을 드러내 버린다면, 그 순간 테메노스에 금이 가는 소리가 들릴 것이다.

물론 나에겐 분석가가 있었고, 그에게 나의 비밀을 고백했다. 분석가와 내담자가 맺는 관계는 또 다른 형태의 테메노스다. 서로를 믿고 존중하는 관계 속에서 신성한 제의가 이루어지는 성스러운 공간, 그곳이 바로 테메노스이기에. 분석가는 나의 심리분석 과정을 치밀하게 관찰했다. 나는 그가 내 꿈에 빛을 비추어 주기를, 내 영혼의 거울처럼 거기 있어 주기를, 내가 주어진 길을 벗어나지 않도록 도와주기를 기대했다. 그러나 그는 결코 내 인생에 개입하지 않았다. 나는 그를 산파로 여겼다. 산파, 즉 나의 새로운 탄생을 도와줄 수 있는 존재 말이다.

그는 그 과정에서 결정적으로 중요한 역할을 해주었다. 시간이 흐르며 내 자신의 테메노스가 점점 안정을 찾아가고 내 마음의 그릇에 금이 가거나 깨지지 않게 되자, 나는 더 이상 그에게 모든 것을 말할 필요가 없게 되었다.

노먼은 아내에게 아무것도 숨기지 못하는 사람이다. 무언가를 숨길 때는 죄책감을 느낀다. 물론 그가 선택적 기억력을 가지고 있기에 아내에게 실제로 모든 걸 다 말하진 않지만, 전반적으로 그는 자신의 머릿속에서 일어나는 거의 모든 일들을 아내에게 말해왔다. 이것은 그가 아내에게 얼마나 집착하고, 아내의 인정을 얼마나 갈망하는지를 보여준다. 아내에게 모든 것을 말하는 것은 이 부부가 '신비적 참여'의 상태에 있음을 보여주는 지표다. 그는 아내에게 완전히 투명한 존재, 활짝 열린 책이 되고 싶어 한다. 그러나 다른 여성들과 나눈 밀회에 대해서는 아내에게 털어놓지 않는다. 그런 비밀에 관해서는 노먼 스스로가 자기 자신에게조차 숨기고 있다.

한편, 그의 아내 역시 숨기려 애쓰는 비밀이 있다. 그녀는 애인이 있다. 만약 노먼이 이 사실을 알게 된다면, 모든 것이 무너질 것이다. 그들이 함께 만들어 온 겉모습, 그들이 함께 지어온 허상 위의 집house of cards은 무너질 것이다(아내는 아직 모른다. 그녀에게 다른 남자가 있다는 것을 노먼이 이미 알고 있다는 사실을. 노먼은 이 사실을 아내에게 말할 수 없다. 아내의 물건을 뒤졌다는 이유로 질책을 받을 게 뻔하기 때문이다).

몇 년 동안, 노먼의 아내는 남편의 은밀한 외도를 참고 견디며 살아왔다. 그것은 그녀가 남편의 행동을 개의치 않아서가 아니라, 달리 선택지가 없었기 때문이다. 그녀도 노먼만큼이나 두 사람의 부부 관계에 단단히 묶여 있다. 만약 남편이 무너진다면, 그녀는 잃을 것이 너무 많다. 아내는 남편이 자신의 진짜 비밀을 알게 되면 절대 감당하지 못할 것이라고 확신한다. 그렇기에 그녀는 결코 다른 남자를 마음에 두고 있다는 사실을 인정하지 않는다. 그녀는 노먼이 이미 무너진 상태임을 모르는 것이다.

그녀는 남편의 평안을 진심으로 걱정하는 보호본능 강한 어머니이면서도, 자신이 원하는 바를 얻되, 지금 가진 것도 절대 잃지 않으려 하는 교활한 마녀다. 노먼처럼 그녀 역시 두 가지 모두 가지려 한다. 즉 케이크를 그대로 가지고 있으면서도 동시에 다 먹고 싶어 하는 것이다.

내가 어떻게 노먼의 아내의 내면까지 알 수 있느냐고? 왜냐하면 나는 분석가로서 그녀와 비슷한 여성들, 즉 노먼과 같은 남자들의 아내들이나 여자친구들을 많이 관찰해 왔기 때문이다. 그녀들 각자의 삶은 다르지만, 심리적 패턴은 동일하다. 그들은 자신의 남편이 내적으로 성숙해지는 과정의 고통을 겪게 하지 않기 위해, 자신의 마음을 숨긴다. 그러다 남편이 아내와 어머니를 동일시하는 마음을 내려놓을 때까지, 그들은 고통스럽고 분열된 삶을 살아간다. 벼랑 끝에 선 듯한 삶을. 그것이 내가 사람들을 바라보는 방식이다.

그러나 어쩌면 내가 틀렸을 수도 있다.

노먼은 아내가 성관계를 허락해 주는 것이 그녀가 자신에게 은혜를 베푸는 것이라고 생각한다. 그는 홀로 속을 끓이며, 그녀가 욕망에 휩쓸리는 순간을 기다린다. 그의 마음은 철저히 그녀의 기분에 따라 좌우된다. 그는 그저 사랑받고 싶어 할 뿐인데, 그에게 사랑이란 곧 욕망, 더 구체적으로는 아내가 자신을 욕망하는 것과 동일시한다. 아내가 노먼에게 성적으로 무관심하다면, 그는 사랑받는다고 느끼지 못한다. 다른 여성들이 그를 원하고 욕망을 그에게 드러낼 수는 있지만, 그녀들은 그의 아내가 아니기에 그 어떤 의미도 갖지 못한다. 그는 여전히 진정으로 사랑받고 있지 못한다고 느낀다.

노먼이 고통받는 이유는 그가 온 힘을 다해 헌신한 아내가 그에게 사랑을 주지 않는 존재라고 느끼기 때문이다.

노먼은 아내의 두려움, 욕구, 콤플렉스에 대해 아무것도 모른다. 그는 아내가 밤에 우는 이유를 이해하지 못한다. 어쩌면 그가 지하실에서 대마초를 피우고 있을 때, 아내는 다락방에서 가슴을 쥐어뜯으며 울고 있을지도 모른다. 그러나 노먼에게는 그런 생각이 전혀 떠오르지 않는다. 그는 자기 자신에게 너무 몰두해 있어서, 아내에게 무슨 일이 벌어지고 있는지 생각할 여유조차 없다.

물론 그는 아내가 곤경에 빠진 것에 대해 연민을 느낀다. 그녀가 남편에게 성적으로 전혀 끌리지 않는다는 것은 끔찍할 것이다. 하지만 노먼은 그 문제를 전적으로 자신의 잘못으로 여긴다. 이는 그의 어머니 콤플렉스의 영향이다. 이 장의 초반에 인용된 우화 속 고양이가 바로 어머니 콤플렉스를 상징한다. 그 고양이는 사람이 "방향을 바꾸는 것"을 가로막는다. 즉 어머니 콤플렉스는 사람을 가두는 덫이다. 어머니 콤플렉스에 사로잡힌 사람들은 자신의 의식적인 태도를 재조정하지 못한다. 즉 인생의 주도권을 상실한 것이다.

나는 내 첫 번째 분석가의 말을 기억한다. "우리는 연민 때문에 남성성을 상실한다."

노먼은 자신의 아내나 그들의 관계에 대해 나와 이야기하는 것이 그다지 편치 않다. 그에겐 그것이 아내를 향한 배신, 즉 신뢰를 저버리는 일처럼 느껴진다. 그들은 언제나 한 팀이었다. 그들의 결혼은 그의 중심이자, 그의 테메노스다. 하지만 언젠가 그가 아내로부터 일정한 심리적 거리가 필요하다는 내적 욕구를 자각한다면, 그 내적 갈등을 그는 어떻게 처리하게 될까?

노먼은 자신이 원하는 것을 매우 잘 알고 있다고 생각했다. 노먼이 원하는 것은 자신을 사랑해 주는 아내라고 믿었다. 하지만 사실 그는 아내가 아닌 어머니를 원하는 것이다. 그는 어머니, 즉 언제든 돌아갈 수 있는 안전한 장소를 원하는 것이다. 낸시는 진퇴양난에 빠져 있다. 한편으로 노먼은 그녀에게 매우 충실한 아들 같은 연인으로, 그녀에게는 근친상간 같은 불편함을 느끼게 하며, 이는 남편을 향한 그녀의 성숙한 욕망을 억제하게 만든다. 다른 한편으로 그녀는 그가 집에 돌아왔을 때 정말로 그를 받아주고 싶어 한다. 어쩌면 이런 내면의 갈등 때문에 그녀는 다락방에서 가슴을 쥐어뜯고 있는 것인지도 모른다. 물론 그녀가 정말 다락방에서 울고 있었다면 그렇다는 이야기다.

어쩌면 낸시는 자신도 모르게 남편을 향한 자신의 권력을 즐기고 있을지도 모른다.

나는 노먼의 아내를 직접 알지 못한다. 나는 오직 그가 말해주는 정보만을 안다. 나는 이러한 이야기 대부분이 노먼의 심리 속에서 만들어진 것이며, 실제 그의 아내와는 무관하다는 것을 안다. 하지만 노먼은 아직 그 차이를 인식하지 못하고 있다. 나는 그녀를 만나고 싶지 않다. 왜냐하면 나는 그녀가 실제로 어떤 사람인지가 아니라, 노먼이 그녀를 어떻게 경험하는가에만 관심이 있기 때문이다. 그녀를 만나면 오히려 혼란스러워질 것이다. 이것이 바로 개인 분석과 부부 상담의 차이점이다.

이 시점에서 나는 노먼의 상황에 대해 나름의 의견이 있으며, 그가 무엇을 해야 할지도 대강 알고 있다. 하지만 만약 내가 이것을 그에게 직접 말한다면, 커다란 해를 끼치게 될 것이다. 그것은 노먼의 자기 분석 과정에 개입하는 행위가 되며, 설사 내가 우연히 정확한 진단을 내린다 해도, 그는 아직 제대로 들을 준비가 되어 있지 않다.

노먼이 상담실을 나갈 때 들려준 노먼의 꿈 이야기. 바로 그 꿈이 나나 아내의 의견보다 그에게 훨씬 더 중요한 조언을 해주고 있다. 노먼의 꿈은 그가 지금 어디에 있는지를 말해준다. 노먼의 꿈은 그의 현재뿐 아니라 지금의 상태를 벗어나 앞으로 어떻게 살아야 할지를 보여주고 있기도 하다.

처음 가져오는 꿈initial dream, 즉 심리 상담에서 내담자가 처음으로 들려주는 꿈은 특별한 의미를 지닌다. 왜냐하면 그 꿈은 한 사람이 분석을 받게 된 근본적인 요인과 그가 해결해야 할 핵심 심리적 문제들, 그의 잠재력을 동시에 보여주기 때문이다. 이러한 꿈의 의미들은 오랜 시간이 흐르고 나서야 분명해질 수도 있다. 어쩌면 수년이 지난 후에야 그 첫 번째 꿈의 상징적 의미를 제대로 인식할 수 있을지도 모른다. 하지만 그러한 꿈은 항상 누미노시티 numinosity, 즉 부인할 수 없는 신성하고 매혹적인 힘, 사람의 마음을 격렬하게 흔드는 힘을 지니고 있다. 그래서 내담자는 그 첫 번째 꿈으로 계속 돌아가게 된다. 마치 참조점처럼 말이다.

나는 분석을 받기 전까지는 제대로 된 꿈을 꾼 기억이 없었다. 적어도 기억나는 꿈은 없었다. 사실 그건 완전히 사실은 아니다. 여섯 살 때 화장실에서 잠이 들었는데 하느님이 나타나 "모든 것이 괜찮을 것"이라고 말해주는 꿈을 꾸었다. 그리고 나는 어린 시절 엘프와 요정들이 있는 아름다운 정원에 관한 몇몇 꿈들도 기억하고 있다.

처음 대학에 들어갔을 때 수학과 물리학을 전공했다. 이러한 공부를 할 때는 꿈이라는 주제에 관해 언급할 필요가 없었다. 그 후 나는 저널리즘을 공부해 기자가 되어 정치인들의 연설을 취재하러 다니곤 했다. 정치인의 연설들에는 각종 꿈에 대한 언급이 넘쳐났지만, 그것은 전혀 다른 종류의 꿈들이었다. 문학과 철학을 공부하기 위해 다시 대학에 돌아갔을 때조차, 우리가 꾸는 꿈이 인생에서 중요할지도 모른다는 암시조차 들은 적이 없었다.

꿈의 생리학에 대한 다양한 연구에 따르면, 우리는 모두 하룻밤에 여러 번 꿈을 꾼다. 이는 이른바 REM 현상 Rapid Eye Movements(급속 안구 운동)으로 확인된다. 사람들이 만약 이렇게 꿈을 꾸는 렘수면 단계를 박탈당하면 금방 불안해지고 예민해진다. 이 실험들은 꿈의 내용이나 의미에 대해서는 아무 말도 하지 않지만, 꿈이 중요한 생물학적 기능을 가지고 있다는 점을 암시한다.

융은 여기서 더 나아갔다. 그는 꿈의 목적이 정신 속 에너지의 흐름을 감시하고 조절하는 것이라고 믿었다.

성인이 된 후 나는 틀림없이 꿈을 꾸었을 것이다. 그러나 꿈에 제대로 관심을 기울이지 않았기 때문에, 그 꿈들은 흩어져 사라지고 말았다. 왜 내가 꿈에 관심을 가져야 한단 말인가? 꿈은 밤에 잠들었을 때 꾸는 것이고, 현실의 나와는 아무 관련도 없는 것이라 믿었다. 나는 꿈에 관심이 없었다. 어느 날 아침, 결코 잊을 수 없는 꿈에서 깨어나기 전까지는.

내가 심리분석을 시작하게 된 첫 번째 꿈은 튀는 공에 대한 꿈이었다. 나는 쇠락한 도시의 거리 한가운데 있었고, 그 주변은 동굴처럼 거대한 건물들로 둘러싸여 있었다. 나는 그 건물들 사이에서 공을 이쪽에서 저쪽으로 튕기며 던지고 있었다. 내가 던진 공이 돌아오면, 나는 다른 편의 건물을 향해 공을 던졌다. 공은 계속 내 손을 벗어나기만 했고, 나는 공을 결코 붙잡을 수 없었다. 나는 식은땀에 흠뻑 젖은 채, 공포에 사로잡힌 채, 주체할 수 없이 흐느끼며 깨어났다.

지금 와서 생각해 보면 그것은 전혀 자극적이지 않은 꿈처럼 보일 수 있다. 그러나 그 당시에는, 그 꿈이 나의 내면 세계 전체를 뒤흔들었다.

그 꿈은 나에게 정신Psyche의 실재에 대한 입문이었다. 일종의 입회식, 불의 세례였다. 나는 내가 인식하지 못하는 상태에서도 무언가가 내 안에서 벌어질 수 있다는 사실을 전혀 몰랐다. 나는 의지만 있으면 무엇이든 이룰 수 있다고 믿었다. "뜻이 있는 곳에 길이 있다"는 말처럼 말이다. 하지만 그 꿈은 내 의식의 믿음과는 정반대였다. 내가 문제를 해결하고자 하는 강한 의지와는 달리, 나에겐 아무런 해결 방법이 없었다. 나는 거대한 내적 갈등의 한복판에 있었다. 나는 혼자서 해결할 수 있을 것이라고 계속 고집스럽게 생각했다. 그러나 그 꿈을 꾼 뒤 나의 그 고집스러운 환상은 산산이 부서져 버렸다.

정신은 의식적인 것과 무의식적인 것을 포함한 모든 심리적 과정의 총합이다. 심리 현상은 물리적 세계의 실제 모습들만큼이나 현실적이다. 무의식은 의식의 지배를 받지 않은 채 독립적으로 움직이기도 한다. 무의식은 그저 의식에 수동적으로 반응하는 것도 아니고, 한때 의식 속에 있었지만 의식이 억압한 내용들도 포함한다. 무의식은 전에는 한 번도 의식적으로 떠올리지 못했던 새로운 현상의 원천이 되기도 한다. 무의식은 이 세상에 존재하지 않는 새로운 무언가를 창조할 수 있다.

융은 인간이 잠을 자는 동안에도 비자발적인 심리 활동을 하고 있다고 보았다. 꿈은 일종의 자화상이다. 그런데 꿈은 의식의 입장이 아니라 무의식의 입장에서 우리 마음속에 어떤 일이 일어나고 있는지를 상징적으로 보여주는 자화상이라 할 수 있다.

자신에 대해 잘 안다는 것은 의식과 무의식 양쪽을 바라볼 수 있다는 것이다. 우리는 자신을 알기 위해 나와 다른 사람들과의 관계를 알아야 하고, 더 나아가 무의식이라는 거울이 필요하다. 꿈은 바로 그 무의식을 비춰주는 거울을 제공한다.

꿈은 무의식의 독립적이고 자발적인 표현이다. 꿈이 전달하는 메시지는 의식적인 마음의 흐름과 거의 일치하지 않는다. 꿈은 우리의 의지에 따르지 않을 뿐만 아니라, 때로는 의식의 태도와 의도에 완전히 반대되는 모습으로 나타나기도 한다. 꿈은 낮 동안 벌어지는 일들보다 더 중요한 것은 아니지만, 우리가 처한 외부 현실에 대해 알맞은 조언을 전해준다.

프로이트의 견해에 따르면, 꿈은 본질적으로 소망 성취와 수면 유지 기능을 지닌다. 융은 이를 두고 부분적으로는 사실임을 인정했지만, 정신의 자기 조절이라는 더 중요한 역할을 꿈이 하고 있다고 생각했다. 융은 꿈의 주된 기능이 의식의 태도에 결핍된 부분을 보상하는 것에 있다고 보았다. 즉 꿈은 의식이 미처 헤아리지 못한 부분을 상기시킨다. 나아가 꿈은 의식의 판단과는 다른 관점을 상기시켜 자아의 인격을 더 나은 방향으로 조정하고자 한다는 것이다.

보상compensation이란 정신의 균형을 확립하거나 유지하는 데 목적을 둔 과정이다. 만약 의식적 태도가 너무 일방적이라면, 꿈은 반대의 입장을 취한다. 의식적 태도가 어느 정도 적절하다면, 꿈은 작은 변화를 지적하는 정도로 만족하는 것처럼 보인다. 그리고 의식적 태도가 완전히 적절하다면, 꿈은 의식의 태도에 동의하거나 의식의 결정을 지지할 수도 있다.

꿈은 보상적 기능을 갖는다. 왜냐하면 꿈은 보통 의식이 포착하지 못하는 인격의 측면을 드러내기 때문이다. 꿈은 인간관계 속에서 작용하는 무의식적인 동기를 드러내며, 갈등 상황에서도 새로운 관점을 제시할 때도 있다.

융은 또한 꿈이 미래를 예견하는 기능을 강조했다. 어떤 꿈을 꾸는 데는 그럴 만한 이유가 있기 때문이라는 것이다. 나아가 꿈은 의식에서 갈등하고 있는 문제에 대한 해결책을 상징적인 언어로 보여준다는 뜻이다. 이는 신경증에는 목적이 있다는 융의 관점과 이어진다. 꿈은 그저 우연히 발생하는 사건이 아니라 정신의 건강을 회복시키는 데 필요한 정보를 의식에 전달하려 한다.

"그게 사실이라면요." 내가 분석가에게 말했다.

"꿈이 정말 그렇게 중요하다면, 왜 그렇게 이해하기 어렵죠?"

그는 그저 미소 지었다.

융도 나의 분석가처럼 수수께끼 같은 답변을 한 적이 있다. 그 답변은 이러했다.

"꿈은 자연적 사건입니다. (…) 그리고 자연은 결코 그 열매를 공짜로 내어주지 않습니다. 자연은 인간의 기대에 따라 쉽게 열매를 내어주지 않습니다."[1]

꿈을 이해하는 데는 많은 노력이 필요하다. 우리는 꿈의 상징 언어에 익숙하지 않기에. 꿈속에서 아이디어가 결합되는 방식은 본질적으로 환상적이고 비이성적이다. 꿈 이미지는 보통 우리가 익숙히 알고 있는 인과관계에 따른 사고방식과는 전혀 다르게 연결된다. 처음 보았을 때 꿈은 대개 의미가 거의 없어 보인다. 다시 보아도 마찬가지다. 꿈의 언어는 확실히 익숙해지는 데 시간이 필요하다.

내가 취리히에서 심리분석을 시작한 이후 꾼 꿈 중에서 스키를 탄 거미가 면도날 위에 앉아 있는 꿈이 있었다. 과연 이런 꿈을 꾸는 것이 말이 되냐고 묻고 싶다. 이 꿈의 의미에 대해 물어본다면, 사람들은 "무의식은 유머 감각이 없나 보군요"라는 식으로 대답할지 모른다.

융에 따르면, 꿈은 내면의 드라마다. 꿈꾸는 사람은 무대, 장면, 연출자, 작가, 배우, 관객, 비평가다. 꿈은 꿈꾸는 사람 자신이다. 꿈속의 각 요소는 꿈꾸는 자의 성격의 한 측면을 나타낸다. 특히, 꿈속의 인물들은 다양한 콤플렉스가 의인화된 모습을 하고 있다.

꿈은 우리에게 자신의 콤플렉스와 마주하게 하며, 내면의 콤플렉스가 우리 의식의 태도를 결정짓는 데 어떻게 작용하는지를 보여준다. 자신의 콤플렉스를 어떻게 바라보는지에 따라 우리 행동의 대부분이 결정될 수 있다. 꿈 분석, 또는 꿈들이 전하는 메시지를 이해하는 데 필요한 작업은 콤플렉스의 힘을 약하게 만드는 가장 좋은 방법이 될 수 있다. 왜냐하면 그 과정을 통해 우리는 자신의 콤플렉스를 보다 명확히 의식하게 되기 때문이다.

자신의 꿈을 이해하는 것은 특히 어렵다. 왜냐하면 우리의 맹점, 즉 콤플렉스가 언제나 자신의 꿈을 명확하게 이해하는 길을 방해하기 때문이다. 융조차도 50년간 수천 개의 꿈을 연구한 후, 이러한 좌절감을 고백했다. 만약 처음부터 자신의 꿈을 완전히 이해했다고 생각된다면, 당신은 이미 핵심을 놓친 것이다.

프로이트는 꿈꾸는 사람의 협력 없이는 꿈을 해석할 수 없다는 주장을 처음으로 제안했다. 꿈을 해석하려면, 꿈을 꾼 당시의 외부 상황과 그 사람의 의식적 태도를 철저히 이해해야만 한다. 그리고 꿈속 이미지에 대한 개인적 연상 역시 오직 꿈을 꾼 사람에게서만 나올 수 있다. 만약 꿈의 본질적 목적이 의식의 입장과 태도를 보상하는 것이라면, 우리는 그런 의식의 입장과 태도가 무엇인지 알아야 하며, 그렇지 않으면 그 꿈은 영원히 수수께끼로 남게 될 것이다.

단, 예외가 있다. 바로 원형적 꿈이다. 이러한 꿈들은 전 세계 신화와 종교에 공통으로 나타나는 상징 이미지와 모티프들로 구성된다. 원형적인 꿈들은 보통 커다란 감정적 위기, 인생의 전환점에 나타난다. 즉 꿈꾸는 사람이 보편적인 인간의 문제를 경험할 때 원형적인 꿈을 꾸게 된다. 이 꿈들은 흔히 인생의 과도기에 나타난다. 즉 의식적 태도의 변화가 절실히 요구될 때다.

노먼의 첫 번째 꿈(불타는 집에 대한 꿈)은 원형적이었다. 내 꿈(건물들 사이로 공을 던지는 꿈)도 마찬가지다.

꿈속 상징이나 모티프에는 고정된 의미란 존재하지 않는다. 꿈꾸는 사람의 심리와 삶의 상황과 무관한 해석이라면, 그 해석이 유효할 수는 없다. 그렇기에 전통적인 꿈 해몽 책들에 나오는 상투적 공식이나 고정된 '정의들(예를 들어 돼지꿈을 꾸면 복권에 당첨된다는 식으로 꿈을 '정의'하는 것-옮긴이)'은 전혀 가치가 없다.

나는 지금 《만 개의 꿈 해석》 혹은 《꿈속에는 무엇이 있는가: 과학적이고 실용적인 설명》[2] 이라는 제목의 두꺼운 페이퍼백으로 된 책을 들여다보고 있다. 출판된 지 50년도 넘는(참고로 이 책의 원서는 1988년 출판되었다.−옮긴이) 세월이 흘렀지만, 이런 식의 해몽 책들은 여전히 널리 유통되고 있다. 다음은 그런 해몽서에 나오는 일부 항목들이다.

"자신의 집이 불타는 것을 꿈꾸는 것은 사랑스러운 배우자, 순종적인 자녀들, 성실한 하인들을 잃는 것을 의미한다."

"바나나를 꿈에 보는 것은, 재미도 없고 사랑스럽지도 않은 배우자와 맺어지게 될 것을 예고한다."

"꿈에 소금을 본 다음에는 모든 일이 어긋나고, 다툼에 휩싸일 것이다. 그리고 가족 간에 불만과 분쟁이 나타나는 경우가 흔하다."

"꿈에서 두껍고 흉측한 입술을 본다면, 결혼생활에서의 불쾌한 갈등, 성급한 결정, 부부 사이의 성격 불화 등을 의미한다."

"꿈에서 고기를 써는 꿈은 잘못된 투자 상황을 의미하지만, 변화를 주면 투자 전망이 밝아질 수도 있다."

이런 해몽 관련 책들은 읽기에 재미는 있지만, 꿈을 진지하게 공부하는 이들에게는 아무런 도움이 되지 않는다. 우리가 꿈을 통제할 수 있다는 생각, 꿈의 내용을 의식적으로 조작할 수 있다는 어리석은 주장도 마찬가지로 무의미하다. 꿈을 마음대로 조작하는 것이 가능하다는 가설을 뒷받침하는 설득력 있는 증거는 없다. 그리고 설령 가능하다 하더라도, 바람직하지 않다. 그렇게 되면, 자연스러운 꿈이 아닌 다른 방법으로는 얻을 수 없는 귀중한 무의식의 정보를 잃게 되기 때문이다.

많은 꿈은 고전적인 드라마의 극적인 구조, 즉 발단, 전개, 절정, 결말의 구조를 보여준다. 먼저 꿈이라는 극적 스토리의 발단은 장소, 시간, 등장인물을 소개하는 듯한 꿈 장면이 있으며, 이는 꿈꾸는 사람의 현재 상황을 보여준다. 두 번째 단계에서는 극의 전개가 나타난다. 사건이 발생하고, 주인공이 무언가 행동을 하기 시작한다. 세 번째 단계는 고조 또는 '**절정**culmination', 즉 결정적인 사건이 발생하는 단계다. 마지막 단계는 결말이다. 이는 꿈속에서 행동의 결과나 해결을 뜻한다. 결말 부분은 꿈꾸는 사람의 에너지가 향하고자 하는 방향을 보여주는 것으로 보면 도움이 된다. 결말이 없는 꿈에서는, 해결책도 보이지 않는다.

꿈을 다루는 가장 좋은 방법은 다른 사람과의 대화 속에서 꿈 분석이 이루어지는 것이다. 그 사람은 꿈을 객관적으로 바라볼 수 있도록 훈련된 사람이어야 하며, 자신의 심리를 타인의 꿈에 투사하지 않는 이가 바람직하다. 분석가가 자신의 콤플렉스에 대해 철저하게 이해하고 있는 사람이라 하더라도, 분석가의 꿈이 내담자에게 투사되는 것을 막아줄 수 있다는 보장은 없다. 하지만 어떤 형태로든 꿈 분석에 대한 훈련이 없다면, 상대방도, 자신도 둘 다 곤경에 처하게 된다.

첫 번째 단계는, 꿈속 모든 이미지에 대한 개인적 연상 작용을 끌어내는 것이다. 예를 들어 꿈속에서 나무, 양탄자, 뱀, 사과가 나온다면, 그 사물들이 꿈꾸는 사람에게 어떤 의미인지를 파악하는 것이 중요하다. 꿈 분석 작업은 꿈의 이미지 주변을 천천히 맴돌며 탐색하는 방식으로 진행된다. 즉 꿈 이미지 곁에 머물며 이렇게 질문하는 것이다. "당신에게 뱀이란 어떤 의미인가요?", "그 외에 또 어떤 것이 떠오르나요?", "그리고 또 어떤 것이 연상되나요?" 이 방식은 전통적인 프로이트식 자유 연상과는 다르다. 자유 연상은 결국 콤플렉스에는 도달할 수 있지만, 해당 이미지의 진짜 의미는 놓칠 수 있다.

꿈속 이미지에 대한 개인적 연상 외에도, 관련된 의미의 확장 작업이 동반되기도 한다. 즉 다른 시대, 다른 문화에서 나무, 양탄자, 뱀, 사과가 어떤 의미를 지녔는가에 대한 해석이다.

이런 것이 바로 원형적 연상이다. 이러한 연상은, 꿈꾸는 사람이 개인적으로는 알지 못할지라도, 무의식 속에 우리 모두가 공유하는 심리적 유산의 일부로 존재하는 내용을 끌어냄으로써 의식의 자각을 확장하는 데 도움을 준다. 꿈에 나타나는 반복되는 이미지, 원형적 이미지들과 모티프는, 곧 신화·종교·동화의 핵심요소이기도 하다. 따라서 신화·종교·민담에 대한 기초적 지식은 분석가의 훈련에서 필수요소다.[3]

꿈에 대해 개인적 연상과 원형적 연상을 모으고 그 문맥context을 조사하는 작업은 비교적 단순하며, 거의 기계적인 절차에 속한다. 이런 작업은 반드시 거쳐야 하지만, 진정한 작업, 즉 꿈의 실제 해석과 그것이 꿈꾸는 사람의 삶과 의식적 태도에 대해 무엇을 말하는지 파악하는 작업을 위한 준비 단계에 불과하다. 이것은 매우 고된 작업이며, 대단히 친밀한 경험이다. 따라서 특정한 꿈에 대한 이해는, 그것을 함께 분석하는 두 사람 사이에서만 유효한 해석으로 작용한다.

이러한 이유로, 분석을 받는 사람은 자신이 분석가와 함께 도달한 꿈의 해석을 친구나 배우자에게 이야기해 줄 때 주의해야 한다. 말로는 쉽게 설명할 수 없는 꿈의 미묘한 내용을 제3자와 나누는 것은 위험하다. 그 꿈에 얽힌 친밀한 연상 체계를 공유하지 않는 제3자에게 자신의 꿈을 설명하다 보면, 지금까지 힘들게 얻어낸 내면세계의 입장을 무너뜨릴 위험이 있다. 또한 분석가와 형성되고 있는 테메노스를 방해할 수도 있다.

꿈은 주관적 또는 객관적 차원에서 해석될 수 있다. 전자의 방식(주관적 해석)은 꿈을 전적으로 꿈꾸는 사람의 심리라는 관점에서 해석한다. 내가 아는 사람이 꿈에 등장하더라도, 해석의 초점은 그 실제 인물이 아니라, 그 사람에게 투사된 내 무의식의 내용을 상징하는 이미지로서의 그 사람에 있다. 하지만 그 사람과 내가 깊은 관계를 맺고 있다면, 객관적 해석이 더 적절할 수 있다. 그 꿈은 그와 나, 우리 관계에 대해 무언가를 말하고 있기 때문이다.

어느 경우든, 꿈속 타인의 이미지는 결국 내 자신의 심리로부터 비롯된다. 그러나 주관적이거나 객관적 해석 중 어느 쪽이 더 타당한지는, 꿈의 맥락과 개인적 연상을 통해 결정되어야 한다.

꿈은 반드시 하나 이상의 의미를 지닌다. 하나의 꿈을 열 명의 분석가가 바라본다면, 그들의 성격 유형이나 개인적 콤플렉스에 따라 열 가지 서로 다른 해석이 나올 수 있다. 그래서 분석가와 내담자의 대화 없이 꿈 해석을 제대로 해낼 수는 없으며, 꿈을 꾼 사람만이 자신의 꿈에 대한 최종 판단을 내려야 하는 이유가 여기에 있다. 꿈을 꾼 사람이 마음속에서 '탁'하고 맞아떨어진다고 느끼는 해석이, 그 순간에는 '올바른' 해석이다. 왜냐하면 후속 사건이나 이후에 꾸는 꿈들은 종종 이전에 꾼 꿈들에 새로운 의미를 부여하기도 하기 때문이다. 그렇다면, 내가 공을 튀기던 꿈, 그리고 노먼이 떠나며 남긴 불타는 집의 꿈은 어떻게 해석할 수 있을까?

앞서 언급했듯이, 두 꿈 모두 중년의 위기에서 전형적으로 나타나는 꿈의 유형이다. 이 시기에는 의식의 태도 변화가 필연적이다. 이 시기에는 개인적 연상이 그다지 중요하지 않다. 왜냐하면 이 꿈들은 그 자체로 비교적 투명한 의미를 담고 있기 때문이다. 원형적 모티프에 대한 최소한의 지식만 있으면, 이런 꿈들은 꿈꾸는 사람의 당시 심리 상태를 드러낸다는 것을 알 수 있다. 꿈꾸는 사람의 외적 상황을 몰라도 마찬가지다.

내 꿈에서 나타난 어려움은 내 안에서 대립하는 것들의 균형, 대극의 통합을 유지하는 것에 관한 것이었다. 꿈 속에서 나의 중심은 도시, 즉 집단적 공간이다. 공ball은 자연에 존재하는 다른 어떤 사물보다도 주어진 표면적에 대비해 가장 큰 내부의 부피를 가진다. 공이 더 많은 것을 담기 위해서는 아예 표면이 갈라지거나, 혹은 표면 자체가 확장되어야 한다. 그래서 공은 자기 완결성과 정신의 자기 조절 과정을 상징하는 것이다. 나의 꿈속에서 그 공은 계속해서 내 손에서 빠져나간다. 이 꿈(무의식)이 의식을 향해 보내는 메시지는, 내가 내 삶을 통제하지 못하고 있다는 사실이다. 어쩌면 내가 내 삶의 진정한 중심을 찾을 수 있었다면, 그리고 진짜 내 삶을 좀 더 단단하게 나의 내면에 담아낼 수 있었다면 좋았을 것이라는 소원을 담고 있는 꿈일 수도 있다.

한편 노먼의 꿈속에서 그는 불타는 집 속에 있다. 그 집은 노먼의 개인적 심리 공간이다. 타오르는 불길은 그의 갈등으로 인해 형성된 감정의 응어리다. 그가 이 타오르는 감정들을 제대로 다루지 않는다면, 불길은 그를 삼켜버릴 것이다. 꿈속에서 그의 어머니는 있지만, 아내는 없다. 그의 어머니는 몇 년 전 세상을 떠났지만, 그에게 '어머니'가 의미하는 것들은 여전히 그의 마음속에서 생생하게 살아 있다. 그는 꿈속에서 양동이를 들고 있는데, 이는 감정을 상징하는 여성적 이미지다. 이는 노먼이 문제를 다루기 위해, 즉 내면의 불길을 끄기 위해 시도하는 방식이다. 그런데 이 양동이로는 불을 끄지 못했다. 양동이에는 뚜껑이 없는데, 이것은 그가 자기 자신을 온전히 담지 못하고 있다는 뜻일 수도 있다. 꿈속의 양동이에는 구멍이 나 있어서, 감정을 자기 안에 담아두기 어려운 그의 심리 상태를 반영한다. 그릇은 전형적으로 여성성과 관련된 원형이다. 노먼의 이러한 측면, 즉 노먼의 아니마anima는 어머니와 아직 한 편이었다.

꿈속에서 탄산음료가 든 유리병은 노먼의 미성숙한 태도를 암시하고(거품이 나는 작은 탄산음료 병만으로는 불을 끌 수 없기에.-옮긴이) 지붕 위의 사람들은 다른 사람들이 문제를 해결해 줄 것이라는 노먼의 헛된 기대를 나타낸다. 불타는 지붕은 그 갈등이 노먼의 머릿속에서 벌어지고 있음을 보여준다.

노먼이 그 꿈을 상담 세션이 끝나고 나갈 때 말했다는 사실, 정작 그가 상담 중일 때 그 꿈을 말하지 않았다는 사실은, 그가 그 꿈이 자신의 삶에 얼마나 중요한지 의식하지 못하고 있음을 보여준다. 그는 중대한 위험에 처해 있으나, 자각하지 못하고 있다. 다행히도 무의식은 알고 있다. 현실에서는 괜찮은 척하며 살고 있지만, 꿈속에서 그는 공황 상태에 빠져 있다. 꿈은 노먼이 위기에 빠져 있음을 깨달아야 한다는 무의식의 메시지를 보내고 있었다. 이것이 바로 꿈의 보상적 메시지다. 즉 그가 자신이 처한 심각한 상황을 의식하도록 만드는 것이다.

꿈속에서 불을 끄려는 노먼의 시도는 실패했지만, 적어도 불을 끄려고 애쓰고는 있다. 그는 절박한 상황을 인식하고 있고, 불을 끄겠다는 열망을 지니고 있다. 적극적으로 불을 끄는 행위는 콤플렉스에 지배당하는 것이 아니라, 콤플렉스를 제대로 이해하고 받아들이는 상태의 은유로 볼 수 있다. 이를 위해서는 그 갈등이 단순히 머리로 이해하는 차원을 넘어 마음으로 받아들이는 차원으로, 감정적인 체험으로 전환되어야 한다. 그러면 아마 그는 이 문제를 해결하기 위해 뭔가 구체적인 행동에 나설 수 있을 것이다.

현재 노먼은 심리적으로 매우 위험한 상태에 처해 있다. 그의 위기가 쉽게 해결되지 않는 두 가지 이유가 있다. 첫째, 그는 고통스럽다는 신호를 보내고는 있지만, 고통으로부터 탈출하기 위한 아무런 조치도 취하지 않는 신경증적 정신의 상태를 보인다. 둘째, 노먼은 아내와 가족으로부터 독립된 상태에서 자신만의 문제를 해결해 본 경험이 전혀 없다. 즉 자신만의 그릇이 없다. 심리분석은 내담자가 지닌 성격을 재조정해야 한다. 이 말은 곧 자신이 처한 특정한 상황에서 제대로 작동하지 않는 집단적 태도와 가치로부터 분리되는 것을 의미한다. 물론 많은 경우에 적절한 집단적 태도와 해결책도 존재하지만, 사람들이 상담받으러 오는 이유는 대개 자신이 겪고 있는 상황에 딱 맞는 집단적 해결책이 없기 때문이다.

현재 노먼은 오래전 어디선가 주워 입은 망토에 둘러싸여 있는 것 같은 불안한 상황이다. 그는 자기 자신에게 진정으로 딱 맞는 자기만의 해결책이 필요하다. 그는 그 해답이 무엇일지 전혀 알지 못하며, 나 역시 모른다.

나는 이 모든 이야기를 노먼에게 굳이 전하지 않았다. 왜냐하면 노먼이 꿈 이야기를 할 때는 이미 상담 시간이 끝났고, 나는 상담 시간을 철저히 지키는 것을 좋아하기 때문이다.

3

뜻밖의 타자,
미지의 타인과 조우하다

무의식 속에 환상을 지닌 사람은 때로 정신 이상자처럼 섬세하게 다루어져야 한다. 그가 자기 무의식과 진정으로 마주할 때까지는, 그 환상을 억지로 없애려 하지 말고, 있는 그대로 지켜보아야 한다.

― 카를 구스타프 융, 《서신집 *Letters*》

어느 날 노먼은 다소 풀이 죽은 상태로 상담실에 들어왔다. 전날 밤 늦게까지 밖에 있었고, 숙취가 심한 듯했다. 나는 평소대로 얼음물을 한 잔씩 따랐다.

그는 "제가 왜 이러는지 모르겠어요"라고 말했다.

"집에 가서 쉬려고 하는데, 누군가랑 말이라도 섞게 되면 밤새 깨어 있을 수 있을 것처럼 각성되어 버려요. 이야기를 시작하는 순간 흥분되는 것 같아요."

그는 쑥스럽게 웃었다.

"그 여자, 이름이 뭐였더라, 페니가 먼저 다가왔어요. 파티가 끝나고 우리는 정말 즐겁게 보냈죠. 그녀를 집에 데려다주고 해가 뜰 때까지 사랑을 나눴어요. 남편이 해군이라 몇 주 동안 바다에 나가 있대요. 그녀는 남편을 별로 그리워하는 것 같지 않았어요. 적어도 결혼했다는 사실에 얽매여 있는 것 같지 않았어요. 어쨌든 페니는 저와 함께 있는 걸 좋아하더라고요."

지금 말하는 건 난봉꾼의 자아였다.

"낸시도 그렇게… 자유로웠으면 좋겠어요." 그는 손가락으로 머리카락을 쓸어내리며 말했다. "저랑 있을 때 말이에요. 낸시와 사랑을 나누는 건 마치 좀비랑 카드놀이를 하는 기분이에요. 그렇게 아무런 느낌이 없다면 차라리 그냥 카드를 쥐고만 있어라, 이런 생각이 들 정도예요. 사랑을 나누려면, 어쨌든 파트너가 있어야 게임을 할 수 있잖아요?"

노먼은 다시 어머니 이야기, 어머니 콤플렉스로 돌아온 것이다.

"부인과는 처음에 어떻게 만나셨어요?"라고 물었다.

노먼은 환히 웃었다.

"그건 마치 마법 같았어요. 그녀를 보는 순간 사랑에 빠졌죠! 보는 순간 완전히 빠져들었어요. 머릿속에서 그녀가 떠나질 않았어요. 그녀는 치어리더였고, 그녀에게 반한 다른 남자들이 줄을 서 있었죠. 전 정말 낸시를 쟁취하기 위해 싸워야 했어요. 그녀는 늘 인기가 많았고, 어떤 남자를 고를지 마음대로 선택할 수 있는 사람이었어요."

"그 시절 낸시는 정말 열정적이었어요. 저와 사랑을 나누는 걸 좋아했어요. 어디에서든 했죠. 한 번은 제가 너무 피곤해서 못하겠다고 하자 그녀가 웃었어요. 제가 농담처럼 말했죠. '넌 정말 만족을 모르는구나.' 그녀는 '남자는 항상 만족하지 못하잖아'라고 했어요. '남자들은 늘 사랑을 나눌 준비가 된 여자들을 좋아하잖아'라고 했지요."

그는 희미하게 웃었다. "왠지 그 말이 저에게는 상처가 됐어요. 저보다 먼저 그녀와 관계를 맺었던 남자들을 떠올리게 만들었지요. 그녀의 과거 이야기를 듣는 게 싫었어요."

그 이야기를 들으니 내 위장에 불현듯 통증이 느껴졌다.

"그때 저는 낸시와 결혼하고 싶어 안달이 났지요. 하지만 그녀는 장기적인 관계를 맺는 것은 아직 준비가 안 됐다고 했어요. 그러던 어느 날 낸시가 임신했지요. 피임기구가 잘 맞지 않았다고 하더군요. 저는 너무 기뻤어요. 낸시를 사랑했으니까요. 우리 둘의 아기가 생겼다는 소식보다 더 좋은 소식이 어디 있겠어요. 하지만 낸시는 결혼을 바로 승낙하지는 않았어요. 낸시 혼자 아기를 키울 생각도 많이 했다고 하더군요. 그때 그녀는 매우 독립적인 사람이었어요. 하지만 결국엔 제 청혼을 받아들였지요." 노먼은 미소 지었다.

"우리는 작은 결혼식을 올렸어요. 가까운 친구 몇 명만 불렀죠. 낸시 아버지는 물론 오지 않았어요. 그녀가 네 살 때 집을 떠났으니까요. 하지만 삼촌이 그녀에게 따스한 덕담을 해줬습니다. 둘은 항상 아주 가까웠거든요. 장모님은 결혼식 내내 울고 계셨어요."

"그다음 몇 달은 꽤 힘들었어요. 우리는 장모님 댁에 머물면서 앞으로 우리 가족이 살 집을 찾아야 했죠. 낸시는 내내 우울해했고, 계속 잠을 잤어요. 임신 중이라 몸을 쉽게 움직이지 못했기 때문에, 저는 매일 아침 우리가 지낼 방을 찾으러 신문 광고를 찾으러 나가곤 했어요."

그는 손수건을 꺼내 코를 풀었다.

"우리 형편에 제대로 된 아파트를 구하는 건 쉽지 않았어요. 온갖 정보를 다 찾아봤지만, 번번이 좌절했지요. 집을 찾아헤매다가 너무 지쳐서 낸시의 무릎에 얼굴을 묻고 울기도 했습니다. 너무 힘들었거든요. 한 번은 식료품점 위에 딸린, 허름한 방 두 칸에 계약금을 걸기도 했어요. 낸시를 데려가 보여줬더니, 그런 곳에선 도저히 살 수 없다고 했죠. 너무 우울하다고요. 사실이었어요. 방은 비좁았고 퀴퀴한 냄새도 나고 빛도 들지 않았습니다. 결국 그녀가 발 벗고 나서서 스스로 더 나은 곳을 찾아냈습니다."

노먼은 발끝을 내려다보았다.

"낸시가 아기를 낳은 뒤 모든 것이 변했어요. 우리는 그럭저

85

력 잘 지내긴 했지만. 사실 저는 낸시를 기쁘게 하려고 뭐든 해 보았지만, 그녀는 이제 나와의 잠자리에 별로 관심이 없었죠. 거절한 적은 없었지만, 그렇다고… 글쎄, 전처럼은 아니었어요…." 그는 무력하게 어깨를 으쓱했다. "아마도 그녀는 제가 생각했던 만큼 섹스를 좋아한 게 아니었는지도 모르겠어요."

"그래서 저는 길 위로 나섰습니다." 노먼이 말했다. "꽤 자주 여행을 다녔죠. 꼭 필요했던 건 아니었지만, 집을 떠날 수 있었거든요. 낸시는 제가 떠나는 걸 신경 쓰지 않았습니다. 오히려 작별 인사를 하며 다정하게 키스해 주곤 했죠. '즐기고 와요. 좋은 시간 보내요!'라고 말했어요."

"마치 제가 그럴 수나 있겠냐는 듯이요. 하지만 저는 즐기기는커녕, 며칠만 집을 떠나 있어도 향수병에 시달렸습니다. 가끔 다른 여자를 만나기도 했지만, 낸시가 없으면 너무 외로워서 서둘러 돌아가곤 했죠. 그녀 없이는 진심으로 즐길 수가 없었어요."

노먼은 어깨를 으쓱했다. "지금도 여전히 그렇습니다."

＊

이번이 네 번째 상담이다. 이제 몇 가지 퍼즐들이 맞춰지기 시작했다. 노먼은 그 나이대의 많은 남성들처럼 '분열된 아니마'를 가지고 있다. 첫 번째 아니마는 어머니 유형의 아니마로, 안정성과 정서적 안전을 상징하는 여성의 내면 이미지다. 그는 이 첫 번째 어머니 유형의 아니마를 아내에게 투사한다. 두 번째 아니마는 자유분방하고 제멋대로인 아니마다. '뒤쳐진 자는 악마가 데려가든지 말든지 내버려두라'라는 식으로, 각자도생하라고 말하는 거침 없는 아니마다. 그는 이 두 번째 아니마, 즉 거칠고 제 멋대로인 아니마를, 그가 성적으로 접근할 수 있는 모든 여자에게 자동적으로 투사한다.

노먼은 첫 번째 아니마와 두 번째 아니마, 그 사이 어딘가에 있다. 그러나 첫 번째 아니마, 즉 어머니의 아니마가 우위를 점하고 있다. 그래서 그는 아내 아닌 다른 여자와 육체적 관계를 맺을 수는 있지만, 진심으로 즐기지는 못한다.

심리학적으로 아니마는 남성에게 있어서 '영혼soul'의 역할을 한다. 융은 아니마를 '생명의 원형'이라고 설명했다. 남자가 생동감에 차 있을 때, 우리는 그를 "활기차다"고 표현한다. 자신의 영혼과 연결이 끊어진 남자는 무기력하고 생명력이 없다고 느낀다. 자기 영혼과의 연결이 끊어진 것을 오늘날 우울증이라 부르는데, 이는 중년의 위기에 나타나는 주요 증상이다. 하지만 이 경험은 새로운 것은 아니다. 원시적 사고에서는 이를 "영혼의 상실"이라 불렀다.

나는 결혼 전, 아내와 사랑에 빠졌던 순간을 기억한다. 그때 우리는 파리에 있었고, 에펠탑 중간쯤 올라가 있었다. 안개가 짙게 끼어 있었다. 우리는 서로를 꼭 껴안고 키스했다. 그 순간 나는 완전히 빠져버렸다. 나는 기뻐서 실제로 펄쩍 뛰었다.

결국 아내와 나는 헤어지고 말았다. 하지만 나는 여전히 그녀의 꿈을 꾼다. 우리가 헤어진 후, 나는 약 3년간 우울증에 빠졌다. 나는 이 상태를 "영혼의 상실"이라 묘사하는 표현이 마음에 든다. 왜냐하면 정확히 그런 느낌이기 때문이다.

자신의 여성성을 제대로 의식하지 못하는 남성은 종종 기분 변화가 심하고 지나치게 감상적인 상태가 되며, '아니마에게 사로잡힌 상태'가 된다. 그러나 자신의 기분과 감정 반응에 주의를 기울이고 스스로 잘 보살핀다면, 그는 아니마에게 사로잡히지 않고 자신의 영혼을 소유하게 된다.

융은 남성의 심리적 발달 과정에서 아니마가 네 가지 단계를 거쳐 발달한다고 보았다. 아니마의 4단계는 이브Eve, 헬레네Helen, 마리아Mary, 소피아Sophia로 의인화된다.

아니마의 첫 번째 '이브' 단계에서는, 아니마는 어머니와 완전히 얽혀 있다. 이브의 단계는 반드시 개인적 어머니를 의미하는 것은 아니며, 양육, 안전, 사랑을 성실히 제공하는 어머니의 이미지다. 이브 유형의 아니마를 가진 남성은 자신을 친근하게 돌봐주는 여성이 없으면 제대로 기능하지 못한다. 그리하여 자신을 잘 돌봐주는 여성에게 지배당하기 쉬운 존재가 된다. 이런 남성들은 종종 발기 부전이나 성욕 결핍 같은 어려움을 겪는다.

두 번째 단계는 트로이의 헬레네라는 역사적 인물로

인격화되는 아니마다. 헬레네의 아니마는 대중이 쉽게 열광하는 집단적인 우상이 되기도 한다. 헬레네의 아니마는 마를렌 디트리히, 마릴린 먼로, 티나 터너 같은 매력적인 수많은 여성이 하나로 합쳐진 모습을 상상하면 된다. 이 아니마의 마법에 사로잡힌 남자는 종종 반복적인 성적 모험에 빠지는 돈 주앙형 인간이 된다. 그러나 이런 여성에게 빠지는 남자들은 절대로 그 관계를 오래 지속시킬 수 없다. 그 이유는 두 가지다. 첫째, 이런 남자의 마음은 너무나 변덕스러워서, 감정이 기분에 따라 바뀌며 다음 날 아침이면 감정이 사라져 버린다. 둘째, 현실의 여성은 이러한 남성의 과도한 무의식적인 기대에 결코 부응할 수 없기 때문이다.

세 번째 단계는 마리아의 아니마다. 이 단계에서는 숭고한 종교적 감정이 담겨 있으며, 성性을 초월하여 여성과 진정한 우정을 나누는 관계로 나아간다. 이 유형의 아니마를 가진 남성은 여성을 자신의 욕망에 따라 투사하는 것이 아니라, 있는 그대로의 존재로 바라볼 수 있다. 이 단계의 남성은 성적 에너지를 삶 속에 조화롭게 통합시킬 수 있기에 성욕에 과도하게 지배되지 않는다. 그는 사랑과 욕망을 구별할 수 있다. 그는 자신이 사랑하는 현실의 여성과 자신의 내면에 있는 여성성, 즉 아니마와의 차이를 인식할 수 있기 때문에 여성과 지속적인 관계를 맺을 수 있는 능력이 있다.

네 번째 단계의 아니마는 소피아로 인격화된다. 소피아는 성경에서는 '지혜'로 나타난다. 소피아의 아니마는 남성에게 내면적 삶을 안내하는 길잡이가 된다. 이 아니마는 무의식의 내용을 의식으로 전달해 준다. 소피아는 거대한 철학적 문제를 탐구하고 싶은 욕망, 인생의 의미를 찾아 헤매는 욕망을 이끌어간다. 소피아는 단테의 《신곡》에 등장하는 베아트리체 같은 이상적 여성이며, 모든 예술가의 삶에 존재하는 창조적 뮤즈다. 그녀는 남성의 내면 깊은 곳, 오래된 지혜의 목소리를 지닌 '현명한 노인'과 본디 한 쌍을 이루는 존재다. 이 시기에 이른 남성의 성은 단순히 육체의 것이 아니다. 그것은 영혼이 깨어나는 빛 속에서, 생명력과 영성이 한 몸으로 숨 쉬는 듯한 찬란한 힘으로 피어난다.

이론적으로, 남성의 아니마 발달은 나이가 들어가면서 이 네 개의 단계를 순차적으로 거친다. 하나의 가능성이 고갈되었을 때, 즉 자기 자신이 새로운 외부 상황에 적응하기 위해 필요해졌을 때, 정신은 다음 단계로의 이동을 자극한다. 그리하여 남성은 삶의 시점에 따라 각기 다른 아니마를 지닌다. 한 남성이 어떤 아니마를 지니고 있는가는 그의 의식에 무엇이 결핍되어 있는가에 따라 달라진다. 남성의 무의식 속 아니마는 의식에서 결핍된 부분을 보상하려고 하기 때문이다.

하지만 실제로는, 이러한 단계 전환은 아무런 투쟁 없이 일어나는 경우가 드물다. 만약 단계별 전환이 일어난다면 말이다. 왜냐하면 정신은 성장과 발달을 촉진하고 지원할 뿐 아니라, 역설적으로 보수적이어서 자신에게 익숙한 것을 쉽게 놓지 않기 때문이다. 따라서 한 단계에서 다음 단계로의 전환이 시급하게 요구될 때, 흔히 심리적 위기가 촉발된다.

현재 노먼은 이브와 헬레네 사이에 갇혀 있다. 아내를 바라볼 때 그는 낸시 자체가 아니라 이브를 본다. 다른 여성에게 순간적으로 끌릴 때 그는 헬레네를 본다. 가끔 마리아의 단편적인 이미지를 보기도 한다. 예를 들어 자신과 만나기 전의 아내의 주체적인 삶 같은 것 말이다. 하지만 그런 성숙한 아니마는 그에게 공포를 안겨준다. 그는 아직 마지막 단계의 아니마인 소피아와는 전혀 접촉하지 못한 상태다.

남성들의 내면에 있는 여성성의 이미지는 처음에는 유년기에 어머니와 맺은 감정적 유대 관계에 따라 형성된다. 이후 다른 여성들, 예컨대 친척이나 교사와의 관계를 통해 내면의 여성성, 아니마의 이미지가 수정된다. 그러나 어머니와 관련된 경험은 매우 강력하고 지속적이기 때문에, 남성은 자연스럽게 어머니와 매우 닮았거나 정반대인 여성에게 끌리게 된다.

자신의 여성적인 측면, 즉 자신의 영혼을 제대로 의식하지 못하는 남자는 실제 여성의 모습에서 그러한 영혼의 측면을 보게 되는 경향이 있다. 이렇게 자신의 영혼을 타인에게 투사하는 경험의 가장 일반적인 방식은 '사랑에 빠지는 것'이다. 이것을 이해하려면, 투사의 개념을 좀 더 자세히 살펴봐야 한다.

우리는 세상이 우리가 보는 모습 그대로이고, 사람들은 우리가 상상하는 모습 그대로일 것이라고 믿는 경향이 있다. 하지만 어떤 사람들은 우리가 생각했던 것과는 완전히 다른 뜻밖의 모습을 지녔다는 사실을 깨닫게 되면서, 본래의 믿음이 깨지는 경험을 하게 된다. 만약 그들이 특별히 가까운 사이가 아니라면, 우리는 더 이상 신경 쓰지 않는다. 그러나 매우 친한 친구가 우리가 기대했던 모습에서 크게 벗어나는 행동을 하게 되면, 우리는 큰 충격을 받는다.

융은 우리가 자신의 무의식적인 내용을 끊임없이 주변 환경에 투사한다고 말한다. 우리는 다른 사람들을 통해 스스로 인정하지 않았던 우리 자신의 모습을 보는 것이다. 이런 방식으로 우리는 상대방과 거의 또는 전혀 관련 없는 일련의 환상적인 관계들을 만들어 낸다(마치 노먼이 낸시를 보면서 아내가 아닌 어머니를 바라는 것처럼, 자신의 무의식을 현실의 인간관계에 투사하고 있다는 의미다.-옮긴이).

누구도 이 과정에서 벗어날 수 없다. 무의식적 내용이 투사되는 것은 지극히 자연스러운 일이다. 그것이 바로 삶이다. 투사는 대체로 부정적인 평가를 받아왔지만, 긍정적인 의미에서는 사람과 사람 사이에 즐거운 다리를 놓아 우정과 소통을 원활하게 돕는 역할을 하기도 한다. 투사는 관계를 매끄럽게 만든다. 콤플렉스와 마찬가지로, 투사가 없다면 삶은 훨씬 더 재미없고 단조로울 것이다.

당신은 또한 사물에도 무의식을 투사할 수 있다. 과거에는 이것을 페티시fetish(특정한 사물이나 신체 부위에 성적 또는 감정적 집착을 보이는 현상. 속옷이나 신발, 손톱 등 특정한 사물을 보고 성적인 쾌감 혹은 정서적인 만족감을 느끼는 현상-옮긴이)라고 불렀고 일반적으로 건강하지 않은 마음의 상태라고 여겼다. 예를 들어 신발이나 단추에 유난히 집착하는 사람은 타인에게 웃음거리가 되었다. 물론 페티시는 여전히 비난받고 있지만, 이제 심리학자들은 그러한 사물들에 대한 집착이 심리적으로 상징적 의미를 지닌다고 이해한다.

어느 우울한 오후, 나는 나 자신을 한심하게 여기며 취리히 언덕을 걷고 있었다. 그때 길에서 어떤 물체를 발견했다. 나는 몸을 숙여 주웠다. 그것은 흑단으로 만든 작은 검은 코끼리였다. 나에게 그것은 신비로운 물건, 마법 같은 존재였다. 나는 그 코끼리를 향한 사랑에 빠지고 말았다.

나는 이 일이 융이 동시성synchronicity이라 부르는 사례, 즉 외적으로 일어나는 일이 내적인 사건과 일치하는 경우라고 여겼다.[1] 나는 이 코끼리에 매혹된 것이 나의 심리적 문제와 관련이 있다고 가정하고, 수년간 그 의미를 탐구하며 보냈다.

나는 동물원에 가서 코끼리를 보고, 코끼리에 관한 책을 읽었으며, 코끼리 모형들을 수집했다. 나는 코끼리 그림을 그리기도 했다. 꿈에서도 코끼리가 가득 나타났다. 지금도 나는 다양한 크기와 재료로 만들어진 각양각색의 코끼리들로 둘러싸여 있다. 커피 머그잔, 전등, 재떨이, 화분 받침대, 편지칼, 바구니, 심지어는 저녁 식사를 알리는 종에도 코끼리 형상이 있다. 나는 이제 코끼리가 나에게 어떤 의미가 있는지, 왜 처음 그것을 발견했는지 분명히 알 수 있다.

나는 오랫동안 코끼리를 연구하며 그동안 코끼리에 관해 잘 알려지지 않은 사실이 많다는 것을 알게 되었다. 예컨대 이런 것들이다.

부처의 어머니 마야 왕비는 싯다르타를 잉태하던 그날 밤, 하얀 코끼리가 자신의 자궁으로 들어오는 꿈을 꾸었다(이는 기독교에서 마리아의 수태고지와 유사하다).

쿤달리니 요가에서 코끼리는 물라다라 차크라Muladhara Chakra를 상징한다. 물라다라 차크라는 영적 중심이다. 이는 항문과 성기 사이 어딘가에 위치한 가장 낮은 영적 중심이다(사람들이 우울감을 느낄 때 특히 이 부분이 활성화된다고 한다).

코끼리의 음경은 이완된 상태에서도 6피트(약 1.8미터)나 된다고 한다.

오래된 신화에서는 코끼리들이 마치 구름처럼 자유로이 형태를 바꾸며 날아다닐 수 있었다고 한다. 어느 날 코끼리들이 무리 지어 날아다니다가 나뭇가지에 내려앉았는데, 그 가지가 부러지며 성인을 죽이고 말았다. 그때부터 코끼리들은 땅 위로 걸어 다니도록 저주받았다는 이야기다(이는 마치 '공중에 떠 있다가 지상으로 내려온 사람'의 이야기와 비슷하다. 아마 **그래서** 코끼리를 유난히 사랑하는 나에게도 고소공포증이 있는 것인지도 모른다).

코끼리의 가장 무서운 적은 뱀이다. 뱀은 무의식을 상

징하는 보편적 상징이다(나도 뱀을 그린 적이 있는데, 한 번은 코끼리와 뱀이 키스하게 만든 그림도 그렸다).

얼마 전 나는 한 남자에 관한 기사를 읽었다. 그는 코끼리 두 마리와 함께 4년 동안 숨죽여 지내왔다. 아기 때부터 손수 기른 뒤에 남에게 팔았던 코끼리였다. 그러나 그 코끼리들이 자신을 떠난 뒤 제대로 돌봄을 받지 못하고 있다고 판단한 그는 어느 날 밤중에 다시 코끼리들을 데려왔고, 그 후로는 누구도 그를 볼 수 없었다.

신문은 딸의 말을 인용했다. "키가 6~7피트나 되는 거대한 코끼리 두 마리와 숨어 사는 건 결코 쉬운 일이 아니죠. 제가 할 수 있는 말은, 제 아버지는 정말 영리하다는 거예요."[2]

그렇다. 코끼리에게는 자신들의 모습을 감추는 놀라운 능력이 있는 것인지도 모른다. 나는 이 사항도 '코끼리에 관해 잘 알려지지 않은 사실 목록'에 추가했다.

투사에는 수동적 투사passive projection와 능동적 투사active projection가 있다. 수동적 투사는 전적으로 자동적이며 본인조차 잘 모른 채 일어나는 경우다. 예를 들어 파티가 열린 날 밤, 붐비는 방 안에서 누군가와 눈이 마주치는 순간 우리는 단번에 매혹되고, 속수무책으로 사랑에 빠져버린다. 심지어 그 사람에 대해 아무것도 모를 수도 있다. 사실, 그 사람에 대해 아는 것이 없을수록 오히려 투사는 쉬워진다. 우리가 알 수 없는 공백을 우리 자신의 온갖 기대와 상상으로 채워버리기 때문이다. 그 사람에 대해 잘 모르면서도 그에 대해 마음껏 상상하고, 우리가 상상한 모습이 그 사람 자체일 것이라 믿어버린다.

능동적 투사는 공감empathy 혹은 감정이입이라고도 불린다. 공감이란, 상대가 어떤 경험을 하고 있는지를 상상함으로써 자신을 그 사람의 입장 속으로 몰입하는 것이다. 이는 심리 분석가에게 필수적인 능력이다. 이런 공감 능력이 없다면, 분석가는 내담자들의 마음을 이해하지 못하여 지루하고 무미건조한 시간을 견딜 수밖에 없다. 상상조차 할 수 없는 심각한 문제를 안고 있는 내담자들에게 진심으로 공감해 주지 못한다면, 그 모든 상담 과정이 지루해져 버릴 것이다. 하지만 진심으로 내담자의 이야기에 공감한다면, 모든 분석의 과정은 흥미로워질 것이다.

사실 공감과 동일시 사이의 경계는 매우 얇고 애매모호하다. 동일시는 주체와 대상 사이, 나와 그 사람 사이가 더 이상 제대로 분리되지 않는다는 전제를 깔고 있다. 즉 나와 상대방 사이에 아무런 차이가 없다고 가정하는 것이다. '우리는 같은 콩깍지에 든 두 알의 콩'이라 여기는 셈이다. 동일시를 하게 되면 '나에게 좋은 것이, 그에게도(또는 그녀에게도) 좋을 것'이라는 전제를 품은 채 그를 바라보게 된다. 많은 관계가 바로 이런 잘못된 전제, 즉 동일시의 환상 때문에 무너진다. 내담자에게 '세상이 요구하는 기준이나 이상을 따르라'고 충고하는 심리학자들도 있다. 나에게 좋으면 남에게도 좋을 것이라는 잘못된 전제로 빚어진 일이다. 동일시는 남에게 '선의의 충고'를 한답시고 너무 쉽게 개입하고 참견하게 되는 원인이 되기도 한다.

이러한 동일시의 전제에 바탕을 둔 치료는, 내담자에게 좋은 영향보다는 나쁜 영향을 훨씬 많이 끼칠 수 있다. 그래서 융은 분석가가 되려는 사람은 누구나 철저한 개인 분석을 먼저 거쳐야 한다고 강력히 주장했다. 자신의 콤플렉스와 성향을 깊이 이해한 사람만이, 비로소 '어디까지가 나의 모습을 투사한 내담자의 모습이고, 어디서부터가 진짜 내담자의 본모습인지'를 분간할 수 있게 되기 때문이다.

철저한 자기 분석을 거쳤다 할지라도 감정적 투사가 일어나지 않는다고 확신할 수는 없다. 노먼 같은 사람이 내담자로 찾아올 때, 나는 유독 주의해야 한다.

인간관계 속에서 동일시는 언제라도 일어나기 때문이다. 그리고 타인과 나를 동일시하면 언제나 문제가 생긴다. 누군가와 동일시하게 되면, 당신의 감정 상태는 그 사람의 기분과 밀접하게 연결된다. 그가 나를 대접해 주는 방식에 따라 내 감정은 천국과 지옥을 오르내리게 된다. 동일시가 시작되면 두 사람은 서로에게 집착하고, 감정적으로 과도하게 의존하게 되는 것이다.

나의 오랜 벗 아놀드는 이러한 동일시의 문제점을 꿰뚫어 보았다. 오래된 팝송에 비유하여 동일시의 비극을 간결하게 표현한 것이다. 노래는 이렇게 속삭인다. "난 행복해지고 싶어요. 하지만 당신을 행복하게 만들기 전까지는, 나는 결코 행복해질 수 없답니다."

자신의 삶과 타인의 삶을 동일시하게 되면 흔히 딜레

마에 빠져버린다. 한 사람이 씩씩하게 자신의 삶을 살아내지 못한다면, 다른 한 사람은 그가 자신에게 감정적으로 의존하는 것에 지나치게 영향을 받게 되고, 자신이 그를 행복하게 해주어야 한다는 책임감을 떠안게 된다. 이런 감정적 동일시가 심해지면, 두 사람의 관계는 마치 부모 자식 관계와 비슷해져 버린다. 최악의 경우 부모와 자식의 역할을 돌아가며 맡게 될 수도 있다.

내 아이라면 이런 책임감을 기꺼이 받아들일 수 있지만, 성인들 사이에서 이러한 의존적 동일시는 오래가지 못한다. 두 사람은 서로에게 사랑과 증오를 동시에 느끼게 된다. 이러한 동일시가 오래간다면, 서로에게 진심을 표현하는 데도 어려움을 겪는다.

동일시로 변질되지만 않는다면, 투사는 쓸모가 있다. 예를 들어 어떤 사람의 성격과 특징을 어느 정도 잘 알고 있다고 생각했는데, 막상 만나보니 나의 기대와는 전혀 다른 사람임을 알게 되었다고 가정해 보자. 이렇게 잘못된 투사를 통해 우리는 결국 이 세상이 내 뜻대로 돌아가지 않는다는 것을 깨닫게 된다. 이런 일을 겪으면서 우리 자신의 삶을 제대로 돌아볼 수 있다면, 자기 자신을 더 깊이 통찰할 수 있을 것이다.

이렇게 다른 사람을 향한 투사의 감정을 내려놓는 과정을 "투사의 철회"라고 부른다. 물론 투사의 철회가 즉시 이루어지기는 어렵다. 누군가를 향한 애정 어린 투사를 거두어들이는 과정은 인생에서 가장 뼈아픈 체험이기도 하다.

하지만 다른 사람을 향한 투사를 반드시 철회해야만 하는 것은 아니다. 다른 사람을 향한 투사를 거둬들여야만 할 때는, 그에 대한 기대감이 무너졌을 때다. 내가 상상하고 기대했던 모습이 그에게 실제로 있다면, 굳이 투사를 멈출 필요는 없다. 일부러 투사를 철회하는 고통을 감내하지 않아도 된다. 잠자는 사자를 굳이 흔들어 깨울 필요는 없는 것이다. 단, 사자가 계속 잠을 자고 있다면 말이다.

그러나 노먼의 경우는 투사를 철회하지 않아도 좋을, 사자가 잠든 평화로운 상태라고 볼 수는 없다. 노먼은 낸시 자체와 사랑에 빠진 것이 아니다. 노먼은 자신의 아니마, 즉 자기 자신과 사랑에 빠진 것이다. 노먼이 낸시와 처음 만났을 때, 낸시는 그가 투사의 감정을 느끼기 좋은 매우 이상적인 상대였다. 낸시는 노먼을 보호하는 어머니(이브)의 이미지를 지니고 있었고, 육체적 사랑을 즐기는 파트너(헬레네)이기도 했다. 시간이 흐르면서 낸시에 대한 노먼의 태도는 변함이 없었지만, 노먼을 바라보는 낸시의 태도는 변해버렸다. 낸시가 남편인 노먼에게 더 이상 매력을 느끼지 못하자 노먼은 깊이 상처받았다. 낸시는 노먼의 아니마 역할을 거부한 셈이다. 마침내 노먼은 황폐해진 결혼생활에서 멀리 도망치지도, 편히 머물지도 못하는 상태가 되어버렸다. 낸시는 노먼이 사랑하고 투사했던 아니마의 이미지를 더 이상 보여주려 하지 않았다.

이러한 사실을 노먼에게 직접 이야기해 주지는 않았다. 노먼이 아내에게 자신의 아니마를 투사했다는 사실을,

나는 차마 말하지 못한 것이다. 사실 굳이 그럴 필요를 느끼지 못했다. 노먼의 내면에서 자연스럽게 그러한 깨달음이 자리잡고 있었기 때문이다. 과거의 내가 겪었던 것처럼, 노먼 또한 영혼의 상실감으로 고통받고 있었다. 이러한 상실감에서 빠져나오기 위해서는 노먼 스스로가 아내에게 투사했던 감정이 무엇인지 깨달아야 한다. 노먼이 아내에게 투사했던 이상적인 여성의 이미지가 지금 함께 살고 있는 아내의 실제 모습과 얼마나 다른지를 비교하고 그 차이를 알아내야 한다.

노먼은 아마도 한동안은 낸시에게 그의 아니마를 투사할 것이다. 하지만 낸시가 그녀 자신이 아닌 다른 모습으로 살아주기를 기대하면 안 된다.

남성이 자신의 아니마를 여성에게 투사하는 것은 매우 빈번하다. 나는 나의 아니마를 거의 스무 번쯤 다른 여성에게 투사했다. 그야말로 첫눈에, 이유도 모른 채 사랑에 빠지곤 했다. 나의 절친한 벗 아놀드는 이렇게 금세 사랑에 빠지는 내 모습에 매번 놀라곤 했다. 내가 누군가에게 흠뻑 반한 채로 잔뜩 들떠서 눈을 빛내며 집에 돌아오면, 아놀드는 이렇게 말했다.

"가여운 내 친구, 또 무슨 일이 생긴 거니?"
"이번에는 진짜 사랑에 빠졌다니까."
아놀드의 빈정거림을 알아채고 나는 대들듯이 말했다.
"정말이야. 이번에는 진짜 사랑이라고."

"그래, 그렇구나? 그 대단한 사랑 이야기 한번 들어나 보자꾸나."

아놀드는 부정적인 어머니 콤플렉스를 지니고 있었고, 스스로 그걸 잘 알았다. 그리하여 모든 여성을 의심으로 가득 찬 눈으로 바라보았다. 특히 내가 집으로 데려오는 여성들을 향한 의심의 눈초리는 더욱 강렬했다. 아놀드는 여성들의 행동에는 반드시 숨겨진 이면의 동기가 있다고 생각했다. 물론 여성들이 정말 눈에 보이는 것과 다른 동기를 숨기고 있는지는 확실히 알아낼 수 없었다. 내가 한 여성에게서 천사를 발견할 때마다, 아놀드는 그녀에게서 마녀를 발견했다. 언젠가 아놀드는 고백했다. 자신은 결코 사랑에 빠지지 못할 거라고. 아놀드는 자기 자신에 대해 너무 많은 것을 알고 있기 때문에, 누군가를 진심으로 사랑할 수 없다는 것이었다.

"나의 아니마는 냉혹하기 짝이 없는 창녀라고."

아놀드는 속삭이는 듯한 목소리로 고백했다.

그런 아놀드도 마침내 진짜 사랑에 빠지고 말았다. 그녀는 온화하고 명랑하기 이를 데 없는 요정 같은 사람이었다.

아놀드가 실제로 사랑에 빠진 여성은 그가 늘 말하던 자신의 아니마와 전혀 달랐다. 하지만 긍정적인 어머니 콤플렉스를 지닌 남자가 여성들에게 유독 약하게 구는 것은 사실이다. 이런 남자의 아니마를 투사한 여성들은 차마 거절할 수 없는 반짝이는 눈빛을 지녔다. 긍정적인 어머니 콤플렉스에 빠진 남자는 세상을 과도하게 낭만적으로 바라본다. 그는 대체로 여성들을 쉽게 좋아하며, 그들과 자신을 동일시한다. 또한 끊임없이 여성을 찾아 나선다. 혼자 있는 것보다는 여성과 함께 지내는 것이 훨씬 행복하다고 느끼기 때문이다. 여성들은 이런 남자가 여성에게 잘 공감해 준다고 믿는다. 긍정적인 어머니 콤플렉스를 지닌 남자는 그 어떤 여자도 거부하지 않는 돈 주앙 같은 난봉꾼이 되기도 한다. 이런 남자들은 극도로 예민하기에 쉽게 상처를 입기도 한다.

이런 남자들은 자신의 그림자를 발견하는 분석 작업을 해보는 것이 좋다. 사실 이런 남자들의 무의식에 도사린 그림자는 잔인한 악당의 모습일 것이다. 이들 그림자는 자신을 아무 의심 없이 믿는 여성을 배신하여 관계를 망쳐버리곤 한다. 이들은 또한 코끼리의 두꺼운 피부처럼 거칠고 드센 페르소나를 쓸 수 있다.

긍정적인 어머니 콤플렉스에 빠진 남자들은, 커플 사이는 자고로 완전한 일심동체가 되어야 한다고 믿는다. 융은 개인의 심리적 성장의 과정을 개성화라고 일컬었다. 개성화 과정을 거치기 위해서는 반드시 타인과 관계를 맺어야 한다. 그러나 한편으로 개성화는 한 사람의 온전한 홀로서기이며 타인과 일심동체가 되는 것은 아니다. 개성화는 의식과 무의식이 서로 소통할 수 있는 다리를 놓는 작업이기도 하다. 타인과 일심동체가 된다는 것은 나와 타인 사이의 경계가 사라지는 일이다. 일심동체란 커플이 서로 자아의 울타리를 무너뜨려 서로의 삶을 섞어버리는 것이기 때문이다.

개성화된 사람은 스스로 온전한 인격을 지닌 채 타인과 관계를 맺을 수 있다. 하지만 일심동체, 두 사람의 동일시는 각각의 독립성이 사라지고 두 사람의 인생이 하나로 합쳐지는 것을 뜻한다.

노먼과 낸시는 부부가 일심동체로 합일을 이루어야 한다는 믿음으로 하나가 되었다. 노먼은 그의 아내를 자신과 동일시한 것이다. 노먼은 낸시를 과도하게 자신과 동일시하여, 자신의 내면이 죽어가고 있다는 사실조차 깨닫지 못했다. 그 과정에서 점점 아내에 대한 분노를 쌓아 올리게 되었다. 노먼과 낸시를 이어주는 관계의 끈은 매우 약해졌지만, 여전히 두 사람을 이어주는 강한 연결고리가 남아 있다. 그들이 오랫동안 자신들 사이에 아무 문제가 없다고 여기며 살아온 것은 어찌 보면 당연하다.

그들은 한 번도 싸우거나 언쟁을 한 적이 없었다. 사이가 진짜 좋아서가 아니라 모두 서로에게 각자의 생각을 진솔하게 털어놓지 못했기 때문이다. 두 사람 모두 불화를 대면하고 극복할 힘이 없었던 탓이다.

만약 내가 노먼 같은 입장이 되었다면, 아내의 옷을 몽땅 꺼내서 찢어버릴 것이다. 그런 다음 이렇게 말했을 것 같다. "여보, 당신 친구들이랑 나가 놀아." 그렇게 해서라도 아내에게 내가 느끼는 분노를 어떻게든 표현했을 것이다. 반대로 내가 노먼의 아내였다면, 야구방망이를 꺼내 노먼의 머리를 후려갈겼을 것이다. 사실 나의 지극히 주관적인 환상일 뿐이다.

나는 노먼이 낸시를 떠나기를 바라지 않는다. 그런데 나는 행복한 결혼생활을 별로 믿지 않는 편이다. 그러나 노먼이 투사를 철회하고 낸시를 있는 그대로의 모습으로 바라볼 힘이 생긴다면, 그들은 결혼생활을 계속할 수도 있을 것이다. 결국 노먼이 결혼생활을 계속할지 아니면 두 사람이 결별할지는, 그가 낸시의 실제 모습을 있는 그대로 좋아할 수 있는지에 달려 있다. 물론 **노먼의 아내**도 마찬가지로 남편이 자신의 진짜 모습을 알고 있다는 사실을 견뎌낼 수 있어야 두 사람은 더 나은 모습으로 함께 할 수 있다.

노먼과 낸시 부부의 미래가 어떻게 펼쳐질지는 아무도 장담할 수 없다. 분명한 것은, 노먼이 어떻게 결정을 하든 나는 일부러 그의 결정에 반대되는 선택을 응원할 것이라는 점이다. 나의 임무는 노먼이 어떤 행동을 하고 있을 때 왜 그런 선택을 했는지 진정으로 이해할 때까지 그를 내적 갈등 상황 속으로 밀어붙이는 것이다.

노먼이 낸시에게 반했을 때 그녀를 향해 자신의 아니마를 투사한 것이 잘못은 아니다. 노먼은 그저 낸시를 통해 자신의 심리상태를 드러낸 것이다. 낸시도 노먼을 향해 그렇게 했다. 낸시가 노먼에게 끌린 것은 그녀 또한 자신의 아니무스animus(여성의 무의식 속 남성적 원형-옮긴이)를 노먼에게 투사했다는 뜻이다.

낸시는 노먼에게서 무엇을 본 것일까? 그녀는 그에게

어떤 모습을 바란 것일까? 노먼의 이야기를 참고하면, 낸시는 노먼에게 완전히 빠진 것 같지는 않다. 하지만 그녀는 노먼과 결혼하기로 결심했다. 무슨 이유에서였을까. 임신했다는 사실만이 전부는 아닐 것이다. 나는 낸시가 노먼에게서 그녀의 욕망과 일치되는 지점을 발견했을 것이라고 본다.

여성이 꿈꾸는 이상적인 남성상은 주로 아버지의 영향으로 형성된다. 남성들이 어머니와 비슷한 여성을 선택하거나 어머니와 정반대 성향을 지닌 여성과 결혼하는 사례가 많은 것처럼, 여성들도 아버지와 유사한 남성을 선택하거나 심리적으로 아버지와 정반대 성향을 지닌 남성과 결혼하는 사례가 많다.

남성의 내면 속 아니마가 주로 감정적인 기능을 맡고 있다면, 여성의 내면 속 아니무스는 무의식적인 지성의 역할을 맡는다. 부정적인 아니무스는 주로 고집불통의 태도나 무의식적인 환상, 집단의 견해를 맹종하는 형태로 나타난다. 이는 일반적인 상황에서는 맞지만, 특정한 상황에서는 틀릴 수도 있다.

자신의 무의식이 어떤 모습인지 제대로 알지 못하는 여성들은 고집이 무척 세다. 아니무스를 이해하지 못하고 아니무스에 사로잡혀 있는 상태이기 때문이다. 이들은 오래된 속담에서처럼 남성의 바지를 입고 자신의 가정을 지배하려 한다. 이렇게 부정적인 아니무스에 사로잡힌 여성들은 독재적인 태도로 남성에게 분노를 유발하고, 때로는 잔혹하게 남성성을 빼앗아 남성을 무력화시킨다.

여성이 자신의 실제 모습과 무의식의 아니무스를 구별할 수 있을 때, 아니무스는 비로소 여성의 인격적 성장을 돕는 역할을 맡는다. 남성은 자신의 진짜 감정이 어떤 모습인지를 발견함으로써 무의식의 아니마를 의식으로 통합할 수 있게 된다. 여성이 자신의 의식 속에 무의식의 아니무스를 통합시키려면, 자신의 신념이나 주장이 과연 진짜 자신의 생각인지 스스로에게 끊임없이 질문을 던져야 한다. 만약 여성이 자신의 아니무스에 진정으로 관심을 가진다면, 아니무스는 훌륭한 내면의 파트너가 된다. 성숙하게 아니무스를 통합하는 여성은 도전 정신, 용기, 객관성, 영적인 깨달음 같은 긍정적인 남성성을 자신의 동반자로 만들게 된다.

융에 따르면, 남성들의 아니마가 4단계를 거쳐 발달하는 것과 마찬가지로 여성들의 아니무스도 4단계 정도를 거쳐 발달한다. 이를테면 여성의 꿈이나 환상 속에서 남근적 이미지로 나타난다. 1단계의 아니무스는 운동선수나 근육질의 남성적 이미지로, 즉 강인한 남성의 신체적 힘으로 나타난다. 1단계의 아니무스는 남성의 아니마로 보면 이브의 아니마에 해당한다. 여기에 고착된 여성에게는 남성이 단순히 다음 세대로 유전자를 번식시키는 종마stud 같은 역할에 지나지 않는다. 1단계의 아니무스는 여성을 임신시키고 여성에게 아이를 낳게 하는 일차원적 존재에 머무른다.

2단계의 아니무스는 헬레네의 아니마에 대응되며, 확

실한 목표를 세워 성취하는 계획적인 실천을 한다. 2단계의 아니무스를 지닌 여성들은 매우 독립적이며 자기만의 직업을 원한다. 이들은 남성 각자의 개성을 간파하지 못하고, 남성의 지위나 직업 등 외적인 기준으로 남성을 판단한다. 이런 여성들은 대체로 매우 가정적인 남자, 가족을 성실히 먹여 살리며 자신의 보호자가 되어줄 남편이자 아버지를 대체할 남성을 찾는다.

3단계의 아니무스는 남편에게 있어 마리아 단계의 아니마에 대응된다. 3단계의 아니무스는 로고스logos, 즉 이성적인 이미지로 나타난다. 여성의 꿈속에서 종종 교육자나 성직자의 모습으로 나타난다. 3단계의 아니무스를 지닌 여성들은 전통적인 교육의 중요성에 매우 높은 가치를 부여한다. 상황이 힘들어도 창조적인 일에 계속 도전하며, 자신의 지적 능력을 실험할 기회를 환영하는 여성들이 바로 이 단계에 있는 것이다. 이런 여성들은 남성들이 지닌 각자의 개성을 이해할 수 있기에, 남성의 사회적 지위가 아니라 있는 그대로의 모습 자체와 사랑에 빠질 수 있다.

4단계의 아니무스는 마하트마 간디나 마틴 루서 킹 같은 위대한 영적 지도자의 이미지로 나타난다. 가장 고차원적으로 발달한 이 단계의 아니무스는 남성의 아니마 중에서는 소피아에 대응된다. 4단계의 아니무스는 무의식의 메시지가 여성의 의식까지 도달할 수 있도록 도와준다. 무의식의 메시지를 의식까지 전달해 주는 아니무스의 전형적인 모습은, 바로 그리스 신화에서 신의 메시지를 인간에게 전해주던 헤르메스의 이미지를 떠올리면 된다. 여성의 꿈 속에서 헤르메스는 우리를 도와주는 안내자의 모습으로 나타난다. 4단계의 아니무스를 지닌 여성의 성은 육체적인 쾌락을 즐기는 것을 넘어 영적인 의미까지 추구한다. 이들에게 성은 영혼의 깊이까지 도달하는 경지로 나아간다.

　이렇듯 각각의 단계에서 여성들이 경험하는 아니무스는 실제 남성들에게 투사된다. 여성들은 자신들 각자가 투사하고 있는 아니무스의 틀에 맞게 남성들이 행동해 주기를 기대한다. 남성들은 여성의 아니마가 이렇게 투사되는 것을 받아들이기도 하고 거부하기도 한다. 남성의 아니마가 여성에게 투사되는 과정, 그리고 여성의 아니무스가 남성에게 투사되는 과정은 서로 똑같다. 바로 그 때문에 두 남녀가 만날 때는 적어도 네 가지 인격이 만나는 것이나 마찬가지다. 이 네 가지 캐릭터가 만나 상호작용하는 과정을 그림으로 그리면, 다음처럼 놀라운 과정이 드러난다.

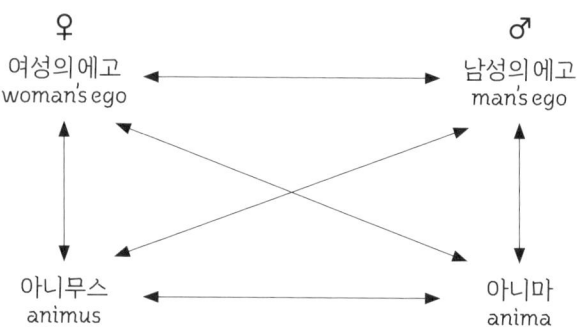

커플 중 한 사람이 상담실을 찾아오면, 그 사람은 사실 혼자만의 분석을 받으러 찾아오는 것이 아니라 둘이 함께 오는 것과 마찬가지다. 나는 노먼 한 사람만 분리하여 만날 수는 없었다. 노먼 스스로가 낸시 없이 분리된 개인으로는 존재하지 않았기 때문이다. 노먼의 체험과 여러 이야기를 통해서 나는 낸시의 심리를 추측하고 있었다. 한때 두 사람은 마치 손과 장갑처럼 서로에게 꼭 맞추며 살아왔고, 그렇지 않았다면 낸시는 이미 한참 전에 노먼을 떠났을 것이다. 혹은 노먼이 낸시를 떠났을 수도 있다.

내가 볼 때 낸시의 아니무스는 2단계와 3단계 사이를 맴도는 듯하다. 낸시의 아니무스가 처한 단계는 그녀가 누구와 관계를 맺느냐에 따라 달라질 수 있다. 즉 낸시는 노먼을 향해서는 2단계의 아니무스를 투사하고, 연인 보리스를 향해서는 3단계의 아니무스를 투사하고 있다. 즉 노먼에게는 가족을 먹여 살리기 위해 고생하는 남편과 아버지의 아니무스를 투사하고, 연인 보리스에게는 자신이 그동안 살지 못한 삶, 즉 창조적인 삶의 아니무스를 투사한 것이다.

융은 〈심리적 관계로서의 결혼〉이라는 글에서 커플 중 한 명은 "담는 그릇"이라면, 다른 한 쪽은 "그릇에 담기는 내용물"이라고 비유했다. 남편과 아내 중에서 그릇에 담기는 쪽은 철저히 결혼의 울타리 안에서 살아간다. 그는 결혼 생활에 전적으로 헌신하며, 그 테두리를 벗어난 로맨틱한 관계에 대해서는 아무런 관심도 표현하지 않는다. 반면 부부 중에서 '담는 그릇' 쪽은 결혼생활의 울타리 안에서 숨이 막힐 듯한 갑갑함을 느끼고, 결혼생활 바깥에서 이루어지는 로맨틱한 삶에서 위로를 얻는다.[3]

노먼과 낸시 두 사람은 이 중 어느 쪽이 담는 그릇이고 어느 쪽이 담기는 내용물인지를 분간하기는 어렵다. 노먼과 낸시 모두 결혼 바깥에서 다른 사람의 애정을 구하고 있지만, 그들은 아직 결혼 생활의 안전을 갈구한다. 두 사람은 아직 결혼의 울타리 안에 담기기를 원하는 것이다.

커플의 문제를 분석한다는 것은 그들이 겪고 있는 문제의 심리학적 의미를 파고드는 토론을 해야 한다는 뜻이 아니다. 인간관계를 분석한다는 것은 그런 의미가 아니다. 특히 두 사람이 싸우거나 화가 났을 때는 더욱더 도움이 되지 않는다. 예컨대 아니마, 아니무스, 콤플렉스 등을 직접 거론하며 심리학적 분석을 하는 것보다는, 나는 지금 기분이 좋지 않으며 상처 입은 상태임을 솔직히 말하는 것으로 충분하다. 아니마, 아니무스, 콤플렉스 같은 것들은 이론적 개념일 뿐이다. 이런 개념을 들이대며 심리를 분석하려 한다면 상대방은 더욱 화를 낼 것이다. 인간관계는 책에 나와 있는 이론으로 논쟁을 하는 것이 아니라, 서로의 진짜 감정을 공유하고 이해하려 노력할 때 진정으로 풍요로워진다.

서로의 관계를 숙고한다는 것의 의미는 분노로 폭발할 것만 같은 상황이 되었을 때 오히려 침묵할 줄 아는 것이다. 관계의 의미를 탐색한다는 것은 자신의 나쁜 감정에 대해 상대방 탓이라고 주장하는 것이 아니라, 싸움을 멈추고 홀로 남겨져 머리카락이 흠뻑 젖도록 펑펑 우는 것이다. 상대방이 아니라 나 자신에게 어떤 콤플렉스가 문제를 일으키고 있는지, 왜 콤플렉스가 작동하게 되었는지를 스스로에게 묻는 것이다. 이 상황에서 상대방이 도대체 나에게 왜 그랬을까, 혹은 상대방이 나를 어떻게 생각하는 걸까, 따위의 질문을 던지는 것은 도움이 되지 않는다. 차라리 그때 나는 왜 그런 식으로 반응했을까, 나는 상대방을 어떤 사람으로 생각하는가, 스스로에게 질문을 해보는 것이 훨씬 낫다. 여기서 더 나아가 자신에게 질문을 던져야 한다. "이 상황에서 나의 마음은 어떤 상태인가? 나는 이 현실을 어떻게 받아들이고 있는가?" 이런 내면 탐색의 작업을 거쳐 우리는 자신의 그릇을 키울 수 있다. 다시 말해 자기만의 테메노스를 창조할 수 있다.

"너 때문에 돌아버리겠어"라는 식으로 상대방을 원망하는 대신, 나 자신에게 물어야 한다. "나는 지금 미쳐버릴 것 같다. 내 안에 무슨 문제 때문에 나는 이토록 괴로운가?"라고.

하지만 당신이 겪고 있는 강렬한 고통이 콤플렉스 때문이 아니라 본래의 자아가 느끼는 순수한 감정이라면, 그 감정을 제대로 표현할 필요도 있다. 그러나 그 고통이 콤플렉스에서 우러나온 것이라면, 아직 표현하지 말고 가슴에 담아두는 것이 낫다. 만약 타인에게 자신의 감정을 털어놓고 싶다면, 그 감정이 콤플렉스로부터 나온 것인지 아니면 자신이 느끼고 있는 진짜 순수한 감정인지 분간할 수 있어야 한다. 그렇게 해야 비로소 콤플렉스를 털어놓는 것이 아니라 진심 자체를 표현할 수 있다.

예컨대 노면의 모든 감정이 콤플렉스에서 우러나오는 것은 아니다. 감정의 일부는 개성화 과정을 거치고 싶어 하는 내면의 열망에서 우러나온 것이다. 그가 자신의 진짜 감정과 콤플렉스에서 나온 감정을 구별할 수 있을 때, 마침내 그는 자신의 진짜 감정을 타인에게 표현해도 좋을 것이다.

관계를 분석한다는 것은 스스로의 감정을 마음속에 깊이 넣어둔 채 그 감정이 과연 어떤 모습인지 관찰해 보는 것이다. 감정을 지나치게 숨기기만 해도 안 되고, 감정을 아무 거리낌없이 분출하여 관계를 망가뜨려서도 안 된다. 타인과의 관계를 분석하면서 당신은 잠시 지금까지의 경험과 거리를 두고 자신을 객관적으로 바라볼 수 있다. 당신에게 온갖 걱정거리를 떠안긴 사람을 억지로 당신의 뜻에 따라 변화시키려는 기대를 품어서는 안 된다. 그러나 잠시 당신을 괴롭히는 감정을 내면에 간직함으로써, 당신의 삶을 변화시킬 수는 있다.

인간관계를 잘 유지하기 위해서는 솔직하게 감정을 털어놓는 것이 좋다고 생각하는 사람들이 많다. 하지만 그렇게 다 털어놓는다면 콤플렉스가 당신을 지배하도록 내버려두는 것이나 마찬가지다. 좋은 인간관계를 만드는 비결은 콤플렉스로부터 거리를 두고 객관화하여, 콤플렉스에 사로잡히지 않도록 맞서 싸우는 것이다. 콤플렉스와 자신을 동일시하는 사람은, '자신의 진짜 감정'과 '콤플렉스가 심화될 때 분출되는 감정'을 구별하지 못한다. 그러면 콤플렉스에 제대로 맞서 싸울 수가 없다. 마음속에 감정을 따로 담아두는 그릇이 있어야 콤플렉스와 대면하는 작업을 해낼 수 있다.

콤플렉스에 사로잡힌 두 사람이 아무리 대화를 나누어도, 둘 사이에서는 결론이 나지 않는다. 그런 대화는 시간과 힘을 낭비하는 것이며, 상황은 더 악화될 수 있다. 콤플렉스에 지배당하는 두 사람이 서로 논쟁만 하다가 관계가 더 나빠지는 일은 매우 흔하다. 융은 이런 경우를 매우 정확하게 묘사하는 문장을 썼다. "아니무스와 아니마가 만날 때, 아니무스는 권력의 칼을 휘두르고, 아니마는 환상과 유혹이라는 독소를 뿜어낸다."[4]

물론 아니마와 아니무스의 만남이 항상 나쁜 결과만 가져오는 것은 아니다. 아니무스와 아니마가 만나 사랑에 빠지기도 한다. 그러나 커플 관계에서 본질적인 갈등은 남성의 아니마가 여성에게 투사되고, 여성의 아니무스가 남성에게 투사될 때 가장 잘 나타난다.

우리는 아니마와 아니무스가 투사되는 원리를 머리로는 잘 이해한다. 하지만 사랑하는 사람이 내가 기대하는 방향과 다르게 움직일 때, 마음속에 품은 이상적인 이미지에 따라 행동하지 않을 때, 우리 마음은 지옥으로 추락한다. 이것이 바로 콤플렉스에 사로잡힌 사람들이 자주 겪는 상황이다. 우리가 진짜 느끼는 감정은 머릿속으로 상상하는 감정과는 다르게 나타난다. 상대방에 대한 투사가 무너졌을 때, 사람들이 보여주는 반응은 매우 다양하다. 상대를 향한 기대가 무너질 때, 어떤 사람들은 무조건 폭력을 쓰거나, 격하게 분노를 표출하거나, 심하게 좌절하거나, 할 말을 잃은 채 비참한 감정에 빠진다. 어떤 반응이든, 상대를 향한 기대가 무너지는 것은 가슴이 찢어지는 격렬한 고통이다.

심리 상담 중 내담자가 상담사를 향해 감정을 투사하는 것을 "전이transference"라고 부른다. 노먼이 내 상담실을 찾은 지 한 달밖에 되지 않았지만, 노먼은 이미 나에게 전문가의 이미지를 투사(전이)하고 있다. 사실 나는 노먼에게 없는 아버지를 대체하는 사람처럼 보였을 것이다. 노먼은 나에게 '현명한 노인'의 이미지를 투사했고, 내가 그런 현자가 지닌 온갖 특징들을 모두 갖추고 있다고 상상했다.

그러나 노먼이 투사한 현자의 특징은 실제 내 모습과는 거리가 멀다. 그는 상담실을 찾기 전부터 이미 나이 든 현자의 이미지를 가슴에 품고 있었다. 사실 대부분의 사람이 타인을 돕는 사람이나 치료하는 일을 하는 사람들에게 이러한 이미지를 투사한다. 노먼이 나에게 기대했던 나이 든 현자의 이미지는 어느 정도 이런 일반적인 대중의 인식과 기대로부터 시작된 것이다. 그러나 다른 한편으로는 노먼 스스로가 자신의 심리를 제대로 분석하고 싶어 하고 인생의 참된 의미를 찾은 현자가 되고 싶기에 나에게 그런 이미지를 투사한 것이기도 하다. 노먼은 자신의 무의식에 있는 이상적인 치유자의 이미지를 나에게 투사하고 있었던 셈이다. 노먼은 자신의 무의식에 있는 스스로에 대한 깨달음의 이미지를 나에게 투사하고 있었다. 그가 그런 무의식적 깨달음을 의식으로 통합하게 된다면, 그는 그동안 나에게 기대하던 상상의 이미지가 아니라 나의 진짜 모습을 보게 될 것이다.

심리분석 과정에서는 이러한 전이가 자주 일어난다는 것을 나는 익히 알고 있었다. 나 또한 세 명의 분석가에게 상담을 받은 경험이 있기 때문이다. 세 명의 분석가 중 두 명은 나에게 살아 있는 신처럼 보였고, 나머지 한 명은 여신처럼 보였다. 모든 투사의 과정이 그렇듯이, 전이도 삶을 활기 넘치고 싱그럽게 만든다. 그러나 전이만을 계속하면 그 사람 자체의 모습을 있는 그대로 볼 수 없다.

노먼을 향한 내 감정은 어떤 것일까? 분석가도 내담자에게 자신의 무의식적 기대감을 투사하는 '역전이counter-transference'에 사로잡힐 수 있다. 나는 노먼에게 역전이의 감정을 느끼고 있는 것일까. 확실히 알 수는 없지만… 내가 노먼을 열심히 응원하고 있다는 것만은 분명하다.

4

영웅의 여정,
살지 못한 삶을 찾아 떠나다

무의식의 내용은 무엇이든, 그것을 온전히 자기 것으로 만들지 못하면 우리를 뒤에서 덮쳐 사로잡는 경향이 있습니다. 만약 무의식과 대화할 수 있다면, 당신은 비로소 무의식과 관계를 맺게 됩니다. 무의식에 쌓인 온갖 욕망에 사로잡히거나, 아니면 무의식과 진정한 관계를 맺거나. 둘 중 하나입니다. 무의식을 억압하면 할수록, 무의식의 영향력은 더욱 커집니다.
— 마리-루이제 폰 프란츠Marie Louise von Franz,
《민담 속 구원 모티프Redemption Motifs in Fairytales》

나는 인정한다··· 내게는 가능성들이 존재한다는 것을. 내가 아직 알지 못하는 가능성이지만, 아주 가까이에 내가 붙잡아야 할 가능성이 있다는 것을. 이제 남은 것은 오직 그 길을 찾는 것뿐! 그리고 그 길을 찾았을 때, 과감히 용기를 내는 것!
— 프란츠 카프카,《일기》

다음 상담에서, 노먼은 기분이 몹시 상한 것 같았다. 아내와 한바탕 소동이 있었던 모양이다.

　　'올 것이 왔군' 하고 나는 생각했다.

　　"두 가지 일 때문입니다. 제가 며칠 전 외박을 했을 때 도대체 어디에 있었는지 아내가 물어봤지요. 저는 그만 버럭 화를 내버렸고, 묵은 감정이 터져 나왔습니다. 아내에게 버럭 소리를 질렀어요. 당신이 알 바 아니야! 이렇게요. 나 자신에게도 놀랐습니다! 저는 평소 아내에게 화를 내는 사람이 아니에요. 낸시에게 그렇게 말해본 적도 없고요. 우린 좀처럼 싸우지 않으니까요. 사실 그날 밤 옛날 여자친구와 함께 있었어요. 아내가 그걸 알면 상처만 받을 테니까요."

　　그는 얼굴을 찡그렸다.

　　"젠장, 어차피 옛날 여자친구와도 잘 되지 않았어요. 제 몸이 제 뜻대로 되지 않았어요."

　　"그러고 나서 지난밤, 낸시가 외출한다고 하더군요. '어디로?' 내가 물었어요. '영화 보러요.' 그녀가 대답했죠. '누구랑 가는데?' '친구.' '어떤 친구?' '아, 당신은 왜 이렇게 의심이 많은 거예요!' 그렇게 말하고는 낸시는 나가버렸습니다."

　　"나는 혼자 아이들을 재우고 스카치 위스키 반 병을 마셨습니다. 그러고는 대마초 두 개비를 피웠죠. 정말 기분이 끔찍했어요. 그녀는 돌아왔을 때 꽤 명랑해진 모습이었습니다. 나는 그녀에게 화가 나서 소리친 것을 사과했어요. 우리는 잠자리에 들었고, 나는 그녀의 어깨에 기대어 울었습니다."

　　노먼은 고개를 저었다.

"젠장!"

그는 말했다.

"그녀를 때려주고 싶을 정도였어요. 그런데 결국 제가 미안하다고 말하고 있더라고요! 그녀가 그 남자랑 있었던 거 알아요. 그냥 확실히 알아요!"

그는 진정했다.

"적어도 그녀는 행복했어요. 그걸 탓할 수는 없겠죠, 안 그래요?"

나는 노먼에게 최근에 꿈을 꾼 적이 있는지 물었다.

그는 자신의 노트를 뒤적거렸다.

"네, 있었어요. 바로 어젯밤이었죠. 야생마 한 마리가 있었고, 아주 순해 빠진 남자가 그 야생마를 길들이려 애쓰고 있었어요. 야생마는 그 남자의 아내예요." 그는 고개를 들어 말했다. "제가 노트에 그렇게 적었네요."

그는 다시 읽었다.

"야생마는 교외의 주택가를 미친 듯이 질주해요. 말은 절대 잡히지 않을 것 같아요. 남자는 이 말에게 얘기하죠. '이봐, 자기야, 도대체 왜 이러는 거야?'"

"내가 이 장면을 보고 있는데 어떤 남자가 다가왔어요. 마틴이었던 것 같아요. 그는 나에게 낡은 가죽 오토바이 재킷과 부츠 한 켤레를 건넸어요."

노먼은 머리를 긁적였다.

"이게 다 무슨 뜻일까요?"

"모르겠어요."

나는 자주 이렇게 말한다. 그건 사실이니까.

"당신에게 말이라는 것은 어떤 이미지로 떠오르나요?"

노먼은 미소 지었다.

"어렸을 때 말을 탔어요, 여덟 살이나 아홉 살쯤이었죠. 말을 정말 좋아했어요. 말들은 아주 자유로웠고, 저도 그랬어요. 저는 행복한 유년기를 보냈어요."

나는 노먼에게 지금 그가 살고 있는 교외 지역의 분위기는 어떤지 물었다.

"좋아요!"

그가 말했다.

"우리 동네는 깨끗하고 정말 편리하죠. 학교도 가깝고, 길 건너엔 놀이터가 있고, 모퉁이만 돌면 쇼핑센터도 있어요. 이웃들도 괜찮고요⋯"

그는 말을 멈추고 입술을 오므렸다.

"솔직히 말하자면, 난 그곳을 별로 좋아하지 않아요. 하지만 우리가 감당할 수 있는 집이라서 살고 있어요. 제가 좀 더 나은 곳을 선택할 수 있었다면 그곳에 살지 않았을 거예요. 거기엔 나무가 한 그루도 없어요! 전부 콘크리트뿐이에요."

나는 그 꿈에 나왔던 마틴이라는 남자, 부츠와 가죽 재킷을 준 사람에 대해 궁금해하며 물었다.

"하!"

노먼이 웃었다.

"마틴은 대학 시절부터 알고 지냈지요. 오랜 친구예요. 제가 정말 좋아하는 사람이에요! 그는 미식축구팀의 쿼터백이었죠. 나는 배드민턴을 했고, 운동에는 별 재주가 없었어요."

"마틴은 사실 약삭빠른 사람이에요. 자기가 원하는 걸 항상 정확히 알았죠. 마틴은 세상 물정에 밝았지만, 저와 다른 친구들은 아무것도 몰랐어요. 지금은 매우 유능한 변호사고, 저와도 가끔 만나요. 마틴은 결혼도 몇 번이나 했고, 여자들에게는 절대 휘둘리지 않아요. 마틴은 생명을 맡길 수 있는 사람, 믿을 수 있는 사람이에요. 절대 실망시키지 않죠."

노먼은 매우 깊은 생각에 잠겼다.

"솔직히 말하면, 그는 냉혹한 놈, 나쁜 자식이에요. 어찌나 거만한 놈인지. 선생님도 그 녀석을 본다면 거친 운동부 깡패 같은 타입이라는 걸 알아보실 거예요."

✳

그날의 상담은 흥미로웠다. 노먼의 그림자가 그의 삶 속으로 들어오고 있다. 그것은 '나는 정의롭다'라는 감정의 형태로 드러난다. 나는 자기 연민보다 이쪽이 더 낫다고 본다. 나는 사람들이 자기 연민에 빠져 끝없이 헤매는 이야기를 몇 시간이고 들을 수 있지만, 어느 순간이 지나면 이제 뭔가 실질적인 행동을 하는 모습을 보고 싶어진다.

노먼은 자신이 실제로 하는 행동과 아내에게 기대하는 모습 사이의 도덕적 모순을 아직 깨닫지 못하고 있다. 자신은 바람을 피우면서 아내에게는 그러지 않기를 바라고 있는 것이다. 하지만 그의 몸은 그 모순을 인식하는 듯하다. 그가 머리로는 여성들과의 성관계를 거절하지 못하더라도, 그의 페니스는 확실히 거절하고 있다.

노먼은 자신을 문명인이자 교양인이라고 여긴다. 그는 머리로는 아내가 원하는 것은 무엇이든, 그녀를 행복하게 해주는 무엇이든 할 수 있는 자유를 허락하고 있다. 하지만 노먼보다 훨씬 더 원시적인 그의 그림자는 아내의 외도를 결코 용납하지 않는다. 나는 노먼의 그런 갈등이 반갑다. 의식적인 자아와 무의식적인 자아의 갈등, 그것은 내면의 성장을 위한 건강한 갈등을 낳을 수 있기 때문이다.

이번 상담 시간에 들려준 그의 꿈은 많은 정보를 제공한다. 그의 아내는 통제 불능 상태다. 나는 이를 두 가지 방식으로 해석한다. 객관적인 차원에서는 노먼의 실제 아내인 낸시가 그가 기대하는 방식으로 행동하기를 거부하고 있으며, 주관적인 차원에서는 노먼의 아니마가 꿈속에서 거칠게 질주하는 야생마처럼 해방되는 중이라고 불 수 있다. 꿈의 배경은 도시를 살짝 벗어난 교외인데, 이는 노먼이 진정으로 원하는 삶과 현재 삶 사이의 거리가 멀다는 뜻이다. 아마 낸시 또한 그런 삭막한 주거환경을 원하지 않을 것 같다.

그렇다면 왜 그의 아내는 말로 묘사되었을까?

말과 기수가 사이좋게 함께하는 것은 에너지의 조화로운 흐름을 상징한다. 기수는 자아를, 말은 동물적 본능을 상징한다. 노먼의 꿈에서는 이 두 가지, 즉 자아와 본능이 충돌하고 있다. 프로이트는 승마의 이미지에 한편으로는 인간의 두려움이, 또 한 편으로는 인간의 성적 판타지가 담겨 있음을 간파했다(D.H. 로렌스의 소설 《흔들목마의 승자*The Rocking-Horse Winner*》를 참고하기를 바란다). 또한 신화 속에서 말은 종종 대지의 여신이나 어머니 신들과 깊은 관련을 맺고 있다.[1]

이 꿈에서 말이 교외의 골목길을 질주하는 장면은 내가 이미 알고 있던 사실을 다시 확인시켜 준다. 노먼의 본능적 삶은 그의 어머니 콤플렉스에 의해 규정되고 있다는 점이 그것이다.

이 꿈의 핵심은, 즉 노먼의 에너지가 향하고자 하는 방향은 마틴이 건넨 가죽 재킷과 부츠 한 켤레다. 재킷은 겉옷으로 입는 것, 외적 껍질로서 페르소나를 의미한다. 부츠는 개인적 입장 또는 관점을 가리킨다. 꿈의 목적이 의식의 태도를 무의식으로 보완하는 데 있다면, 이것은 아주 좋은 사례다.

마틴은 현재 노먼의 그림자로서 정확히 들어맞는다. 노먼은 가능한 한 자신이 느끼는 감정을 부정하며 겉으로는 평화를 유지하고, 문제를 일으키지 않으려 한다. 그러나 노먼의 연상에서 마틴은 그와 정반대다. 마틴은 전형적인 남성적 인물로, 아내 무릎에 머리를 묻고 울거나 아내의 어깨에 기대어 울 일은 결코 없을 것이다. 노먼은 마틴의 오토바이 재킷으로 상징되는 좀 더 강한 페르소나와 부츠, 한마디로 새로운 입장이 필요하다. 특히 여성과의 관계에서 그렇다. 마틴의 오토바이 재킷처럼 강한 페르소나를 지닐 때, 노먼은 적절한 순간에 강력하게 "아니오"라고 말할 수 있을 것이다.

하지만 반대로 마틴은 분명히 인간관계에 문제가 있다. 따라서 그는 남성성의 긍정적 전형도 아니고 남성성의 궁극적 모델은 더더욱 아니다.

마틴의 남성적 특성은 노먼 안에 존재한다. 지금은 보이지 않게 잠재되어 있지만, 만약 그런 남성적 성향이 전혀 없다면 노먼은 그런 꿈을 꾸지 않았을 것이다. 그 특성들이 얼마나 노먼 안에서 활발하게 작용할지는 여러 요인에 달려 있다. 그중 가장 중요한 요소는 노먼이 의식적으로 '자신이 감당할 수 있는 것'을 어떻게 판단하느냐다. 이 꿈의 의도는 노먼을 마틴으로 바꾸려는 것이 아니라, 노먼이 평소 자신을 인식하는 방식과 매우 다른 이미지를 제시함으로써 평소의 의식적 태도와 입장을 진지하게 변화시키도록 독려하려는 것이다.

노먼이 아내와 계속 함께하든 아니든, 그는 자신의 그림자를 통합하지 못한다면 결국 무너질 것이다. 그리고 지금은 노먼이 감정적으로 너무 예민한 상태이고, 노먼의 그림자는 마틴과 매우 유사해 보인다.

내가 처음 분석심리학을 시작했을 때, '그림자'라는 것은 내게 그저 하나의 단어였다. 물론 흥미로운 개념이었고, 인간 본성의 많은 불가해한 면을 설명해 주는 개념이었다. 나는 이미 《지킬 박사와 하이드 씨》를 읽었고, 《월터 미티의 은밀한 생활The Secret Life of Walter Mitty》(2013년 〈월터의 상상은 현실이 된다)라는 제목의 영화로 개봉되었다.–옮긴이)도 본 적이 있었다. 내 머릿속에 '그림자'라는 개념은 존재했지만, 실제로 그것이 의미하는 바를 진정으로 이해한 것은 내 무의식의 그림자를 실제 생활에서 직접 경험하고 나서였다.

어느 날 저녁, 유명한 미술관에서 친구의 전시 오프닝을 축하하는 파티에 갔던 기억이 난다. 꽤 호화로운 행사였다. 약 스무 명 남짓 되는 친구들이 긴 테이블에 앉아 만찬을 즐겼고, 여섯 코스의 요리에 각각 빈티지 와인이 곁들여졌다. 나는 마주 보고 앉은 중년 여성과 함께 식사를 하게 되었는데, 그녀는 수프를 먹는 내내 끊임없이 말을 걸어왔다. 그녀는 모든 일에 대해 강력한 의견이 있었고, 그 의견들을 날카롭고 삐걱거리는 고음의 목소리로 쏟아냈다.

샐러드를 먹던 중, 나는 갑자기 자리에서 일어나 내 샐러드 그릇을 그녀의 머리에 쏟아부었다. 상추, 토마토, 쪽파, 오이, 여기에 최고급 오일과 식초 드레싱이 그녀의 머리카락을 타고 흘러내리며 무릎 위로 떨어졌다.

그녀는 충격을 받았지만, 나 또한 충격을 이루 말할 수 없었다. 세상에! 나는 완전히 낯이 뜨거웠다. 정말 부끄럽기 그지없는 상황이었다. 다행히 그녀의 남편은 유머 감각이 있었지만, 그녀는 그렇지 않았다.

바로 그날 오후, 나는 분석가와 융의 그림자 개념에 대해 이야기하고 있었고, 특히 '온화한 성격의 사람일수록 억압된 공격성을 내면에 지니고 있을 수 있다'는 점에 대해 논의했다.

"저는 공격성이 전혀 없어요."

나는 단호하게 말했다.

"저는 어떤 일에도 화를 내지 않거든요."

그 말은 사실이었다. 나는 완벽한 신사였고, 늘 공손하고 타인을 배려했다. 누군가에게 화를 낸 기억조차 없었다. 물론 가끔 짜증을 느끼긴 했지만, 항상 잘 제어할 수 있었다. 나는 분석가에게 이렇게 말했다. 나는 오랫동안 그림자를 아주 잘 통합해 온 것 같다고. 그는 그냥 미소만 지었다.

그다음에 분석가를 다시 만났을 때, 나는 훨씬 겸손해져 있었다.

"도대체 왜 그랬는지 모르겠어요."

나는 어깨를 으쓱이며 당혹스럽게 말했다.

분석가는 웃음을 터뜨렸다.

"사실 굉장히 단순한 일이에요. 당신의 그림자가 그녀의 강력한 견해들, 즉 그녀의 아니무스에 질려버렸던 거죠."

당신 자신에 대해 스스로 의식하지 못하는 모든 것이 바로 그림자다. 무의식의 내용들이 분화되어 다양한 콤플렉스로 표현되고 인식되기 이전에는, 그림자는 사실상 무의식 전체와 동일하다.

그림자는 빛의 직접적인 결과다. 무엇이든 빛을 받으면 그림자를 드리운다. 태양이 하늘 높이 떠오를수록 그림자는 짧아지지만, 윤곽은 더 분명해진다. 빛과 태양은 의식consciousness의 은유다.

심리학적으로 그림자는 의식적 성격에 반대되고 그것

을 보완한다. 그것이 어떻게, 언제 우리의 삶에 들어오는지를 깨닫는 것은 자기 인식의 전제 조건이다. 우리가 그림자를 더욱 분명하게 의식할수록, 그림자는 더욱 실질적인 것이 되며, 그만큼 그림자에 사로잡힐 위험도 줄어든다.

융의 설명에 따르면, 그림자의 어두운 측면은 도덕적으로 열등한 욕망과 동기, 유치한 공상과 분노 등으로 이루어져 있다. 즉 우리 자신에 대해 자랑스럽지 못하고, 타인에게 숨기려 하는 모든 것을 포함한다. 문명사회에서 공격성은 그림자의 두드러진 측면이다. 공격성은 사회적으로 용인되지 않기 때문이다. 우리 안의 공격성은 어린 시절부터 싹이 잘리며, 성인이 되어 표출되면 강력한 제재를 받는다.

그림자는 억압된 욕망과 문명화되지 않은 충동들의 뒤섞임이다. 우리는 그림자를 언젠가는 의식하게 되지만, 이전까지는 타인에게 투사된다. 한 남성이 현실의 여성에게 자신의 아니마를 투사해 자신이 갈망하는 소울메이트로 착각하듯이, 그는 타인에게서 자신의 악마들, 즉 그림자를 투사해 바라본다. 이것은 인간관계에서 수많은 역경과 갈등을 불러일으킨다. 그림자가 개인이 아닌 집단으로 투사되면, 정당 간의 대립이 격화되고, 전쟁이 일어나기도 하고, 희생양 만들기 같은 심각한 현상을 일으키기도 한다.

당연히 그림자의 자각은 페르소나, 즉 자기 자신의 이상화된 이미지에 의해 억제된다. 이 페르소나는 타인에게 수용될 수 있는 것이 무엇인지에 영향을 받으며, 주로 기독교적 가치관에 기반한 문화에서는 십계명에도 영향을 받는다. 우리가 지나치게 밝은 페르소나에 자신을 동일시할수록, 그림자는 그만큼 더 어두워진다. 페르소나는 완벽한 이미지를 지향한다. 그림자는 우리를 단지 인간적인 존재로, 즉 결점 많은 존재로 되돌려준다.

사람들은 페르소나의 완벽한 연기에 지친 그림자의 영향 아래서 수많은 악행을 저지른다. 자신이 쓴 경비 액수를 속이고, 도둑질하고, 살인을 저지르고, 이웃의 아내와 잠자리를 갖는다. 그리고는 '도대체 무슨 일이 있었던 거지?' 하고 스스로 놀란다.

내가 처음 도둑질을 시작한 것은 네 살 때였고, 어머니의 지갑에서 동전을 훔친 것이었다.

"동전 두 개까진 가져가도 돼."

어머니가 말씀하셨다.

나는 동전 세 개를 집었다.

"세 개는 둘이 아니잖아."

어머니는 살짝 화를 내며 말씀하셨다.

나는 그 차이를 모르는 척했다. 다음 도둑질은 초등학교 2학년 때였다. 선생님의 책상 위에서 사탕 두 개를 슬쩍했다. 이 도둑질을 들키고 나서 나는 반 친구들 앞에서 엄하게 꾸지람을 들었다. 초등학교 2학년, 그 어린 나이에 어머니가 지켜보는 가운데 친구들 앞에서 꾸중을 들을 때 느끼던 수치심만큼 고통스러운 것은 없었다.

그러나 나는 오랫동안 교정 불가능한 아이였다. 10대 시절, 동네 약국에서 믿음직스러운 직원으로 일하면서도 초콜릿 바를 몰래 주머니에 넣곤 했다. 도둑질은 잘못된 일이라는 걸 알았지만, 멈출 수가 없었다. 스스로에게 '나는 임금을 충분히 못 받고 있으니까'라며 합리화했다. 이런 식의 합리화는 내 그림자의 목소리였던 것이다. 청년 시절의 내 그림자는 초콜릿을 훔치던 소년 시절처럼 단맛에 대한 집착은 끊었지만, 보다 실용적인 방향으로 변했다. 청년 시절에는 줄곧 타자기 리본만 훔쳤다.

취리히에 살 때 나는 주류 판매점에서 싸구려 와인 병의 가격표를 몰래 떼어 비싼 와인 병에 붙이는 짓을 일삼곤 했다.

"당신은 위험한 게임을 하고 있어요."

내 분석가는 경고했다.

"스위스 경찰은 훨씬 더 가벼운 범죄로도 24시간 이내 출국 명령을 내린 적이 있어요."

"그건 내 그림자가 한 짓이에요."

변명하며 나는 웃었다. 하지만 곧 웃음기가 사라졌다. 법정에서는 그것이 변명이 되지 않는다는 걸 알고 있었기 때문이다.

그림자가 저지르는 일에 대한 책임은 전적으로 자아에게 있다. 이것이 바로 그림자의 존재가 한 번 인식되고 나면 도덕적으로 문제가 되는 이유다. 자신의 그림자가 어떤 모습인지, 즉 자신의 어두운 그림자가 과연 어떤 일까지 할 수 있는 존재인지 알아채는 것과, 실제로 무엇을 실행할 수 있고 감당할 수 있는지를 판단하는 것은 전혀 다른 문제다. 실제로 이렇게 그림자를 인식하는 과정은 시행착오를 통해 발전해 간다.

이 글을 쓰고 있는 지금, 캐나다의 한 주요 기관의 고위 임원이자 부사장이 해고당했다. 5년 전 이력서에 학력을 허위로 기재했기 때문이다. 그는 자신이 유명 대학에서 학위를 받았다고 주장했으나, 지역 신문이 기사를 조사하던 중 그 주장이 거짓임이 드러났다. 실제로 그는 최종 시험에 두 번이나 낙제했다. 문제의 인물은 동료들 사이에서 지금까지 존경받아 왔다. 주변 사람들은 그에게 정치적 야망이 있었다고 전한다. 그런데 그 정치적 야망조차 지금 막 자신의 그림자로 인해 매장당해 버린 것이다.

이런 일은 언제 어디서나 일어나고 있다. 세계 곳곳의 마을, 촌락, 도시에서, 사람들의 내면에서 인정받지 못한 그림자가 저마다 자기 목소리를 내며 삶을 파괴한다. 그림자로 인해 삶이 파괴되는 것이다.

중년의 위기 속에는 그림자와 페르소나 간의 갈등이 언제나 존재한다. 분석 과정에서 이런 갈등이 없었던 사람도 곧 그러한 갈등을 겪게 된다. 마치 누군가를 믿고 마음껏 그림자를 털어놓을 수 있게 되기를 기다리기만 했던 것처럼, 내담자는 분석이 시작되고 나서야 안전하게 무너질 수 있는 것이다. 이러한 시기에 나타나는 우울증은, 자신이 겉으로 연기해 온 페르소나가 실제 자신이 아니었음을 깨달아야 함을 나타낸다.

노먼은 아내가 아닌 다른 여성과 관계를 맺을 때마다

자기 자신의 그림자 안에 있다. 그러면서도 노먼은 다른 여성들과의 관계 때문에 내적 갈등을 겪지는 않는다. 외도라는 그림자는 자신의 모범적 페르소나와 공존할 수 없기에. 즉 헌신적인 남편이자 가정적인 사람이라는 자아상(페르소나)과 다른 여자들과의 불륜(그림자)은 공존할 수 없다는 사실을 숨기고 있기 때문이다.

아이러니하게도, 노먼의 아내가 바람을 피우고 있는 남자는 다름 아닌 노먼의 그림자 자체다. 그는 노먼에게 결핍된 것, 즉 노먼의 그림자를 표현하는 존재다. 그는 예술가이며, 직관적 감성 유형의 인물이다. 반면 노먼은 사업가이며, 그의 재능은 사고와 감각의 영역에 있다. 그는 본능에 가깝게 살며, 사회적으로 어떻게 보일지에 대해서는 그다지 신경 쓰지 않는다. 노먼은 머릿속의 자아 이미지에 갇혀 있으며, 남에게 보여주는 삶의 외적 측면에 사로잡혀 있다.

나는 왜 노먼이 그렇게 고통스러워하는지 점점 더 명확히 알게 되었다. 그는 자아와 그림자 사이의 분열을 겪고 있다. 사실상 노먼의 자아는 그의 페르소나와 크게 다르지 않기 때문에, 이것은 페르소나 그림자의 분열이라 부를 수도 있다. 그런 가운데 그의 아내는 노먼 자신도 존재조차 모르고 있는, 노먼의 그림자를 닮은 남자와 애정행각을 벌이고 있다.

그림자를 통합하기 위한 보편적이고 효과적인 방법은 존재하지 않는다. 그것은 외교나 정치술에 더 가까우며, 항상 개인적인 문제다. 그림자와 자아는 권력을 놓고 다투는 두 개의 정치 정당과 같다. 이를 기법이라 부를 수 있다면, 그것은 오직 '태도attitude'의 문제다. 그림자를 통합하기 위해서는 세 가지가 필요하다. 첫째, 그림자의 존재를 인정하고 진지하게 받아들여야 한다. 둘째, 그 그림자의 특성과 의도를 자각해야 한다. 이는 자신의 기분, 환상, 충동 등을 의식적으로 주의 깊게 관찰함으로써 가능하다. 셋째, 그림자와 페르소나 사이의 오랜 협상의 과정을 피해서는 안 된다.

그러나 그림자는 의식적 성격의 어두운 이면만은 아니다. 까만색 주전자도 차를 끓이는 데는 지장이 없는 것처럼. 그림자에는 긍정적인 측면도 있다. 그것은 "살지 못한 삶unlived life"이라 불릴 수 있는 자아의 일면이다. 그림자의 긍정적 측면에는 오랫동안 묻혀 있거나 한 번도 의식되지 않은 재능, 능력, 긍정적인 윤리적 신념들까지 포함한다. 그림자의 바람직한 측면은 인격 안에 잠재적으로 존재하며, 의식적으로 실현될 경우 놀라운 에너지가 방출되기도 한다.

그래서 우울증 상태에 있는 사람에게는 그림자를 회피하지 말고 오히려 그 안으로 들어가 보라고 조언하는 것이다. 땅속에 묻힌 보물을 찾기 위해선 땅 밑을 파내야 하듯이.

중년의 위기는 그림자의 양면을 모두 불러낸다. 한쪽은 우리가 자랑스럽게 여기지 않는 특성과 행동들, 다른 한쪽은 우리가 미처 몰랐던 새로운 가능성이다. 그림자의 어두운 측면에는 수치심과 도덕적 혐오감이 동반된다. 그림자가 품고 있는 미지의 가능성은 도덕적으로 중립적일 수 있지만, 더욱 두려움을 유발하는 경우가 많다. 우리가 그 미지의 가능성을 따라간다면 어떤 일이 벌어질지 아무도 예측할 수 없기 때문이다.

"보세요."

어느 날 나는 그런 딜레마 속에서 분석가에게 말했다.

"겁이 납니다. 이 일을 맡았다가 낭패를 볼지도 몰라요."

그는 인자하게 웃으며 말했다. 융을 인용하며.

"그저 좋은 것은 더 나은 것의 적이다."

"마치 낙하산 없이 비행기에서 뛰어내리는 기분입니다."

나도 웃으며 말했다.

그는 좀 더 진지한 어조로 말했다.

"약간의 불안과 함께 살아가는 것도 충분히 가능합니다."

나는 내가 분석가에게 들었던 이런 이야기를 노먼과의 상담 시간에도 들려주었다. 노먼은 멍한 표정을 지었다.

"무슨 말씀이시죠?"

"당신은 긍정적인 어머니 콤플렉스에 사로잡혀 있어요."

나는 설명했다.

"긍정적인 어머니 콤플렉스는 남자를 이미 알고 있는 것, 익숙한 것에 묶어둡니다. 다시 말해, 그가 항상 안전하다고 느꼈던 것에 묶어둔다는 말이지요. 예를 들어, 어떤 생활 방식이 더 이상 그를 충족시키지 않는데도 그것을 계속 고수합니다. 왜냐하면 그것을 멈추었을 때 어떤 일이 벌어질지 알 수 없어 두렵기 때문입니다. 하지만 바로 그 멈춤이야말로 숨은 잠재력을 실현하는 데 필요할 수 있습니다."

그날따라 내가 평소보다 더 많이 말했다. 나는 자연스러운 분석 과정을 방해하는 것을 좋아하지 않는다. 하지만 가끔은 머리를 세게 한 대 맞는 것도 나쁘지 않다.

"그럼 제가 어떻게 해야 하죠?"

노먼이 물었다. 맹세컨대 열 번째쯤 되는 질문이었다.

"전혀 모르겠는데요."

나는 황급히 물러서며 말했다.

"그 답을 가진 사람한테 물어보세요."

나는 노먼 자신을 가리키며 말했다.

그때 나는 노먼의 그림자 중 창조적인 면, 즉 실현되지 않은 잠재력에 대해 생각하고 있었다. 인정되지 않은 채 남은 그림자는 당신을 고통으로 몰아넣을 수 있다. 예고도 없이 당신의 삶 전체를 파괴할 수도 있다. 그러나 약간의 관심을 기울이면 정반대의 결과를 가져오기도 한다. 당신을 혐오스러운 상황에서 벗어나게 도와주고, 새로운 기회를 발견할 수 있도록 눈을 뜨게 해줄 수도 있다.

노먼이 분석 치료를 받게 된 근본적인 문제, 즉 초기 상황은 '푸에르 심리학Puer psychology'의 관점에서도 설명될 수 있다.

'푸에르Puer Aeternus'라는 표현은 문자 그대로 '영원한 아이'를 의미한다. 그리스 신화에서 이 말은 이아쿠스Iacchus, 디오니소스Dionysus, 에로스Eros처럼 영원히 어리거나 젊은 아이 신을 가리킨다. 이 주제는 현대 고전인《피터 팬》과《도리언 그레이의 초상》에서 불멸의 이미지로 구현되었다.

신경증을 다루는 심리학에서 푸에르라는 용어는 감정 세계가 여전히 청소년 수준에 머물러 있는 중년 남성을 묘사하는 데 사용된다. 이는 보통 어머니에 대한 과도한 의존과 함께 나타난다(나이 들어서도 청소년기의 심리 상태에 머물러 있는 여성을 푸엘라Puella라고 한다. 여러 아니무스 중에서도 특히 소년의 남성성, 즉 푸에르 아니무스Puer Animus를 지닌 여성을 푸엘라라고 지칭하기도 한다). 대부분 중년의 위기는 이 발달 단계에서 벗어나야 한다는 내면의 절실함에서 비롯된다.[2]

전형적인 푸에르는 나이에 비해 젊어 보인다. 그런 사람들은 보통 어려보인다는 점을 꽤 자랑스러워한다. 노먼도 마찬가지다. 젊음이 노년보다 더 중시되는 문화에서 누가 그렇지 않겠는가? 노먼은 자신의 젊은 외모가 정서적 미성숙에서 비롯된 것이라는 생각에 충격을 받을 것이다. 나는 그 문제를 그에게 지적할 수도 있지만, 굳이 그럴 이유가 없다. 나는 그가 스스로 깨닫기를 기다리는 편을 택한다. 만약 그가 깨닫지 못하더라도 어쩔 수 없다.

푸에르는 자신의 행동에 책임을 지지 않는다. 그가 하는 일은 의식적으로 통제되지 않으며, 그는 무의식의 지배를 쉽게 받는다.

그는 특히 본능적 충동에 취약하다. 그는 종종 옳게 느끼는 일을 한다. 그러나 그는 자신의 진짜 감정으로부터 너무 소외되어 있어서, 지금 이 순간 옳게 느끼던 일을 다음 순간엔 잘못된 것처럼 느끼기도 한다. 따라서 그는 종종 성적인 유혹에 휘말리게 되는데, 이런 경험은 다음 날, 심지어 그날 밤 꿈속에서조차 큰 고통을 초래할 수 있다.

개성화를 향해 성장해 나가는 푸에르, 즉 자신의 태도와 행동 패턴을 직시하기로 결심한 사람은 더 이상 '이렇게 해야 옳게 느껴지니까'라는 이유로 자신의 행동을 쉽게 정당화해서는 안 된다. 그는 마음속에서 좋은 것인지 나쁜 것인지 제대로 구별되지 않은 감정을 의심해 보아야 한다. 특히 어떤 감정이 알코올이나 기타 약물에 대한 의존과 함께 활성화될 때 더욱 그러하다. 성숙을 향해 나아가려면 자신의 감정과 자신을 쉽게 동일시하는 대신, 그 감정과 거리를 두려고 노력해야 한다. 이는 자신이 경험하고 있는 것을 객관화한다는 뜻이다. 그는 스스로에게 질문한다. '이것이 정말 내가 느끼는 감정인가?', '이것이 내가 진짜 원하는 것인가?', '이런 감정에 이끌려 행동하면 그 결과는 무엇일까?', '그 결과를 감당할 수 있을까?', '나는 나 자신과 더불어 함께 살 수 있을까?', '내가 하는 일이 다른 사람에게 어떤 영향을 미칠까?'

푸에르는 책임지고 헌신하는 일에 어려움을 느낀다. 그는 확실히 선택하지 않은 채 애매하게 선택지를 열어두는 걸 좋아하고, 무언가에 얽매이는 것을 견딜 수 없어 한다. 노먼도 마찬가지다. 비록 그는 가정과 강한 유대로 묶여 있지만, 어쩌면 바로 그 때문에 가정으로부터 도망친다.

그는 가족에게 변치 않는 헌신을 맹세하면서도, 그의 그림자는 평화로운 가정의 반대 방향으로 있는 힘껏 달아나고 있다.

전형적인 푸에르는 깊은 생각 없이 즉흥적으로 행동하는 경향이 있으며, 이는 종종 자신이나 타인 혹은 양쪽 모두에게 피해를 준다. 개성화를 지향하는 푸에르는 이 다소 매력적인 특성, 즉 즉흥적인 행동 습관을 희생해야 한다. 그러나 이를 억누르기만 하면 다시 그의 그림자의 일부가 되고 만다. 그리하여 기존의 습관과 일상에 완전히 지배당하는 자동인형이 되지 않기 위한 노력이 필요하다. 즉흥성을 완전히 없애는 것이 아니라 의식적으로 다시 통합하여 삶 속에서 균형을 잡아야 한다(건강한 개성화를 위해서는 푸에르의 즉흥성을 무조건 버리기만 할 것이 아니라, 창조성을 위해 자신의 푸에르적 순수성과 즉흥성을 의식적으로 재통합시키는 과정이 필요하다는 뜻이다.-옮긴이)

푸에르는 언제나 임시적인 삶을 산다. 그는 벗어날 수 없는 결정적인 상황에 갇힐까 봐 두려워한다. 그의 삶은 거의 늘 그가 진정으로 원하는 것이 아니다. 그는 항상 '곧' 뭔가를 하려 한다. 언젠가 때가 되면 삶의 방식을 바꾸려 한다. 언젠가는 필요한 일을 하겠지만 지금은 아니라는 식이다. 미래를 위한 계획은 무산되고, 삶은 '언젠가는 이루어질 것', '이루어질 수도 있는 것'에 대한 환상 속에서 흘러간다. 그러나 이렇게 임시적인 삶을 고집하면 현재의 삶을 바꾸기 위한 결정적인 행동은 결코 일어나지 않는다.

나에게도 그런 고모가 한 분 계셨다. "언젠가는 내 배가 들어올 거야. 그러면 나는 멀리 떠날 거란다." 이렇게 말하며, 우리가 교회 강당에서 빙고를 하러 뛰어다닐 때 내 머리를 다정하게 쓰다듬었다. 하지만 고모가 기다리던 그 배는 결코 오지 않았다. 어쩌면 그녀가 바다에서 수천 마일이나 떨어진 내륙에 살았기 때문일지도 모르지만.

임시적인 삶은 일종의 감옥이다. 영혼의 사형수 대기실인 셈이다. 그 감옥의 철창은 부모에 대한 콤플렉스, 유년기에 대한 무의식적 애착, 어린아이의 한없는 무책임함으로 이루어져 있다. 그리하여 푸에르들의 꿈은 각종 감옥 이미지로 가득하다. 쇠사슬, 철창, 새장, 덫, 속박. 삶 자체, 존재의 현실은 감금으로 경험된다. 그들은 독립을 갈망하고 자유를 갈망하지만, 그것을 실현할 강력한 힘이 없다.

작가 프란츠 카프카도 푸에르 유형에 속했다. 카프카는 감옥의 상징을 깊이 연구했고, 감옥의 이미지가 자신의 삶과 어떻게 연관되는지를 어떤 예술가보다도 깊이 탐구했다. 카프카 특유의 수수께끼 같은 문장들 속에서 그는 종종 감옥의 간수에 관해 묘사한다. 오직 자신만이 간수인 채 자신의 정신 안에 갇혀 있는 느낌을 묘사한 것이다. 카프카는 실제로는 자유롭게 오가도 되는 사람이지만 한 발짝도 내딛지 못하는 남자의 모습을 그린다.

그는 감옥에 갇힌 삶에 순순히 자신을 맡길 수도 있었다. 어쩌면 감옥의 일생 자체가 한 인간의 삶의 목표가 될 수도 있었을 것이다. 하지만 그가 갇혀 있던 곳은 창살이 있는 새장처럼 여기저기 구멍이 뚫린 곳이었다. 세상의 모든 소음은 이 감옥이 마치 자기 집인 양 태연하고 뻔뻔하게 창살을 드나들었고, 역설적으로 이 수감자는 완벽히 자유로웠다. 그는 모든 것을 받아들일 수 있었고, 바깥에서 벌어지는 그 어떤 일도 놓치지 않았다. 사실, 그는 그저 새장을 나가버릴 수도 있었다. 창살 사이의 간격은 몇 야드나 되었으니, 알고 보면 그는 진짜 죄수조차 아니었던 것이다.[3]

감옥은 분석가에게 매우 익숙한 상징으로, 개성화 과정에 대한 거부를 나타낸다. 이는 푸에르가 지닌 심리적 갈등의 전형적인 증상으로, 경계와 한계를 견디지 못하고 어떤 제약도 견디기 힘들어한다. 그러나 심리학적으로는, 어떤 제약은 성장에 필요하다. 이 점은 중국의 지혜서인《역경》에 다음과 같이 표현되어 있다.

무한히 열려 있는 가능성은 인간에게 적합하지 않다. 만약 그런 것이 존재한다면, 그의 삶은 경계 없는 무한 공간 속에서 소멸할 것이다. 강인해지기 위해, 인간의 삶은 의무라는 경계가 필요하고, 자발적으로 받아들이는 제약이 필요하다. 개인은 이러한 제약을 자신을 둘러싼 환경으로 받아들이고, 스스로 자신의 의무를 결정할 때만 자유로운 정신의 소유자가 된다.[4]

마리-루이제 폰 프란츠는 어머니에 묶인 남성의 감옥 공포증을 다음과 같이 설명하고 해석한다.

> 감옥은 어머니 콤플렉스의 부정적 상징이다⋯. 아니면 미래 관점에서 그가 진정으로 필요한 것이 바로 그 감옥일 수도 있다. 그는 현실이라는 감옥 안에 갇혀 있다. 그러나 현실의 감옥에서 도망친다면, 그는 곧 어머니 콤플렉스의 감옥 안에 있게 된다. 그러므로 어디로 향하든 그는 결국 감옥 안에 있는 셈이다. 그는 두 개의 감옥 중 단 하나만을 선택할 수 있다. 자신의 신경증이라는 감옥이든, 현실이라는 감옥이든. 그는 말 그대로 "악마와 깊은 바다 사이에" 갇혀 있다. 그것이 그의 운명이자, 푸에르 에테르누스Puer Aeternus(영원한 소년)의 운명이다. 어떤 감옥을 택할지는 전적으로 그의 몫이다. 어머니 콤플렉스와 신경증의 감옥이든, 지극히 상투적이고 지루한 현실 속에 갇히든.[5]

노먼처럼 무의식이 마침내 반란을 일으키고 중년의 위기를 통해 불만을 표출해 주는 푸에르는 그나마 운이 좋은 편이다. 그렇게 반란을 겪지 않으면 푸에르는 한 사람의 인격 속에 그대로 갇힌 채 살아가게 된다.

푸에르의 그림자는 세넥스Senex(라틴어로 노인을 뜻한다)로 나타나는데, 세넥스는 규율, 절제, 양심, 질서를 상징한다. 이와 마찬가지로 세넥스의 그림자는 푸에르다. 푸에르는 제한 없는 본능, 무질서, 도취, 변덕스러움이라는 속성이 있다. 푸에르는 광란에 빠진 여성 추종자들이 모여 온몸을 산산조각으로 찢었던 그리스의 신 디오니소스와 유사하다. 반면, 세넥스의 심리는 사투르누스Saturn나 아폴론과 더 관련이 깊으며, 차분하고 이성적이며 책임감 있는 성격을 지닌다.

푸에르와 세넥스, 디오니소스와 아폴론은 서로 반대되는 극단처럼 보이지만, 살면서 우리는 그 모든 인격이 필요하다. 어느 한쪽 패턴만을 고집하며 살아가는 사람은 반대편의 패턴을 무의식 중에 활성화시킬 위험이 있다. 건강하고 균형 잡힌 인격은 상황에 맞게 디오니소스적 방식과 아폴론적 방식을 모두 활용할 수 있어야 한다. 이것이 이상적인 상태지만, 의식적 노력을 상당히 기울이지 않고는 거의 달성되기 어려운 조화와 균형이기도 하다. 중년의 위기를 겪는 푸에르가 언젠가는 성숙한 세넥스가 되어야 하는 것처럼, 아폴론처럼 지나치게 욕망을 통제하는 사람에게는 자발적이고 본능적인 디오니소스의 삶에 가까워질 필요도 있다.

노먼은 이 모든 유형 가운데 어디에 해당하는가? 그는 적어도 한 발은 푸에르, 즉 영원한 소년의 캠프 쪽에 담가두고 있다. 다른 한 발은 우주 어딘가에 살짝 걸치고 있다. 푸에르 쪽으로 걸치지 않은 그의 다른 한쪽 발은 그에게 어울리는 신발, 즉 자신에게 꼭 맞는 적절한 입장을 찾아 헤매고 있다.

개인적으로 나는 푸에르에서 벗어난 사람이다. 그러나 금연자나 금주자들이 그렇듯, 여전히 푸에르 신드롬에 걸려 있는 사람들을 보면 나는 종종 참을성을 잃곤 한다. 또 한편으로는, 과거에 푸에르였던 나 자신에 대한 혐오감을 잠시 접어둘 수만 있다면, 푸에르의 처지를 누구보다 잘 공감할 수도 있다. 푸에르로 살고 있는 노먼이 좋은 사례다. 노먼이 한 일 중 내가 저질러 보지 않은 건 거의 없고, 노먼이 보여주는 태도 가운데 낯선 것도 전혀 없다. 사실 내가 경계심을 풀고 있을 때는, 그 푸에르 시절이 그리워지기까지 한다.

노먼은 아직 깨닫지 못하고 있지만, 그가 내 사무실에 들어섰던 그날, 그는 이미 하나의 영웅적 모험을 시작한 셈이다. 영웅의 과업이란 일상적인 틀을 벗어나 무언가를 용감하게 시작하는 것이다.

노먼에게 영웅의 모험은 바로 '나 자신이 왜 그런 행동을 하는지, 왜 그런 반응을 보이는지'를 이해하려 애쓰는 자기탐구 자체를 말한다. 그의 삶은 이제 동화 같은 환상적 색채를 띠기 시작한다. 그는 언젠가는 극복하거나 능가해야 할 사악한 마녀(어머니 콤플렉스)를 마주하게 되고, 밤을 헤쳐 나가게 도와줄 동물들(그동안 감춰온 다채로운 본능)을 만나게 될 것이다. 또한 수많은 동화 속의 '천진난만한 막내'처럼 그는 상당히 순진하다. 이 순진함은 오히려 그에게 유리하게 작용한다. 동화에서처럼, 그가 맡게 될 수많은 과업은 이성적인 사고방식을 잠시 내려놓을 때에만 가능하기 때문이다.

영웅의 목표는 보물, 공주, 황금알을 찾는 것이다. 심리적으로 이들은 모두 같은 것을 가리킨다. 바로 자기 자신, 자신의 진실한 감정, 독특한 잠재력이다. 공주를 얻거나, 지하실에 머물거나 둘 중 하나다. 그 사이의 중간 선택지는 없다. 신화적으로 노먼은 전통에 사로잡혀 있다. 영웅의 여정에는 특히 거친 밤바다의 항해가 포함된다. 이 모티프는 감금, 십자가형, 사지절단, 납치 등으로 상징되며, 태고부터 태양신과 영웅들이 겪었던 통과의례다. 길가메시, 오시리스, 예수 그리스도, 단테, 오디세우스, 아이네이아스, 심지어 피노키오까지도 포함된다. 신비주의의 언어로 말하면, 이것은 "영혼의 어두운 밤"이라 불린다.

영웅의 여정은 하나의 영적인 순환이며, 그 패턴은 다음 도표를 보면 잘 이해할 수 있다.[6]

신화와 전설 속에서 영웅은 대개 배를 타고 항해하며, 바다 괴물과 싸우고, 삼켜지며, 찢기거나 짓이겨지는 고통을 겪는다. 영웅이 마침내 고래의 뱃속에 들어가게 되면, 요나처럼 중요한 기관을 찾아내 그것을 잘라냄으로써 비로소 고통에서 해방된다.

밤바다를 항해하는 모든 신화는 태양의 움직임에 대한 인간의 사유에서 비롯된다. 융은 태양의 움직임을 시적으로 묘사했다. "태양은 불멸의 신처럼 바다를 항해하다가 매일 저녁 어머니의 물속에 잠기고, 아침이면 새롭게 태어

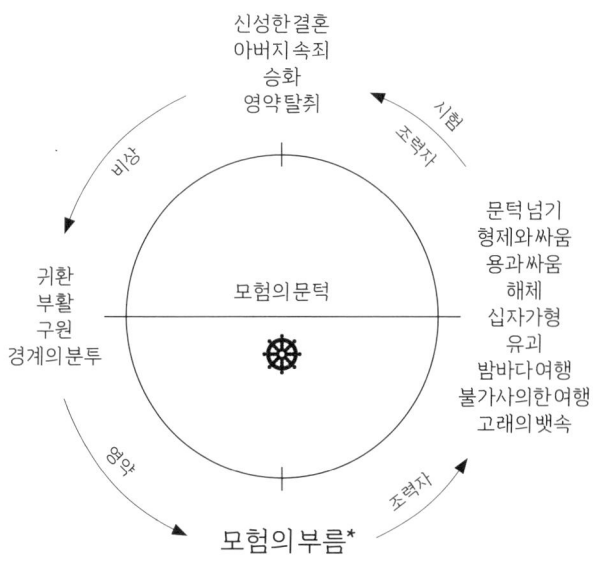

신성한 결혼
아버지 속죄
승화
영약 탈취

시험
조력자

비상

문턱 넘기
형제와 싸움
용과 싸움
해체
십자가형
유괴
밤바다 여행
불가사의한 여행
고래의 뱃속

모험의 문턱

귀환
부활
구원
경계의 분투

영약

조력자

모험의 부름*

*'모험의 부름'에 대한 자세한 설명은《융 심리학 개념어 사전》을 참고할 수 있다. –옮긴이

난다."[7] 태양이 지는 것은 우울증에서 에너지의 상실에 비유되며, 이는 재탄생을 위한 필연적 서곡이다. 치유의 물에서 정화된 자아는 다시 새롭게 부활한다. 또는 다른 이미지에서는 불사조처럼 잿더미에서 다시 솟아오른다.

심리학적으로 고래이자 용인 존재는 '어머니'다. 밤바다를 항해하는 동안 벌어지는 전투와 고난은 무의식의 치명적인 손아귀, '어머니'로부터 의식을 해방하려는 영웅적인 시도를 상징한다. 영웅이 잘라내야 할 생명의 기관은 바로 어머니의 탯줄이다. 그 결과 그림자와 무의식 속에 얽혀 있던 에너지가 해방되어 새로운 날의 태양이 떠오른다.

노먼이 이 영웅의 여정을 선택한 것이 아니라, 영웅의

여정이 그를 선택한 것이다. 그는 피할 수만 있었다면 피했을 것이다. 누가 자발적으로 안락한 집을 떠나 용과 마주하려 하겠는가? 누가 벽난로 앞에서 TV와 팝콘을 거부하고 고래의 컴컴한 뱃속으로 들어가는 모험을 감수하려 하겠는가? 그러나 노면 안의 어떤 갈망이 이 영웅의 여정을 요구하고 있으며, 좋든 싫든 이 영웅의 여정을 겪어내야 한다. 나는 그가 마주하게 될 위험들로부터 그를 구할 수 없으며, 억지로 구하려고도 하지 않을 것이다. 자연이 그렇게 되도록 결정한 것을, 인간이 간섭해서는 안 된다. 노면은 내면의 필연성에 사로잡혀 있으며, 그것이 자연스레 흐르도록 두어야 한다. 내가 할 수 있는 최선은 그와 함께 앉아, 다가올 위험을 조용히 알려주는 것뿐이다.

146

5

현실, 그 자체와
용감하게 대면하기

사고thinking, 감정feeling, 직관intuition, 감각sensation. 심리 유형에서 말하는 네 가지 기능은 나침반의 동서남북과 비슷하다. 그것들은 어느 정도 자의적인 구분이긴 하지만, 인간 영혼을 탐사하는 데 필수요소들이다. 우리는 인생의 방향타를 정해야 하기에 이 네 가지 좌표를 이쪽저쪽으로 옮기거나 거기에 다른 이름을 붙이는 것을 막을 수는 없다. (…) 그러나 한 가지는 분명하다. 나의 심리학적 발견이라는 거대한 항해에서, 이 네 개의 나침반은 결코 빠져서는 안 될 필수 도구였다.

— 카를 구스타프 융, 《심리 유형Psychological Types》

노먼은 상담 시간에 늦었다. 17분이나 지나 숨을 헐떡이며 들어왔다. 나는 기다리는 것을 좋아하지 않기에 얼굴을 찌푸렸다.

"죄송합니다. 하지만 어쩔 수 없었어요."

"전화라도 할 수 있었잖아요."

나는 기분이 언짢았다.

"지하철에 갇혀 있었거든요."

노먼이 말했다.

"누군가가 기차역 플랫폼에서 기차 앞으로 뛰어내렸어요."

그는 어깨를 으쓱했다.

"어쩔 수 없잖아요? 시스템 전체가 멈춰 버렸으니까요."

나는 마음이 누그러졌다. 이런 일도 일어나기는 한다. 다만, 일어나지 않기를 바랄 뿐이다.

노먼은 자리를 잡고 새로운 이야기를 꺼냈다.

"융의 성격유형론을 읽고 있어요."

"융의 글을 직접 읽는 건가요, 아니면 융과 관련된 다른 사람의 글을 읽는 건가요?"

내가 물었다.

나는 융에 관해서는 보수적이며, 융의 원전에 집착하는 순수주의자다. 다른 사람들은 융을 자유로이 넘어설 수도 있고, 융의 이론을 간접적으로 재해석하면서 더 빛나는 보석을 발견할 수도 있겠지만, 나는 여전히 융의 신발 끈에라도 간신히 닿으려 애쓰고 있다. 취리히에서 몇 달 동안 함께 살았던 내 친구 아놀드도 같은 생각을 가지고 있다. 이를 '해결되지 않은 전이unresolved transference'라고 부를 수 있다. 아놀드는 이를 "별자리를 형성하는 힘"이라고 표현하기도 한다.

"곧 시러큐스에 있는 회사와 계약이 있어요."

노먼이 말했다.

"이번 주에 그곳에 가서 인사 담당자와 이야기했는데, 그분이 말하길 성격 유형 검사를 거치지 않으면 아무도 채용하지 않는다고 하더군요. 그래서 하나 받아왔습니다."

그는 서류가방을 뒤지더니 전단지를 꺼냈다.

"여기 있어요. '마이어스–브릭스 유형지표Myers-Briggs Type Indicator를 활용한 생산성 및 조직 효율성 증대'라는 자료입니다. 여기에 따르면 카를 융의 연구를 기반으로 만들었다고 하네요."

노먼이 나를 바라보며 말했다.

"융이 비즈니스의 세계까지 진출한 줄은 몰랐네요."

나는 눈살을 찌푸렸다.

"융의 성격유형론이 비즈니스에 활용된 것이지, 그가 직접 비즈니스에 뛰어든 건 아니에요."

융에 대한 나의 애정은 현재의 성격 유형 검사에 대해 양가적인 감정을 유발한다. 이 검사는 융의 모델을 기반으로 하지만, 융 특유의 섬세함이 빠졌다. 물론 성격 유형 검사가 사람들에게 도움이 될 수는 있지만, 동시에 오해를 불러일으킬 수도 있다. 이 검사는 특정 시기에 개인의 기능 방식을 어느 정도 보여줄 수는 있지만, 정신의 역동적인 본질을 제대로 반영하지는 않기 때문에 섬세함이 부족하다. 성격 유형 검사의 결과가 묘사하는 것은 과연 누구의 성격인가? 자아인가? 페르소나인가? 혹은 그림자의 성격일까? 혹은 다른 콤플렉스의 성격인가? 게다가 이런 성격 유형 검사는 인간의 성격이 시간에 따라 변화할 수 있다는 사실을 놓치고 있다. 융이 《심리 유형》을 쓰는 데 8년을 바친 것은 이런 단편적인 성격 유형 검사를 위한 것이 아니었다.

자신을 진정으로 이해하기 위한 싸움에서, 장기적인 자기 성찰만큼 효과적인 대체물은 없다.[1]

노먼은 그 소책자를 넘기고 있었다.

"이거 흥미롭네요. 그런데 이런 성격 유형은 왜 중요한가요?"

"그렇게 질문하는 것은 주로 F 타입, 즉 감정 유형을 지닌 사람들의 스타일이지요. F 유형, 즉 감정 타입은 그것이 당신에게 어떤 의미가 있는지를 궁금해합니다. 좋습니다, 성격 유형에 대해 말씀드릴게요. 모든 심리적인 유형은 상대적입니다. 물리학에서 아인슈타인의 상대성 이론처럼 말이죠. 당신은 자신만의 세상을 보는 프레임(예컨대 MBTI-옮긴이)에 영향을 받지 않고는 아무것도 말하거나 생각하거나 행동할 수 없습니다. 그게 당신의 심리 유형입니다."

"사람들은 제각각 매우 다릅니다. 너무 당연해 보이지만, 우리는 종종 그걸 잊습니다. 누구에게나 강점과 약점이 있어요. 융의 유형론은 이런 차이들을 일정한 체계에 따라 정리하는 방법입니다. 이런 성격 유형을 제대로 알면 자신을 이해하는 데 도움이 되고, 인간관계에서는 정말 큰 축복이에요. 누군가가 특정 방식으로 기능한다는 걸 알게 된다면, 거기에 대해 배려할 수 있고, 자신의 성향을 보완할 수도 있으며, 자신과 다른 방식으로 행동하는 사람들의 차이를 받아들일 수 있게 됩니다. 어쩌면 당신이 놓친 것이 있을지도 모르죠. 어떤 상황에서는 다른 방식이 더 적합할 수도 있고요."

나는 숨이 찼다. 가끔은 내 마음 깊은 곳에서 교사의 영혼이 튀어나오곤 한다.

"그래도 저는 사람에게 꼬리표를 붙이는 건 싫어요."

노먼이 말했다.

"저도 그래요. 융도 그랬지요. 사실 융은 그것을 명확히 경고했어요. 지금의 심리 테스트는 사실 융의 성격 모델을 오용하는 거예요. 이 모델은 사람들에게 내향형, 외향형이라는 식으로 꼬리표를 붙이기 위해서가 아니라, 심리적인 방향을 잡기 위한 도구예요. 현실 세계에서 우리가 나침반으로 자신의 위치를 확인하듯 말이죠."

"이게 융의 기본 모델입니다."

내가 말했다.

나는 메모장을 꺼내 간단한 스케치를 했다.

"여기에는 네 가지 기능이 있어요. 사고, 감정, 직관, 감각. 앞의 두 개와 뒤의 두 개는 서로 반대예요. 그리고 내향성과 외향성이 있는데, 각각의 기능은 내향적 또는 외향적으로 작용할 수 있습니다. 이 원형은 원하는 방향으로 얼마든지 돌릴 수 있어요. 저는 임의로 사고를 맨 위에 뒀지만, 개인이 가장 선호하는 기능에 따라 어떤 것이든 맨 위에 올라올 수 있어요."

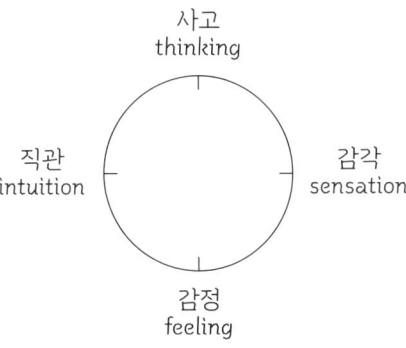

"말씀이 너무 빨라요."

노먼이 필기를 하며 말했다.

"감각 기능은 실체적 현실, 즉 오감에 관계된 것이며, 무언가가 존재한다는 것을 확실히 인식하게 해줍니다. 사고는 외부의 현실이 우리에게 무엇을 의미하는지를 말해주고, 감정은 외부의 현실이 우리에게 어떤 가치를 가지는지를 알려줍니다. 그리고 직관을 통해 우리는 현실을 어떻게 활용할 수 있을지에 대한 감각을 가질 수 있어요. 융은 직관을 '무의식을 통한 지각'이라고 정의했어요."

"너무 빨라요."

노먼이 말했다.

"감각 기능은 세부 사항에 강하고, 사진을 찍는 것처럼 사물을 받아들입니다. 반면에 직관 기능은 그렇지 않아요. 그건 아직 일어나지 않은 미래의 가능성에 더 관심이 있지요. 사고는 개념에, 감정은 관계에 중점을 둡니다."

나는 책장으로 가서 말했다.

"이 책을 읽어드릴 테니, 들어보세요."

그리고 나는 융의 《심리 유형》을 펼쳐 읽었다.

개개인의 온전한 심리적 지향성을 알려주기 위해서는 네 가지 기능이 모두 균형 있게 작용해야 한다. 사고는 인식과 판단을 돕고, 감정은 어떤 사물이 우리에게 얼마나 중요한지, 또는 중요하지 않은지를 알려주며, 감각은 보고 듣고 맛보는 등의 경험을 통해 구체적인 현실을 전달한다. 직관은 배경 속에 숨어 있는 가능성을 간파하게 해주어야 한다. 이러한 가능성 또한 주어진 상황을 온전히 이해하는 데 필수요소이기 때문이다.[2]

나는 책을 덮었다.

"이상적인 상태는 사고, 감정, 감각, 직관 중 어느 하나만을 선택하는 것이 아니라, 그때그때 특정한 상황에 적합한 기능에 의식적으로 접근할 수 있는 상태이지요."

"멋지군요."

노먼이 말했다.

"그게 가능합니까?"

"그렇지 않을 수도 있습니다. 실제로는, 하나의 기능이 다른 것들보다 더 발달되어 있는 경우가 대부분이에요. 그것을 주기능 primary function 또는 우월기능 superior function이라고 부르지요."

"우월기능이라는 건, 다른 한쪽보다 더 낫다는 뜻인가요?"

"아니에요. 어떤 기능이 다른 것보다 '더 낫다'는 의미는 아닙니다. 우월기능이란 당신이 좀 더 편안하게 사용하는 기능을 말할 뿐이에요."

"그럼 다른 기능들, 덜 발달된 기능들은 어떻게 되죠?"

나는 웃으며 말했다.

"그 기능들이 골치 아프게 합니다. 뒤에서 당신을 치고 들어오죠. 예기치 않게 튀어나오기도 하고요. 특히나 열등기능, 즉 당신이 가장 잘 쓰지 못하는 기능들이 그렇습니다. 이 열등기능은 항상 주기능과 반대되는 쪽이에요. 예를 들어 사고기능에 너무 치우치면 감정기능은 열등해지고, 감각기능이 지나치게 분화되면 직관기능은 차단되죠. 물론 반대 경우도 마찬가지입니다."

"당신이 말하는 제 중년의 위기와 이 유형론이 관련이 있나요?"

노먼이 물었다.

"그 이야기를 하려던 참이었어요."

내가 말했다.

"중년의 위기나 인격의 붕괴에 이르기까지의 문제 중 하나는, 그 사람의 어떤 기능들이 오랫동안 무시되었다는 점이에요. 이렇게 무의식에서 억압되어 온 기능들이 마침내 의식으로 통합되기를 요구하게 되죠. 그 과정은 고통스럽습니다. 그래서 흔히, 그 고통의 원인을 다른 사람에게 투사하게 되지요."

"하지만 사실은, 그건 당신 안의 어떤 측면들이 인식되고 수용되기를 원하는 겁니다. 기억하세요, 당신이 평소에 '이건 내가 아닌 것'이라고 여기는 모든 것이 그림자입니다. 여기에 열등기능도 포함돼요. 사실 성격의 붕괴는 인생에서 굉장한 기회입니다. 열등기능에는 많은 에너지가 얽혀 있기 때문이에요. 열등기능을 제대로 의식화하면 새로운 삶의 차원이 열리기도 하죠."

이 주제로 책 한 권은 더 쓸 수도 있겠지만, 지금은 노먼에 집중하기로 한다.

"두 가지 기능이 모두 뛰어날 수도 있나요?"

그가 물었다.

"그렇습니다. 주기능에 반대되지 않는 기능 중 하나는 꽤 잘 발달되어 있을 수 있어요. 예를 들어, 사고기능은 감각이나 직관과 잘 어울리고, 감각기능이 우세해지면 감정이나 사고기능이 좋은 보조기능이 될 수 있어요."

나는 또 다른 스케치를 그렸다.

"그러면 이렇게 되는 거죠. 직관과 사고가 결합하면 사변적으로 사유할 수 있고, 사고와 감각이 결합하면 경험적으로 사유할 수 있습니다. 이외 다양한 결합으로 여러 가능성을 생각해 볼 수 있겠죠."

노먼이 내 그림을 살펴보았다.

"어떻게 당신의 가장 뛰어난 기능이 무엇이고, 열등한 기능이 무엇인지 알 수 있죠?"

"쉽지 않아요."

내가 말했다.

"왜냐하면 콤플렉스에 빠지면 모든 기능이 감정에 의해 왜곡되기 때문이에요. 우리가 화나 있을 때는 똑바로 보지 못하고, 생각할 수도 없어요. 심지어 행복할 때조차도 사물과 사람에 대한 감정이 달라져요. 속상할 때는 어떤 것이 우리에게 어떤 가치를 지니는지 제대로 평가할 수 없고, 우울할 때는 가능성이나 잠재력이 고갈되어 버립니다. 콤플렉스 상태일 때는 당신이 평소보다 훨씬 떨어지는 수준으로 기능하고 있다는 걸 확신해도 돼요."

"이제 완전히 혼란스러워졌어요."

노먼이 말했다.

잘됐다고, 나는 생각했다. 혼란은 지혜의 시작이다.

"융의 모델을 삶에서 활용한다는 건, 자기 자신을 제대로 관찰하는 일입니다."

내가 말했다.

"그게 무슨 뜻이죠?"

노먼이 물었다.

"세상을 살아가면서 이렇게 자문해 보는 거예요. '이 상황에서, 저 사람과 함께 있을 때 나는 어떻게 기능했나? 그 결과는 어땠지? 나의 행동과 표현 방식은 과연 내 판단, 즉 사고와 감정 그리고 내 지각, 즉 감각과 직관을 진정으로 반영했는가? 만약 아니라면, 왜 아니었을까? 어떤 콤플렉스가 내 안에서 작동했을까? 무슨 목적이었지? 나는 어떻게, 왜 일을 망쳤을까? 이것은 나의 심리에 대해 무엇을 말해주는가? 나는 무엇을 할 수 있을까? 나는 무엇을 하고 싶은가?'"

노먼은 생각에 잠겼다. "내향성과 외향성은 어떤가요?"

그가 말했다.

"좋은 질문이에요. 그 둘은 세상에 적응하는 방식이 완전히 달라요. 내향형은 주저하고 반성적인 반면, 외향형은 개방적이고 사교적이며 새로운 사람을 만나는 것을 좋아하죠." 나는 잠시 생각하다가 말했다. "물론 이건 지나치게 단순화한 설명이에요. 융을 직접 읽어보시는 게 좋겠어요."

"성격 유형에 대한 이해가 저와 낸시에게 도움이 될까요?"

노먼이 말했다.

나는 고개를 끄덕였다. "그럴지도요. '잭 스프랫Jack Spratt의 이야기(잭 스프랫은 기름진 것은 먹지 못했고, 그의 아내는 살코기를 먹지 못했다. 그래서 둘이 함께라면, 접시는 늘 깨끗이 비워졌다. 이 이야기는 상반된 두 인물이 서로의 결핍을 채워 완전한 하나를 이루는 과정을 통해, 융이 말한 개성화, 즉 의식과 무의식의 통합을 상징적으로 보여주는 짧은 심리 신화다.-옮긴이)' 같은 거죠. 자녀를 키울 때도 성격 유형을 염두에 두는 게 좋아요. 그렇지 않으면 아이들이 결코 해낼 수 없는 걸 헛되이 기대하게 되니까요."

노먼은 떠날 채비를 하며 말했다.

"선생님께 융의 성격 유형 이론을 들어본 적도 없는 친구들도 있나요?"

"그럼요, 물론 있죠."

"그런 친구들을 어떻게 참아요?"

나는 어깨를 으쓱였다.

"그들과 포커를 해요. 그리고 제가 이기죠."

그는 내 성격 유형 책 한 권을 서류 가방에 넣었다. 문 앞에 멈춰서서 물었다.

"그럼, 제 유형이 뭐라고 생각하세요?"

이 질문이 나올 걸 나는 예상했다. 노먼은 스스로 발견하고 탐구하는 수고를 덜고 싶어 한다.

"모르겠어요. 당신은 기능들이 뚜렷하게 분화되어 있지 않아요. 아직은 수프 한 그릇처럼 여러 가지 성격이 섞여 있는 것 같거든요."

그는 움찔했다.

"실망하지 마세요."

나는 그의 손을 잡으며 말했다.

"대부분의 사람이 그래요."

*

 그날 밤 혼자 있는 동안, 내 마음은 취리히에서 아놀드와 함께했던 시절로 돌아갔다. 나는 융의 책을 읽으며 얻은 성격 유형에 대한 지식만큼이나, 아놀드와 함께 살면서 성격유형론에 대해 많은 것을 배웠다.

 아놀드는 완전히 전형적인 직관형intuitive이었다. 그가 도착했을 때 나는 역에서 그를 만났다. 그날 내가 기다린 세 번째 열차였다. 직관형인 성격 유형답게, 그의 편지는 전혀 구체적이지 않았다. 나의 성격 유형답게, 나는 매우 세세하고 구체적이었다.

 "시골에 집을 하나 빌렸어."

 나는 그의 가방을 들어 올리며 말했다. 그 가방은 자물쇠가 부서졌고, 가죽끈도 없었으며, 바퀴 하나가 빠져 있었다.

 "기차 타고 12분 30초면 갈 수 있어. 기차가 한 번도 늦은 적 없어. 집에는 초록색 셔터가 달려 있고, 벽지는 물방울 무늬야. 집주인 아주머니는 참 좋은 분이고, 우리가 원하는 대로 가구도 배치할 수 있어."

 "좋군."

 아놀드는 신문지를 머리 위에 덮어쓰며 말했다. 밖에는 비가 억수같이 쏟아지고 있었지만, 그는 모자도 없었고, 우비도 깜빡하고 가져오지 않았다. 하느님 맙소사, 그는 놀랍게도 슬리퍼를 신고 있었다. 그가 짐을 루체른까지 부치는 바람에 우리는 여행용 트렁크조차 찾을 수 없었다.

"루체른이든 취리히든, 나한텐 다 스위스지 뭐."

그는 철학자라도 되는 듯이 은유적으로 말했다.

이런 아놀드와 지내는 것이 처음엔 꽤 재미있었다. 당시 우리는 서로를 잘 몰랐으니까. 아놀드와의 만남으로 인해 내게 무슨 일이 닥칠지, 그때는 전혀 몰랐다. 당시의 나는 그토록, 그리고 그렇게까지 다른 사람과 가까이 지내본 적이 없었다.

시간은 아놀드에게 아무런 의미가 없었다. 그는 늘 기차를 놓치고, 약속을 잊었다. 그는 수업에 항상 늦었고, 겨우 강의실을 찾아도 필기할 도구조차 없었다. 그는 돈이 아주 많거나 전혀 없었는데, 예산을 짜는 법이 없었기 때문이다. 그는 동서남북을 구분하지 못했고, 집을 나설 때마다 길을 잃었으며, 때로는 집 안에서도 길을 잃었다.

"넌 안내견이 필요하겠다."

내가 농담했다.

"네가 내 곁에 있는 한은, 안내견이 필요 없지."

그가 싱긋 웃으며 말했다.

그는 밤새 가스레인지를 켜둔 채로 됐다. 전등도 끄지 않았다. 냄비는 넘쳐흘렀고, 고기는 까맣게 타들어갔으며, 베란다에 앉아 하늘만 바라보고 있었다. 부엌은 늘 타버린 토스트 냄새로 가득했다. 그는 열쇠도, 지갑도, 강의 노트도, 여권도 잃어버렸다. 그는 깨끗한 셔츠가 준비된 적이 없었다. 낡은 가죽 재킷에 헐렁한 청바지, 짝짝이 양말을

신은 그는 꼭 부랑자처럼 보였다. 방은 늘 엉망이었다. 마치 허리케인이 휩쓸고 간 듯했다.

"너를 보고 있으면 내가 미칠 것 같아."

나는 거울 앞에서 넥타이를 매며 중얼거렸다.

나는 단정하게 차려입는 걸 좋아했고, 그렇게 하면 기분이 좋았다. 나는 모든 물건이 정확히 어디에 있는지 알고 있었다. 내 책상은 정돈되어 있었고, 내 방은 항상 깔끔했다. 나는 물건을 잃어버리는 법이 없었다. 항상 시간을 지켰다. 나는 요리는 물론 바느질도 할 줄 알았다. 나는 내 주머니에 정확히 얼마가 있는지도 알고 있었다. 아무것도 내 눈을 벗어나지 못했다. 나는 모든 세부사항을 꼼꼼히 기억했다.

"넌 현실 세계에 살지 않는 거야."

나는 말했다.

그때 아놀드는 계란을 부치려 하고 있었다. 계란 프라이 하나 만드는 것, 그 작은 일조차 그에게는 영웅의 여정이었다. 그는 프라이팬을 찾지 못했고, 겨우 찾고 나서도 잘못된 버너에 올려놓았다. `

"네가 아는 현실 말이겠지."

그는 상처받은 말투로 말했다.

"젠장!"

그가 욕했다. 또 요리하다가 손에 화상을 입은 것이다.

여기서 아놀드가 외향형이고 내가 내향형이라는 차이로 생겨난 거듭되는 갈등에 대해 길게 말할 필요는 없다.

우리 사이엔 트러블이 아주 많았다고만 해두자. 그는 낮이든 밤이든 시간 상관없이 사람들을 집에 데려왔다. 나는 사적인 공간, 나만의 조용한 공간을 좋아했다. 나는 루틴을 철저히 지키는 데 집착했다. 낮에는 내 방으로 도망쳐 공부하거나, 공부하는 척을 했다. 밤이면 나는 베개를 머리 위에 얹고 침대에 누운 채, 그들이 떠드는 소리를 들었다.

반면, 아놀드의 방식이 꽤 유용할 때도 있었다. 예를 들면 우리가 집을 꾸밀 때에는 아놀드의 직관적 사고방식이 커다란 도움을 주었다.

우리 집주인 그레첸은 단정하고 능률적인 스위스 사업가였는데, 놀랍게도 우리 같은 세입자에게 집을 꾸밀 수 있는 자유로운 재량권을 주었다. 그녀는 아놀드를 무척 마음에 들어 했다. 왜인지는 하느님만 아신다. 그는 나처럼 깔끔하게 보이지 않았는데도.

"원하는 걸 골라요."

그녀가 말했다.

"쇼핑은 당신들이 하고, 계산은 내가 할게요."

나는 미리 생각해 둔 물품들이 몇 개 있었다. 아놀드도 그랬다. 내 아이디어는 꽤 소박했지만, 아놀드의 아이디어는 원대했다. 우리는 이미 침대와 의자 몇 개를 가지고 있었다.

"편안한 소파 하나가 있으면 좋겠어."

백화점에 들어서며 내가 말했다.

"책장 하나, 책상 하나씩, 램프 두 개. 그것만 있으면 될 것 같아."

"넌 정말 상상력이라곤 전혀 없구나."

아놀드는 나를 우아한 골동품 코너로 이끌며 말했다.

"독일어는 네가 해줘."

물론이다. 나는 독일어를 조금도 배우지 않고 스위스에 온 게 아니었다. 캐나다를 떠나기 전에 나는 베를리츠 어학원에서 6개월 동안 강의를 들었다. 유창하지는 않았지만, 내 의사는 전달할 수 있었다. 프랑스어로도 대충 의사소통이 가능했다. 아놀드는 프랑스어도 모르고, 독일어로 숫자도 셀 줄 몰랐다. 내 생각엔, 그는 자기가 외국으로 온다는 사실을 제대로 인식하지 못한 것 같다. 나는 아놀드의 이런 준비 없는 성격에 관해서 여러 번 지적했다.

"몇 마디라도." 나는 간청했다. "'안녕하세요', 구텐 탁 Guten Tag 정도는 해야지."

그는 어깨를 으쓱했다.

"스위스 사람들도 다들 영어로 말할 줄 알잖아."

결과적으로, 스위스 사람들은 평소에 영어로 말하지 않는다. 더 나쁜 건, 그리고 나로선 당혹스러웠던 건, 거리에서 쓰이는 언어가 스위스 독일어Swiss German였다는 사실이다. 스위스 독일어와 독일에서 쓰는 독일어의 차이는, 거의 웨일즈 영어와 스코틀랜드 영어가 다른 것만큼이나 무척이나 달랐다. 결국 나도 아놀드만큼이나 속수무책이었다.

다시 백화점 이야기로 돌아가서. 어떤 언어로 의사소통을 했든, 우리는 결국 집주인의 돈을 잔뜩 써버렸다. 나는 내 뜻을 정확히 전달하려 애쓰는 동안, 아놀드는 손을 휘저으며 온갖 몸짓으로 때웠다. 우리가 떠날 때쯤엔, 백화점 점원들이 뜨거운 감사의 마음을 표하며 우리를 배웅해 주었다. 우리는 가기 전에는 전혀 생각하지 못했던 물건들을 사버린 상태였다. 중국식 병풍, 인도산 카페트 두 장, 그릇 세트 전체, 브랏부어스트(구운 소시지) 8파운드, 심지어 미로Miró와 샤갈Chagall의 사인과 일련번호가 매겨진 판화 몇 점까지.

놀랍게도 집주인 그레첸은 아놀드의 쇼핑목록을 보고 매우 기뻐했다. 그녀는 우리에게 특별한 저녁을 차려주었다. 내가 내 방으로 들어갈 때, 아놀드는 여전히 집주인과 그녀의 응접실에 남았다.

"임대 계약 마무리만 좀 할게."

그가 웃으며 말했다.

나는 아놀드를 이해하고 받아들이려 애썼다. 나도 제발 그러고 싶었다. 그의 외향적인 성격, 타고난 활달함은 매력적이었다. 나는 그의 걱정 없는 자신감에 감탄했다. 그는 언제나 파티의 중심이었고 인기스타였다. 새로운 상황에도 쉽게 적응했다. 나보다 훨씬 모험심이 강했다. 우리가 어디를 가든 그는 친구를 만들었고, 그들을 우리 집에 데려왔다.

그는 기묘할 정도로 예리한 직관력을 지니고 있었다. 내가 단조로운 일상에 지루해질 때마다 그는 새로운 제안을 내놓았다. 그의 머릿속은 풍요로웠고, 계획과 아이디어가 끊임없이 샘솟았다. 그의 직감은 대부분 맞아떨어졌다. 마치 여섯 번째 감각이 있는 사람 같았다. 반면 나는 오직 다섯 가지 감각에 의존해야만 했다. 내가 어떤 '물건'이나 '사람'을 볼 때, 아놀드는 그 안에 깃든 영혼을 보았다.

하지만 우리 사이에는 끊임없이 문제가 생겼다. 그가 무언가를 하겠다고 말하면 나는 그것을 곧이곧대로 받아들였다. 나는 그가 말한 것을 진심으로 믿었고, 그가 말한 대로 실행에 옮길 거라 여겼다. 그런데 그는 종종 정해진 시간과 장소에 나타나지 않았다. 예컨대 이런 일이 잦았다.

"있잖아."

나는 말했다.

"나는 네가 올 거라 믿었고, 그래서 표도 샀단 말이야. 대체 어디 있었던 거야?"

"가는 길에 딴 곳에서 발목이 잡혀버렸어."

그가 방어적으로 대꾸했다.

"다른 일이 생겼는데, 도저히 지나칠 수가 없더라고."

"넌 불안정해, 믿을 수가 없어. 경박하고 변덕스러워. 너는 애초에 정해진 입장이라는 게 전혀 없어."

하지만 아놀드는 그렇게 보지 않았다.

"나는 단지 숨겨진 가능성을 표현할 뿐이야."

그가 말했다.

내가 열 번째쯤 그를 무책임하거나, 적어도 나를 오해하게 만든다고 비난했을 때였다.

"그 말은 내가 입 밖에 낼 때까지는 현실이 아니고, 말

166

로 옮기면 그제야 형태를 가지게 돼. 하지만 그게 실행에 옮겨질 거란 의미는 아니야. 그보다 더 나은 게 떠오를 수도 있잖아. 나는 내가 한 말들에 얽매이지 않아. 너는 내가 한 모든 말을 문자 그대로 받아들이지만, 내가 너에게 일일이 맞춰줄 수는 없어."

그는 말을 이었다.

"직관은 내 머리 위를 맴도는 새들 같아. 왔다가 사라져. 내가 그들을 따라가지 않을 수도 있고, 어떻게 될지는 그때까지 알 수 없어. 하지만 그 직관의 비행이 진짜인지 확인할 시간이 필요해."

어느 아침, 나는 또 하나의 냄비가 뜨거운 버너 위에서 물이 다 끓어 증발해 버린 것을 발견하고 일어났다. 아놀드는 침대에서 비틀거리며 안경을 찾고 있었다.

"내 면도기 못 봤어?"

그가 외쳤다.

"젠장할!"

나는 화가 나서 오븐 장갑을 움켜쥐며 소리쳤다.

"언젠간 너 때문에 집이 다 타버릴 거야. 우린 둘 다 잿더미가 되겠지. 그때 사람들은 말할 거야. '아아, 이 젊은이들은 가능성이 참 컸는데… 안타깝게도 둘 중 하나가 이런 얼간이라니!' 하면서 우리 유해를 작은 단지에 담아 가족에게 보내겠지."

내가 냄비를 문밖으로 내던질 때, 아놀드는 질질 끌듯 주방으로 걸어 들어왔다.

"그래?"

그가 말했다.

"넌 어젯밤 신시아를 위해 저녁을 만들었잖아. 난 집에 있지도 않았는데."

그 말은 사실이었다. 나는 얼굴이 붉어졌다. 공기가 꽉 차버린 내 풍선은 터졌고, 내가 모르고 있던 현실은 더 커졌다(그동안 쌓아두었던 감정이 풍선처럼 폭발했고, '또 아놀드가 그랬을 거야'라는 자신의 습관적인 짐작이 틀렸음을 가리킨다.-옮긴이).

"미안해."

나는 순순히 말했다.

"까먹었어."

아놀드는 손뼉을 치며 방 안을 빙빙 돌았다.

"이제 저와 같은 인류에 동참하시죠!"

그가 경쾌하게 노래했다. 언제나처럼 음정은 하나도 맞지 않았다.

그때가 되어서야 나는 아놀드가 내 그림자였다는 사실을 깨달았다. 이건 새로운 계시였다. 새삼스러워선 안 되는 일이었다. 우리는 이미 우리의 콤플렉스가 완전히 다르다는 사실을 확인한 바 있으니까. 그럼에도 그 깨달음은 내 머리 위로 천둥처럼 내리쳤다. 나는 그 사실을 아놀드에게 솔직히 털어놓았다.

"괜찮아."

그가 말했다.

"너도 내 그림자야. 그래서 네가 나를 미치게 하는 거지."

우리는 서로 껴안았다. 나는 그 사건이 우리 관계를 구했다고 생각한다.

그 모든 일은 오래전 이야기다. 그 후 수년 동안 나는 아놀드를 더 닮아갔고, 그는 확실히 나를 더 닮아갔다. 이제 그는 좌우를 구분할 수 있고, 실제로 코바늘 뜨개질까지 배웠다. 그는 모든 일의 세부 사항에 대해 나보다 더 예리한 주의를 기울인다. 그는 혼자 살면서 멋진 정원을 가꾸고 있다. 꽃들의 이름을 라틴어로 모두 알고 있을 정도다.

그새 나는 저녁 파티를 열고, 가끔은 새벽까지 술집을 떠돈다. 귀중한 서류들을 아무 데나 처박아 두고, 사람들의 이름과 전화번호도 잊는다. 낯선 도시에서는 제대로 길을 찾을 수조차 없다. 온갖 눈에 보이지 않는 가능성을 찾아 헤매느라 주변은 다채로운 물건으로 쌓여간다. 청소해 주는 분이 없다면 곧 온갖 산더미 같은 잡동사니 속에 파묻히고 말 것이다.

이런 변화들은 자신의 그림자를 인식하고 삶 속에 그것을 통합시킬 때 일어나는 뜻밖의 결과다. 일단 이 과정이 시작되면 멈추기 어렵다. 당신은 결코 예전의 자신으로 돌아갈 수 없고, 이를테면 회전목마에서 잃은 물건을 그네에서 되찾게 된다. 당신은 지금까지 자신을 이루어왔던 성격 일부를 잃지만, 이전에는 전혀 없었던 차원의 빛을 얻는다. 한쪽으로 치우쳐 있던 성격이 마침내 균형을 발견한다. 자신과 다르게 반응하고 행동하는 사람들을 어느덧 이해하

169

게 되고, 자기 자신에게도 새로운 태도를 보인다.

나는 지금도 아놀드를 만난다. 우리는 여전히 그림자 형제shadow brothers다. 하지만 이제는 상황이 어느 정도 뒤바뀌었다.

나는 그에게 내 최근 모험담을 이야기한다. 그는 고개를 절레절레 흔든다.

"이 철없는 방랑자 같으니."

그가 말하며 내 어깨를 툭 친다.

아놀드는 벽난로 앞에서 친한 친구 몇 명과 함께 조용한 저녁을 보내는 이야기를 하고, 다시는 여행하고 싶지 않다고 말한다. 이 사람, 이 커다란 얼간이 같은 사람이 예전의 아놀드라면 아주 사소한 계기나 핑계 하나만 있어도 어디론가 뛰쳐나갔을 것이다.

"아놀드, 넌 이제 너무 시시하고 뻔해졌어."

나는 농담처럼 이렇게 말하며 그의 팔을 툭 친다.

*

"난 아놀드의 지금 모습이 좋아."

내 원고를 읽던 레이철이 말했다.

"훨씬 깊고, 풍성해졌잖아."

레이철은 내 아니마다. 우리는 항상 의견이 일치하지는 않지만, 대체로 그녀는 나에게 도움을 주는 뮤즈다. 나는 때때로 그녀와 대화를 나누며 나 자신을 바로잡는다.

"내가 아놀드한테 너무 심했을까?"

내가 물었다.

"그의 감정을 상하게 하고 싶지는 않았어."

레이첼은 웃었다.

"약간의 과장은 누구에게도 해가 되지 않아."

그녀가 말했다.

"그건 네 어머니 콤플렉스가 말한 거야."

나의 아니마 레이첼은 늘 옳은 말을 한다.

6

고통,
날마다 찾아오는 통과의례

무엇이 더 괴로울까. 처형당하는 것인가, 아니면 오리
떼에게 짓밟혀 천천히 죽어가는 고통을 겪는 것인가?
— 키르케고르, 《일기 *Journals*》

"있잖아요."

노먼이 말을 시작했다.

"선생님이 푸에르에 대해 한 말을 기억해요. 저도 성장하고 싶어요. 하지만 기분이 내킬 땐 아이처럼 있고 싶거든요. 그걸 꼭 포기해야 할까요?"

"글쎄요, 모르겠군요."

내가 말했다.

푸에르는 '양자택일', '이거나 저거나', '흑백논리'로 사고하는 것이 전형적이다. 회색지대에 머무르며 반대되는 힘들 사이의 긴장을 견디는 것은 푸에르에게 쉬운 일이 아니다.

"어쨌든, 저는 이제 대마초는 끊기로 했습니다."

그가 노트를 꺼내면서 말했다.

"이 꿈 이야기 좀 들어주세요. 전 사막에서 길을 잃고 모래 위에 앉아 있었어요. 태양이 이글거리고, 말 그대로 지옥보다 더 더웠지요. 거의 희망을 포기할 즈음, 갑자기 공기 속에 음악이 흐르고, 멀리 모래언덕 너머에서 행진악대가 다가오는 겁니다."

"그들이 가까이 다가오길래 자세히 보니까 드럼, 트럼펫, 트롬본을 든 난쟁이 무리더라고요. 그들은 노래를 부르고 재주를 넘었지요. 그리고 아주 커다란 팻말을 들고 있었어요. 거기엔 이렇게 쓰여 있었지요. **'이제 그만 좀 피워라, 이 얼간아!'**"

우리는 그 이야기를 하며 크게 웃었다. 그가 사막에 있는 꿈을 꾼 건 이번이 처음이 아니었다. 그는 사막이 단지 생명이 없는 장소가 아니라, 전통적으로는 악마들과 직면하고 어떤 계시를 경험하는 장소라는 걸 알고 있었다. 나는 그에게 말했다. 꿈속의 난쟁이들은 동화에서 도움을 주는 동물들 같은 존재라고. 음악은 상징적으로 '감정'과 연관되며, 감정은 어떤 것이 우리에게 어떤 가치를 지니는지를 알려주는 기능이다. 그동안 결핍되었던 감정기능이 노먼 안에서 활성화된 것을 보니, 매우 기뻤다.

"다시는 피우지 않겠다는 건 아닙니다."

그가 말했다.

"저는 대마초를 피울 때 정말 많은 재미를 경험했거든요. 대마초에 취하면 저는 완전히 다른 사람이 되거든요. 걱정은 사라지고, 세상은 활짝 열리지요. 전 마치 새처럼 자유로운 기분이 됩니다."

'물론 그렇겠지', 하고 나는 속으로 생각했다. 대마초를 피우면 그의 그림자가 해방되는 것이다.

"하지만 저는 대마초 없이 지내면, 어떤 일이 일어나는지 지켜보고 싶습니다."

노먼은 한동안 말이 없었다. 이런 상황이 벌어질 때면, 뭔가 중요한 것이 다가오고 있다는 걸 알게 되었다. 분석을 받는 사람들은 할 말이 없어서 침묵하는 경우가 거의 없다. 결국 그들은 자신의 속마음을 말하기 위해 꽤 큰 비용을 치르고 있는 것이니까. 그들이 아무 말도 하지 않을 때는, 대부분 자신 안에서 벌어지는 일을 어떻게 표현할지 고민 중일 때다. 나는 한 시간 내내, 그것도 몇 주 동안 아무 말도 하지 않던 내담자들을 만난 적이 있다. 그런데 이렇게 조용하다가도 단 한 번 감정의 폭풍이 몰아치면, 내담자의 이야기는 폭풍우처럼 몰아쳤다.

나는 단 한 마디도 끼어들 수 없을 정도였다.

분석가로서의 초기 시절, 나는 침묵이 무척 불편했다. 시계는 똑딱거리며 흘러갔고, 시간은 곧 돈이니까. 그들은 '돈값'을 못 하는 셈이었다. 겉으로는 태연한 표정을 유지했지만, 속으로는 당황했다. 무언가 말을 꺼내 그들이 자신에 대한 분석을 시작할 수 있도록 돕는 것이 좋겠다고 생각했다. 아놀드는 그것이 내 '긍정적인 어머니 콤플렉스' 때문이라고 했다. 그 말이 옳았던 것 같다(여기서 긍정적인 어머니 콤플렉스란 내담자가 '스스로 표현하도록' 기다리지 못하고 도와줘야 한다는 돌봄 충동이 발동한 것을 의미한다. 모성 본능, 즉 보살피고 위로하고 이끌어 주려는 태도에서 나온 것이지만, 분석 상황에서는 때때로 '도와주려는 태도'가 내담자의 자율적 자기인식self-realization을 방해한다.-옮긴이).

지금은, 이런 가득 찬 침묵 속에서 나는 내 상담실 벽에 드리운 무지갯빛을 바라본다. 그 무지갯빛은 창문에 사선으로 세공되어 다듬어진 유리를 통과한 햇빛에서 생겨난다. 맑은 날에는 그렇게 무지갯빛을 바라보고, 흐린 날엔 바지 위의 보풀을 떼어낸다. 물론 지금도 나는 내담자가 울 때 눈물을 닦으라고 티슈를 건네긴 하지만, 내담자에게 아무 말도 하지 않는다.

노먼이 마침내 입을 열었을 때, 그것은 예사롭지 않은 말이었다.

"이제 다른 여자들을 만나지 않기로 결심했습니다."

그는 다리를 꼬며 말했다.

"이제부터는 아내에게만 충실하기로 결심했습니다."

나는 겉으로는 무표정했지만, 속으로는 손뼉을 쳤다. 대마초도 끊고, 문란한 생활도 한꺼번에 정리하다니!

나는 고개를 갸웃하며 조심스럽게 말했다.

"많은 재미를 놓치시게 될 텐데요."

노먼은 속지 않았다.

"선생님은 지금 저를 시험하시는 거죠!"

그는 말했다.

"하지만 저는 몇 주 동안 고민했어요. 이게 옳은 길이라는 확신이 들어요." "낸시는 여전히 그녀의… 그녀의 친구를 만나고 있어요."

그는 친구라는 단어에서 거의 숨이 막히는 듯했다.

"하지만 그건 그녀 몫이에요. 저는 제게 옳은 것이 뭔지 알아요. 직감이 있어요. 제가 한 관계에 헌신하지 않으면, 저는 길을 잃게 돼요."

"저는 그 얘기를 아내에게 꺼내볼까 해요. 서로에게만 충실하고, 다른 애인은 두지 않고, 우리 사이를 잘 지켜내는 거죠. 만약 아내가 만나고 있는 그 남자가 우리 관계보다 더 중요하다면, 저는 아내를 떠날 겁니다. 어떻게 생각하세요?"

아마도 그는 한동안 어머니 콤플렉스 때문에 힘든 시간을 보낼 것이라는 생각이 들었다.

"당신은 평화로운 상태를 좋아하잖아요."

내가 말했다.

"하지만 당신 아내가 이 단호한 결정에 준비가 안 되어 있다면, 그리고 당신이 그녀에게 다른 남자가 있다는 걸 모른다고 여전히 믿고 있다면, 그녀는 화를 낼 겁니다. 그땐 어떻게 하시겠어요? 아내는 그 남자에게 깊이 정서적으로 의존하고 있을 수도 있어요. 그 남자가 그녀의 생존 기반일 수도 있고요. 아내가 그를 포기하지 않겠다면, 어떻게 하시겠어요? 그 남자를 선택하면요? 그녀가 당신 말을 듣고 웃어버리면요? 당신의 그 '끔찍한 어머니Terrible Mother'는 이 문제에 대해 어떻게 생각해요?"

나는 꽤 흥분되었고, 그 감정을 숨기지 않았다.

노먼은 차분하게 앉아 있었다. 그는 지난 석 달 동안 정말 많이 변한 것 같았다.

"음, 얼마 전에 꿈을 꿨습니다. 파티에 다녀온 후였어요. 파티에서 예쁘고 가녀린 여자, 웬디를 만났어요. 그녀는 제가 꽤 괜찮은 사람이라고 생각하더라고요. 제가 몇 마디 말을 던졌는데, 그녀는 완전히 빠졌습니다. 감정이 치솟고 있었죠, 정말이에요. '그래, 이건 기분 좋아'라고 말하고 싶었지만, 잠깐 자리를 비우고 생각을 해봤습니다."

그는 매우 진지했다. "부엌에 앉아서 결혼한 이후로 내가 관계를 맺은 여자들을 세어봤어요. 서른다섯까지 세다가, 셈을 포기했습니다." 그는 얼굴을 붉혔다. "세상에! 보이는 대로 다 잤다는 말이에요! 그중 어떤 여자는 완전히 미친 사람이었는데, 저는 전혀 눈치채지도 못했어요! 그 여자들의 이름 절반도 기억 안 나요! 왜 그렇게 했냐고요? 집에서 행복하지 않았기 때문이에요. 그리고 항상 죄책감을 느꼈습니다. 저는 죄책감 속에 둘러싸여 살아가고 있어요, 마치 젤리 그릇 안에 갇혀 있는 것처럼요."

"저는 웬디에게 그녀가 마음에 들지만 제가 결혼했다고 말했어요. 그녀의 유혹을 거절한 거예요!"

'그리고 당신은 아내를 당신의 첫 번째 방어선으로 사용했군요' 하고 나는 마음속으로 생각했다.

"그 꿈이 뭐였나요?"

내가 물었다.

"아, 그 꿈을 꾼 날에는 좋은 기분으로 잠자리에 들었어요."

노먼이 말했다. "낸시에게 조심스럽게 다가가 보았어요. 그녀는 반응하지 않았지만, 그게 별로 거슬리진 않았어요. 그냥 누워서 기분 좋게 잠이 들었죠."

"그날 밤 꿈에서 어머니가 전화했어요. 어머니는 집에 있었고, 도둑들이 침입하려 하고 있었어요. '네가 필요해'라고 어머니가 말했죠. 저한테 와서 구해달라는 거예요. 저는 너무 바쁘다고 말하고 전화를 끊었습니다. 기분이 굉장히 들떠서 잠에서 깼어요."

우리는 잠시 침묵 속에 앉아 있었다. 여자에게 "아니요"라고 말하는 것은 노먼에게 커다란 의미가 있었다. "아니요"라고 말함으로써, 어머니 콤플렉스에 당당히 맞서는 것과 같았다. 우리 둘 다 그 사실을 알고 있었다. 노먼은 꿈에서 어머니를 구하기 위해 여러 번 목숨을 걸었다. 나는 그의 첫 번째 꿈을 기억했다. 그 꿈에서 그는 어머니와 함께 불타는 건물 안에 있었다. 이후의 꿈에서 그는 불타는 집 안으로 뛰어들어 어머니를 등에 업고 나왔고, 또 다른 꿈에서는 실제로 자신의 성기

180

를 잘라내어 어머니에게 건넸다. 마치 그리스 신화 속에서 질투 많은 어머니 여신 키벨레Cybele를 위해 스스로 거세한 아들이자 연인 아티스Attis처럼. 우리는 이제 굳이 이 꿈들에 대해 설명할 필요가 없었다. 그 꿈들은 우리 사이에 늘 공기처럼 떠다니고 있었다.

노먼 안에서 어떤 일이 벌어지고 있었는지는 모르겠지만, 나는 융의 말을 떠올리고 있었다. 즉 한 남자가 성장하기 위해 요구되는 것은 "자기 어머니를 잊을 수 있는 능력을 지닌 불충한 에로스Eros, 그리고 생애 최초의 사랑, 즉 어머니를 향한 사랑을 포기하는 고통을 감내할 수 있는 에로스"라는 말이었다.[1]

나는 한숨을 쉬었다. 어머니께 전화를 걸려고 수화기를 들었는데, 어머니 전화번호가 도무지 기억나지 않았던 그날이 떠올랐기 때문이다.

"당신은 정말 많이 변했어요."

노먼에게 말했다.

"하지만 어쩌면 당신의 아내는 그렇지 않을 수도 있습니다."

"잘 모르겠습니다."

노먼은 감회에 젖어 말했다. 그는 나를 똑바로 바라보았고, 그의 눈은 빛나고 있었다.

"하지만 분명한 건, 지금까지처럼 지내고 싶지는 않다는 겁니다. 마치 제가 아무 문제 없는 것처럼 말이죠. 더 이상은 가식적으로 살고 싶지 않아요. 네, 아내는 제 결정을 싫어할 수도 있습니다. 저 역시 견디지 못할 수도 있어요. 모르겠습니다.

181

하지만 어쨌든 저는 결과를 감당할 겁니다."

*

이 순간 나는 노먼이 매우 자랑스러웠다. 그러나 그에게 직접 말하지는 않았다. 만약 말하면, 그는 나의 인정 속에 도취될지도 몰랐기 때문이다. 자기 팽창inflation은 언제나 위험하다. 나는 이렇게 생각했다. '그를 잠시 그대로 두는 것이 훨씬 낫겠어. 어떻게 되는지 찬찬히 두고 보자.'

그는 이제 어느 정도 탄력을 받은 상태였다. 그 탄력이 어디로 향할지는 알 수 없었다. 나는 마음속으로 손가락을 교차하는 제스처(행운을 비는 손짓)를 하며 간절히 기원하고 있었다. 르네 도말René Daumal은 이렇게 말한다. "내려오는 비탈길에서 멈추지 말라. 산은 언제나 당신을 굴려 넘어뜨릴 기회를 엿보고 있다."[2] 나는 유리산을 끝내 오르지 못했던 동화 속 수많은 존재, 끝내 위대한 존재가 '되려 했던' 영웅들을 떠올렸다.

노먼이 떠난 후 나는 오래된 일기장을 꺼냈다. 지금은 퀴퀴한 냄새가 나고 누렇게 바래 있었다. 수년 동안 한 번도 펼쳐보지 않았다. 이 일기들은 내가 분석심리학 훈련을 시작했던 20년 전부터 쓰이기 시작해서, 취리히를 떠난 직후인 5년 후에 끝을 맺고 있었다. 난로 뒤편 상자 안에서 그 일기들을 발견했다. 나는 왜 이걸 진작 버리지 않았는지, 나 자신도 놀라울 지경이었다.

오래전 일기를 읽는 건 고통스러운 일이었다. 꿈 이야기, 단편적인 시구, 일상적 고단함에 대한 하찮은 기록들. 나는 눈물을 흘렸고, 이를 갈았으며, 토하고 싶을 정도였다. 그 시절의 내 모습이 믿기지 않았다. 페이지마다 고통과 자기연민으로 가득했다. 그것은 깊은 통찰의 미미한 흔적조차 느껴지지 않는, 철부지 푸에르의 수치스러운 연대기였다.

나는 도대체 어떻게 분석가의 자격증을 딴 걸까? 그리고 자격증을 딴 이후, 그것이 무슨 의미가 있었을까? 이윽고 나는 예전의 습작 노트들을 다시 들춰보았다. 똑같은 허접한 글들이었고, 지금 보니 형편없었다. 단편소설 뭉치와 소설 세 편이 있었지만, 단 한 편도 출판되지 않았다. 저명한 작가들이 나중에 회고하며 '청춘 시절의 유치한 습작'이라고 부르는 바로 그런 종류의 글들이었다. 자랑스러운 작품이 거의 없었다. 그렇게나 많은 퇴짜 편지를 받은 것도 무리가 아니었다. 나는 멍한 상태에서 몇 편을 읽었다. 대부분은 기계적인 거절 편지였고, 하나는 당황스러우면서도 품위 있는 편지였다.

당신의 원고를 어떻게 평가해야 할지 판단하기가 어렵습니다. 당신의 원고는 당신의 철학을 미약한 소설 구조 위에 접목시킨 이상한 잡종처럼 보입니다. 긍정적으로 보자면, 수많은 구절이 매우 아름답고, 전체적으로 애틋한 품위가 느껴집니다.

나는 "애틋한 품위"라는 표현이 마음에 들어 그 편지를 간직했던 기억이 난다. 그 말만으로도 내 작품이 출판된 기분이었다. 그 편지를 쓴 편집자와는 몇 년 후 프랑크푸르트 도서 박람회에서 만났다. 그녀는 나를 기억하지 못했다. 지금 그녀는 자신만의 출판사를 차렸고, 바로 우리 집 근처에 산다. 나는 언젠가 그녀의 사무실에 들러 이제는 대등한 입장에서 허심탄회하게 수다를 떠는 상상을 하곤 한다.

나는 독한 술을 한 잔 마시고, 롤레이드Rolaid 제산제를 또 하나 씹었다. 그리고 마음속으로 나 자신을 노먼과 비교해 보았다. 내가 노먼과 비슷한 중년의 위기를 겪었을 때보다, 거의 모든 면에서 노먼은 나보다 앞서 있었다. 현재 노먼 정도의 분석 단계에 있을 때, 당시의 나는 여전히 모든 일의 원인으로 아내를 지목하고 있었다. 그가 내린 최근의 결심, 즉 아내와의 관계에 전적으로 헌신하기로 한 결정은, 내가 약 6개월은 지나서야 떠올릴 수 있었던 아이디어였다. 그리고 어떤 입장을 고수하는 데는 그에 따른 결과를 감수해야 한다는 그의 깨달음이라니. 솔직히 말하자면 나는 아직도 그 점에서 어려움을 겪고 있다.

그리고 노먼이 나를 바라보는 방식이 변했다. 그는 평소 내 눈을 피하곤 했다. 그런데 오늘 그는 어떤 망설임도 없이 내 눈을 똑바로 마주 보았다. 나는 그 눈빛을 존중해야 했다. 눈은 영혼의 창이라 하지 않는가. 누군가의 눈을 바라본다는 것은, 마치 그 사람의 영혼을 손바닥 위에 올려 놓은 듯한 행위다. 나 자신을 그렇게까지 드러내기까지, 분석에 들어간 지 2년이 넘게 걸렸던 것으로 기억한다.

나는 매우 우울한 기분으로 잠자리에 들었다. 나는 분석가로서 자격이 없다. 나는 사기꾼이었다. 차라리 찻잎으로 점을 치는 게 나았을지도 모른다. 나는 누구에게도 도움이 되지 않았다. 이른바 개성화 과정에 도달하기까지, 사람들에게 신뢰감을 심어줄 만한 장점이 내 안엔 아무것도 없었다.

이렇게 자기혐오적인 감정이 바로 '부정적 과대 팽창 negative inflation'일 것이다. 즉 자기 자신에게서 마음에 들지 않는 어두운 부분과 자신을 동일시하는 것이다.

꿈을 기록한 지는 꽤 오래된 일이었다. 그러나 그날 밤에는 예외였다. 그 꿈은 차마 기록할 수가 없었다. 나는 어느 대학의 강의실에 있었고, 1학년 학생들에게 강의하고 있었다. '그게 바로 인생이란 겁니다.' 나는 명랑하게 결론을 내리며 분필을 허공에 던졌다. 강의실 중간쯤에 앉아 있는 어떤 여학생이 눈에 띄었다. 정말 귀여운 학생이었다.

첫 줄에 앉아 있던 한 청년이 자리에서 일어섰다. 아마 열아홉쯤 되어 보였다.

"선생님이 가족을 떠났다는 것, 사실이 아닌가요?"

그가 말했다. 그는 주위를 둘러보고 낄낄 웃었다. 청중은 수군거렸다.

"그렇습니다."

"선생님은 아내와 아이들을 버린 거죠?"

나는 고개를 푹 숙였다.

"그랬습니다."

"가족에게 돈 한 푼 남기지 않고 떠났나요?"

"잠깐만요, 당신은 오해하고 있어요…. 그때 저는 어쩔 수가 없었어요…."

그 건방진 청년이 허리띠에서 채찍을 꺼내 나를 후려치려는 순간, 갑자기 카를 융이 무대 오른편에서 등장했다.

"멈추시오!"

꿈속의 융이 외쳤다. 그는 늙었고, 적어도 여든은 되어 보였다. 허리는 굽었고 지팡이를 짚고 있었다. 꿈속의 융은 절뚝거리며 나와 학생들 사이에 우뚝 섰다.

"이 사람은 그저 인간일 뿐이야. 그게 그의 유일한 죄다."

그는 내 쪽을 돌아보며 말했다.

"가시오, 이곳을 떠나시오. 당신의 일을 하시오. 죄책감은 이제 멈추시오."

그 꿈에서 깨어났을 때, 나는 비로소 조금은 나아진 기분이었다.

*

다음 상담 시간에 노먼이 다시 왔을 때, 그는 다시 엉망진창이 된 상태였다. 그는 늘 그렇듯이 축 처진, 죄책감 어린 표정으로 들어왔다.

'이런 멍청한 놈 같으니라고.' 나는 속으로 생각했다. '그 여자가 널 완전히 움켜쥐고 있군.'

"전 완전히 망가졌어요."

그가 말하며 가죽 안락의자에 몸을 푹 가라앉혔다.

나는 그가 이야기를 시작하기까지 기다렸다.

"끔찍했어요."

노먼이 말했다.

"그녀가 날 꽉 물어버렸어요. 아, 진짜로 깨물었다는 건 아니에요. 낸시는 너무 고상해서 그럴 리 없죠. 그녀는 훨씬 더 교묘하게 공격해요. 저를 짓밟아 놓고도 흔적 하나 남기지 않 거든요."

그는 얼굴을 찡그렸다.

"그날 하루 종일 버펄로에 있었어요. 중요한 계약을 마무 리하러 간 거죠. 하룻밤 외박하면서 술집에서 어슬렁거릴 수 도 있었어요. 낯선 지방의 술집에서는 무슨 일이 일어날지 모 른다고요. 여러 가능성이 있죠. 제가 '훈련된 원숭이를 데리고 다니던 쉴라' 이야기, 했던가요? 그들은 꽤 괜찮은 한 쌍이었 어요. 우리는 즐겁게 지냈는데, 세상에, 쉴라가 우리 집으로 전 화하고, 포도 바구니를 보내기 시작하더군요. 난 낸시에게 배 송 착오였다고 둘러댔어요."

노먼은 감각기능이 잘 발달해 있어서, 유혹의 가능성을 감지하는 그의 직관은 온통 그림자에 물들어 있다. 도덕적으 로 의심스럽고, 윤리적 기준에 못 미치는 쪽으로 말이다.

"계속 거기 머무르며 놀고 싶은 유혹을 참았어요. 대신 집 에 돌아왔죠. 낸시랑 애들과 함께 지내는 시간이 정말 기대됐 거든요. 원래 전 그래요. 출장 중이면 항상 집이 그립거든요.

그래도 때때로, 어떤 새롭고 자극적인 일이 생길 수도 있다는 생각에 일부러 지방에 머물기도 했죠. 무슨 말인지 아시겠죠? 하루 종일 일하고, 술 몇 잔 하고 나면, 뭔가 따뜻한 곳을 향해 몸을 기대고 싶어져요. 아내가 내 요청에 응해줄 거란 확신은 없었어요. 제 말은, 아내가 저를 거절하진 않겠지만, 멋진 파티를 혼자 즐기는 건 재미가 없잖아요."

'핵심으로 가자, 노먼. 이런 종류의 얘긴 전에도 익히 들었잖아.' 나는 속으로 이렇게 말하면서 겉으로는 침착한 척했다.

"낸시는 제가 집에 온다는 걸 알면 꼭 근사한 저녁을 준비하죠. 아내의 요리 솜씨는 정말 뛰어나요. 3년 동안 요리 강좌를 들었거든요. 오늘은 맛있는 식사가 기다리고 있으리라 기대했어요. 마늘즙을 문지르고 후추를 뿌린 스테이크라든가. 낸시가 만드는 베어네이즈 소스는 정말 기가 막히거든요. 그리고 와인 한 병도 있을 거라고 기대했어요. 저는 오래된 보졸레 빌라주Beaujolais-Villages를 좋아합니다. 84년산이나 85년산이면 딱 좋죠. 저녁을 먹고 나면 아이들과 잠깐 놀아주고, 아이들을 재운 뒤엔 벽난로 앞에서 조용히 대화를 나누겠지요. 정말 가정적인 분위기, 광고에서 흔히 보는 '행복한 가족'의 모습 그대로 말이에요. 그다음엔 음악을 틀 겁니다. 비틀스나 맥개리글 시스터스(캐나다 퀘백 출신의 싱어송라이터 듀오-옮긴이), 아니면 스팅도 좋죠. 가사가 아주 훌륭하잖아요. 그 사람, 영국에서 융 심리분석을 받았다는 거 알고 계세요?"

이런 식의 끝없는 세세하고 장황한 이야기들은 나를 미치게 만든다. 나는 사실, '딱, 딱, 딱' 핵심만 듣고 싶은 사람이다. 그런데 노먼의 말은 늘 풀밭 사이를 기어가는 뱀처럼 이리 저리 굽이치며 흘러간다. 결국엔 목적지에 도착하겠지만, 노먼은 답답하게도 그 과정 하나하나를 느긋하게 음미하는 것이다. 물론, 노먼을 탓해서는 안 된다는 걸 안다. 직선만이 언제나 가장 빠른 길은 아니니까. 나는 애써 여유로운 표정을 지었다.

"… 그리고 모든 게 엉망이 됐죠."

노먼이 말했다.

"모든 게 엉망이 됐군요."

나는 비로소 알겠다는 듯 고개를 끄덕였다.

"우선, 아내가 준비한 메뉴는 제가 기대한 스테이크가 아니라 생선이었어요. 완벽하게 익힌 솔 뫼니에르였죠. 물론 아내가 요리한 생선이 얼마나 훌륭한 요리인지는 알아요. 그런데 전 생선을 안 좋아하거든요. 가시를 찾아내느라 항상 신경이 곤두서서 곧 토할 것 같거든요."

"다음으로, 낸시가 와인을 사 오는 걸 잊었어요. 집에 있는 건 오직 사과주스뿐이었죠. 난 사과주스를 정말 싫어해요. 사과주스를 보면 벌레가 떠올라요."

"그리고 우리 아이들의 정신 없는 상태도 한몫했죠. 물론 전 아이들을 사랑해요, 진심이에요. 그런데 우리 애들은, 정말 감당이 안 돼요. 애들하고 함께 있으면서 제정신을 유지할 수 있는 사람이 누가 있겠어요? 이안은 시리얼이나 마카로니앤치즈 같은 것밖에 안 먹어요. 제대로 된 음식을 안 먹죠. 낸시는 이런 시기가 언젠가는 지나갈 거라고 하는데, 전 확신이 안

서요. 이안은 옥수수 플레이크를 하나씩 톡톡 치면서 우유 속에 잠기게 만들어요. 토스트도 모서리까지 버터가 꼼꼼하게 발라지지 않으면 입에도 안 대요. 정말 화가 나서 비명을 지를 뻔했어요. 제니퍼는 아직도 오줌을 싸서 바지를 적시고, 코를 푸는 것도 거부해요. 제니퍼가 콧물을 하도 문질러대서 뺨에 콧물이 가죽처럼 달라붙어 버렸어요."

나는 웃기 시작했다. 울지 않으려면 웃을 수밖에 없었다. 노먼도 그 분위기를 알아차렸다.

"애들은 텔레비전을 안 보면 가만히 있질 못해요. 퍼즐도 절대 안 해요. 티들리 윙크! 레고! 할머니 카드놀이! 양배추 인형! 트랜스포머! 전동 기차! 이 좋은 것들을 다 가지고 있어요. 그런데 이런 것들을 쳐다보지도 않아요. 우리 애들은 글자를 읽지도 못하고요, 젠장, 알파벳조차 제대로 못 쓴다니까요!"

우리 둘 다 숨을 헐떡이며 쓰러지듯 웃어버렸다.

노먼이 진정하며 말을 이었다.

"낸시가 뜨거운 욕조에 몸을 담그는 동안, 제가 아이들을 재웠어요. 낸시가 욕조에서 목욕하는 것은 저에게 좋은 신호라고 생각했죠. 보통 그녀가 욕조 목욕을 하고 나면, 저와 사랑을 나누는 데 좀 더 마음을 여는 편이거든요. 전 옷을 벗고 크리스마스에 그녀가 선물해 준 가운을 입었어요. 조심스럽게 거실로 내려가 분위기를 만들었죠. 그녀가 좋아하는 프랭크 시나트라의 히트곡 음반을 틀었고, 그랑 마르니에Grand Marnier(프랑스에서 생산되는 고급 오렌지 리큐르의 한 종류이자 브랜드 이름-옮긴이)와 부르고뉴 잔 두 개를 꺼내 벽난로 앞 양탄자 위에 누웠어요."

"그래, 이거야, 전 생각했죠. 이제 솔직하게 말하자. 진짜 고백을 하자. 한때 다른 여자들과 바람피운 건 인정하자고 결심했죠. 이웃집 여자는 빼고, 너무 가까운 사람도 제외하고 말입니다. 제가 그녀와 보리스의 관계에 대해 다 알고 있다고 말하자. 다른 여자들과는 끝이고, 그녀에게 영원한 사랑을 맹세하자. 그녀도 똑같이 할 거야. 그리고 사그라드는 불빛 아래서 우리는 열정적인 사랑을 나눌 거야. 보가트와 바콜(고전 할리우드 배우 커플로, 보가트는 25살 아래의 신인배우 바콜을 영화에서 만나 사랑이 싹트며 세 번째 아내와 이혼 후 결혼한다. 할리우드에서 손꼽히는 러브 스토리로 유명하다.-옮긴이) 영화처럼 말이죠."

노먼은 자신의 발끝을 바라보았다.

"낸시가 목욕을 마치고 내려왔는데, 그녀는 멋지게 차려입고, 새로 화장까지 하고 있었어요. 아내가 '잠깐 나갔다 올게'라고 말하는 거예요. 저는 그녀와의 멋진 밤을 꿈꾸며 모든 걸 준비하고 있었는데, 실망을 숨길 수가 없었어요. 턱이 거의 땅에 떨어질 뻔했죠. '지금 10시 30분인데, 꼭 나가야 하는 거야?' 제가 그렇게 말했어요."

"낸시는 지갑에 뭔가를 넣고 있었어요. '오늘 밤은 발레리의 전시회 오프닝이잖아, 당신한테 말한 줄 알았는데. 가기로 약속했어'라고 말하더군요."

"발레리는 낸시의 이상한 친구예요. 도자기를 만들죠. 꽤 요란한 것들인데, 어떤 사람들은 그걸 예술이라고 불러요. 발레리가 집에 들를 때면, 그녀는 우리 집 벽을 여기저기 손가락으로 튕기며 돌아다녀요. 고양이들도 그녀를 보면 달아나 숨어버리죠. 전 발레리도, 그녀의 도자기도 싫어요.”

“'우리 얘기 좀 해야 할 것 같아.' 제가 말했어요. 와인잔의 가장자리를 손가락으로 문지르며 '우우우' 소리를 냈죠.”

“'무슨 얘길 하려고?' 낸시는 약간 비꼬듯이 말했어요.”

“그때쯤엔 거의 벌거벗은 채 바닥에 누워 그녀만 기다리고 있는 제 모습이 꽤 한심하게 느껴졌어요. 그래도 전 끝까지 밀고 나갔죠.”

“'보리스 이야기부터 시작할 수도 있겠지.' 제가 말했어요.”

“'보리스? 보리스가 왜?' 그녀는 팔짱을 꼈어요. 낸시는 불안할 때마다 항상 팔짱을 끼거든요.”

“'그 사람도 오프닝에 가?'”

“'아마 거기 있을지도 모르지.' 낸시가 말했어요. 그녀는 제 눈을 마주치지 않았어요. '당신도 와도 돼.'”

“'그래, 내가 가서 당신의 그 재미있는 시간을 망쳐줄게.' 전 비참하게 말했죠.”

“'당신 정말 한심해!' 낸시가 말했어요. 저는 움찔했죠. 그녀가 저를 이렇게 직접적으로 공격한 적은 한 번도 없었거든요. 우린 그동안 침묵 속의 적대감을 견뎌왔지만, 이렇게 눈에 띄게 분노한 아내의 모습은 처음이었어요.

'당신은 하루의 절반도 집에 없으면서 집에 있는 동안엔 내가 모든 걸 내려놓고 당신만 바라보기를 바라잖아. 당신이 밖에서 뭘 하고 다니는지 내가 모를 줄 알아? 그 포도 바구니 선물들이 전부 어디서 왔는지도 내가 모를 줄 알아? 내가 바보인 줄 아는 거야? 난 진절머리가 나! 인생은 계속돼, 알겠어? 당신 하나에 내 모든 인생이 달린 건 아니라고. 당신이 없을 때 혼자 외롭게 솔리테어(1인 카드놀이-옮긴이)나 하는 여자가 되지 않을 거야. 당신이 집에 있을 때도 절대 그렇게는 안 할 거야!'"

"저는 아무 말도 할 수 없었어요. 혀가 입천장에 달라붙은 것처럼 움직이지 않았어요. 그저 아내를 바라보며 입술을 깨물 뿐이어요."

"'기다리지 마.' 그녀는 그렇게 말하며 집을 나섰습니다."

노먼은 의자에 몸을 기댄 채 눈을 감았다. 어딘가에서는 새들이 아름답게 지저귀고 있겠지만, 지금 여기엔 그저 진흙탕 싸움뿐이었다.

"전 완전히 무너졌어요. 대마초 한 대를 피우고 그랑 마르니에도 다 마셔버렸죠. 한동안 방 안을 서성였어요. 제가 더 있고 싶은 곳이 어딜까 생각하면서요. 결국 침대로 갔고, 낸시는 새벽 세 시쯤 조용히 제 옆으로 기어 들어왔어요. 저는 그녀 옆으로 몸을 붙였어요, 숟가락처럼요. 그녀가 저를 돌아보진 않았지만, 피하지도 않았어요. 아마… 그래요, 아내가 저를 조금은 받아준 것 같아요. 뒤에서 껴안을 때, 아주 조금 몸을 움직여 줬거든요. 우리가 마지막으로 사랑을 나눈 건 몇 주 전이었어요. 그녀 안에 제가 다시 들어가는 느낌이… 너무 좋았어요."

✳

193

그러니까 노먼은 다시 원점으로 돌아온 것이다. 그의 아내, 즉 '어머니' 같은 존재의 품으로 들어간 것이다. 그는 이제 막 운명의 황금 고리를 붙잡을 참이었는데. 그는 이제 곧 '당나귀 꼬리 달기 게임'에서 승리할 참이었다. 그런데 그가 한 짓이 뭔가? 기회가 생기자마자 다시 따스한 자궁으로 기어 들어간 것이다. 불행 중 다행이라면, 아직 그 자궁은 그를 받아줄 준비가 되어 있었다.

　　난 그를 비난하지 않는다. 신이 아시다시피, 나도 그런 경험이 있다. 침대 시트 위에서 후회로 몸부림쳤던 기억이. 하지만 난 노먼 인생의 책임자가 아니다. 그가 이 고난을 이겨내든 말든, 그건 그의 몫이다. 난 절대로 그를 '어머니'처럼 돌보지 않을 것이다. 그는 이제 자기 몫을 스스로 해내야 한다. 가라앉든, 헤엄치든, 그건 내 문제가 아니다.

　　그런데 왜 지금 노먼의 고통을 보면서 나의 사지가 찢기는 듯한 기분이 드는 걸까?

　　불현듯 릴케의 말이 떠올랐다. 《말테의 수기》에서 그는 이렇게 말했다. "얼마나 많은 위로가 끊임없이 헛되이 소비되고 있는지 나는 차마 짐작조차 못 하겠다."[3] 그리고 내가 쓴 책에서 릴케의 문장을 장난스럽게 흉내 낸 문장도 생각난다. "이 세상에 위로는 참 많지만, 그 모든 위로는 결국 거대한 구멍 속으로 헛되이 흘러 들어간다."

　　그래, 난 노먼에게 큰 기대를 걸었다. 그는 성공적인 개성화의 유망한 후보가 될 수도 있었다. 난 그의 자기 분석에 양쪽 발을 모두 담갔고, 객관성을 잃었다. 노먼의 허세를 진정한 통합이자 성숙의 신호로 착각했다. 어쩌면, 20세기의 이 시점에서 진정한 낭만주의자가 된다는 건 너무 순진한 몽상일지도 모른다. 요즘 시대에 니체가 태어났다면, 니체조차도 생계를 위해 신문 배달을 해야했을 것이다.

아, 가엾은 노먼. 나는 그를 잘 알고 있었다. 인간은 이성이나 단순한 의지의 힘만으로 자신을 바꿀 수는 없다. 그는 다만 자신 안에 잠재된 자기다운 존재로 '되어가는' 것뿐이다. 그리고 설령 뭔가 좋은 변화가 일어난다 해도, 오래된 습관은 여전히 강력한 유혹의 힘을 발휘한다. 융은 이렇게 이야기하지 않았던가.

> 어머니로부터 억지로 분리된 자는 다시 어머니에게 돌아가기를 갈망한다. 어머니를 향한 회귀의 갈망은 집요한 열정으로 변화하여, 지금까지 성취한 모든 것을 위협할 수 있다. 어머니는 한편으로는 최고의 목표로 나타나기도 하고, 다른 한편으로는 가장 무서운 위험으로, 즉 '끔찍한 어머니'의 모습으로 나타난다.[4]

잘 가게, 노먼. 이런 결말이 올 줄 알았지만, 난 노먼에게 너무 많은 것을 기대했다. 이 자기 분석의 여정에는 어떤 성공의 보장도 없다. 노먼은 그저 필요한 요건들을 갖추지 못했을 뿐이다. 나는 그를 포기했고, 내 마음은 이미 다음 내담자를 맞이할 준비를 하고 있었다.

하지만 잠깐. 아직 이 세션은 끝나지 않았다.

＊

노먼은 눈을 떴다. "그날 밤 꿈을 꿨어요. 사실 악몽이었죠. 제 허리에 철제 벨트가 감겨 있고, 어떤 거대한 사내가, 정말 말 그대로 엄청나게 몸집이 커다란 거인이, 제 몸의 양쪽 끝을 잡아당기고 있어요. 너무 고통스러워서 숨도 쉴 수가 없었어요. 이러다 진짜로 제 몸이 두 동강 날 것 같았어요. 이건 생사를 건 싸움이에요. 저는 커다란 망치를 움켜쥐고 그 거인을 때리기 시작해요. 계속해서, 그놈의 두 눈 사이를 가격했어요. 꿈속에서도 제 폭력성에 충격을 받았어요. 전 원래 그런 사람이 아니거든요. 깨어나면서도 공황 상태였어요."

나는 완전히 집중했다. 감각이 온통 곤두서 있었다. 몸통을 가른다는 이미지는 십자가형의 상징성과 관련된다. 동시에 그것은 절단의 의미를 띤다. 서로 반대되는 양극단을 참아내고, 그 반대되는 양극단의 요소들과 더불어 살아가는 법을 배우는 데 따르는 필연적인 고통을 상징한다. 노먼이 꿈속에서 몸통을 가르는 듯한 고통을 느낀 것, 그것은 영웅의 여정에서 핵심적인 통과의례다. 융은 이에 대해 다음과 같이 썼다.

온전함을 추구하는 개성화의 여정에 들어선 사람이라면, 누구도 십자가형crucifixion이 상징하는 그 독특한 '정지sus-pension' 상태를 피할 수 없다. 이는 곧 내면의 통합을 향해 나아갈 때 필연적으로 자신을 가로막는 세 가지 근원적인 현실과 마주침을 의미한다. 첫째는 자신이 결코 그렇게 되기를 원치 않았던 측면, 즉 그림자다. 둘째는 자신과 다르며 낯선 것, 곧 타자 the 'other', 다시 말해 나와 다른 '당신'의 개별적 현실이다. 셋째는 자신의 개인적 심리를 초월하는 탈자아적 측면, 즉 집단 무의식이다. 이 모든 것들은 고통스럽게 우리를 가로막지만, 결국 개성화의 과정에서 마주해야 할 필수적인 요소들이다.[5]

노먼은 여전히 자신의 그림자에 대해 거의 이해하지 못하며, 그림자와 하나 되기를 원하지도 않는다. 그에게 '타자'는 그의 아내이며, 그녀의 실재에 대해서는 여전히 잘 파악하지 못한다. 그리고 그를 이 모든 최악의 상황으로 몰고 간 것은, 그의 심리적 비자아, 즉 무의식이다(노먼은 현재 융이 말한 개성화의 과정에서 세 가지 필수요소로 강조했던 그림자, 타자, 무의식과 대면하는 중이라는 뜻이다.-옮긴이).

노먼이 꿈속에서 싸운 그 거인은 예전에도 꿈속에 등장했다. 그것은 노먼의 콤플렉스와 관련된 엄청난 감정적 힘을 상징한다. 노먼의 경우, 꿈속의 거인은 어머니를 상징한다.

다른 꿈들에서도, 거인들은 노먼을 나무 위로 몰아붙이고 하수구까지 쫓아갔다. 한 번은 거인이 그의 발을 먹어치우기도 했다. 하지만 이렇게 어머니라는 거인과 맞서 싸운 것은 처음이었다. 노먼이 꿈속에서 거인에게 당당하게 반격한 것은 처음이었던 것이다.

"축하합니다."

내가 말했다.

그는 내 말을 듣지 못한 듯했다. 어쩌면 그게 더 좋았을지도 모른다. 아마도 꿈속에서 일어난 노먼의 반격은 현실에서는 할 수 없었던 일을 보상받기 위해 벌어진 것일 수도 있다.

"그다음 날은 정말 힘들었어요."

노먼이 말했다.

"머리가 깨질 것 같았고, 창문에는 서리가 끼어 있었죠. 거울 속 제 모습을 제대로 들여다봤어요. 코에 흰 털이 나기 시작했더군요."

'세상에 맙소사', 나는 속으로 생각했다. 이쯤 되면 나도 다시 사무엘 베케트의《고도를 기다리며》에 나오는 그 무한한 기다림으로 돌아가야 할 것만 같았다.

"급한 일도 없어서 그날 하루는 쉬기로 했죠. 낸시는 아직 자고 있었어요. 식탁 위에는 전날 밤의 온갖 흔적들이 어질러진 채로 남아 있었죠. 난 어지러운 걸 질색해요. 다 치워버렸으면 좋겠다고 생각했죠. 애들은 기분 좋게 깨어나선 엄청 시끄럽게 떠들어댔어요. 예전엔 아이들이 너무 시끄럽게 해서 귀마개도 껴봤지만, 소용없더군요."

"저는 집안을 깨끗이 정리하고 아이들에겐 오트밀 죽을 만들어서 주었어요. 저는 오렌지 주스를 마셨고요. 낸시는 내가 아침을 거르면 싫어하거든요. '아침엔 따뜻한 걸 먹어야 해요'라고 그녀는 말해요. 저도 자주 그렇게 느끼지만, 오트밀이 정답은 아니죠."

"아이들을 학교에 데려다주고 돌아오는 길에 린다에게 잠깐 들렀어요. 그녀는 모델이에요. 가끔 남편과 함께 브리지 게임을 하곤 해요."

노먼은 한숨을 쉬었다. "그녀는 저에게 관심이 있었고 나도 원했지만, 내 몸은 또다시, 반응하지 않았어요."

그는 말이 없었다. 나는 한마디도 놓치지 않으려고 몸을 앞으로 기울였다.

"낸시가 침대에서 나왔을 땐, 전 뒤뜰에 나가 차고 입구의 문을 고치고 있었어요. 몇 주 전부터 그녀가 고쳐 달라고 계속 말했거든요. 경첩 위치가 잘못돼 있어서 문이 제대로 닫히지 않았죠. 쉽지 않은 작업이었지만, 저는 마침내 해냈어요."

"낸시는 오전 내내 아무 말도 안 했어요. 저는 연장을 가지러 왔다 갔다 하면서 자주 그녀 곁을 지나쳤지만, 그녀는 단 한마디도 하지 않았어요. 저도 말하지 않았어요. 무서웠거든요. 낸시가 기분 안 좋을 땐 건드리지 않아요."

노먼은 잠시 말을 멈췄다가 계속했다.

"저는 행복한 가정에 대해 이상한 판타지를 갖고 있어요. 겉보기엔 아무 문제 없는 가족이죠. 그런데 어느 날 남편이 빵을 사러 나갔다가 다시는 돌아오지 않는 거예요…. 그는 정신적으로 불안한 기미도 없고, 불행한 과거도 없어요. 오히려 늘 차분하고, 이웃들은 그를 칭찬하고, 설거지도 도와주는 사람이었죠. 그런데 어느 날, 그는 집에서 비명을 지르며 뛰쳐나가지요…. 10층짜리 건물 옥상에 나타나 뛰어내리겠다고 선언하거나, 식당에 숨어들어 무기를 들고 손님들을 겨냥하는 거예요…."

"정오쯤 되니 저는 딱 미칠 것 같았어요. 낸시와 어떻게든 이야기해야 했죠. 낸시는 나무 샌들을 신고 정원에서 일하고 있었어요. 정원은 낸시에게 아주 안전한 장소예요. 일종의 테메노스 같다고 할까요. 꽃들 주위에는 울타리가 있고 작은 채소밭이 있어요. 작년엔 대마초도 심었는데, 옥수수보다 더 높이 자랐죠. 전 정원을 그다지 좋아하진 않지만, 낸시가 '땅을 단단히 채비하지 않으면 아무것도 자라지 않는다'고 해서, 매년 가을과 봄마다 땅을 갈아엎어요."

"지하실로 내려가서 대마초를 한 대 피웠어요. 그러고 나니 제가 마치 전사처럼 느껴졌죠. 손에는 모종삽을 들고 낸시에게 다가갔어요. 마치 창 싸움을 하듯이 용감하게 다가가서 그녀의 마음속으로 돌진하고 싶었죠."

나는 담배를 말았다. 이쯤부터 이야기가 복잡해진다.

"저는 최신 별자리 운세가 실린 잡지를 챙겼어요. 낸시와 저는 몇 년 전에 점성술 야간 강좌를 함께 들었어요. 제가 말했나요? 저는 별자리 차트를 그리고 낸시는 해석하죠. 그녀는 직관이 뛰어나요. 낸시는 쌍둥이자리, 저는 황소자리예요."

쌍둥이자리와 황소자리라니. 마치 공기와 흙 같은 관계다. 둘은 어쩐지 잘 풀릴지 않을 것 같다. 점성술에는 이런 식으로 흥미로운 상징들이 많지만, 정작 지금 당장 좌절한 한 사람에게는 아무런 도움도 되지 않는다.

"처음엔 쿨한 척 행동했어요."

노먼이 말했다.

"그녀 옆에 앉아 조용히 잡초를 뽑았죠. 사실 이건 꽤 마음이 편해지더군요. 정원에 씨앗을 뿌리는 건 싫어요. 그건 휠

씬 힘든 일이거든요."

"저는 아내에게 말을 걸었어요. 뭐 도와줄 일 없냐고. 낸시는 땅을 콕콕 찌르기만 하고 쳐다보지도 않았어요. '이거 좀 들어봐' 하며 저는 잡지를 집어 들었어요. '이번 달에는 당신의 지배 행성이 고난과 공격으로부터 보호해 주지만, 위험한 모험은 삼가세요. 감정적 긴장을 조심하세요. 당신 뜻대로 일이 풀릴 수는 있지만 진정한 기쁨은 없을 것입니다. 특히 당신보다 어린 사람과 관련된 일이라면, 그 일은 진정한 기쁨을 주지 못할 것입니다.'"

"저에겐 이 문장이 의미심장하게 다가왔죠. 단 며칠이긴 하지만 낸시가 저보다 먼저 태어났거든요. 또 다른 부분은 이렇게 씌어 있었어요. '28일은 당신의 이익을 위해 좋은 시기입니다.' 하지만 그건 말하지 않았어요. 왜냐하면 바로 그날이 28일이었거든요."

"낸시는 소매에서 티슈를 꺼내 코를 닦았어요. '방금 그거 당신이 지어낸 거잖아.' 그녀가 말했죠. '아, 아니야,' 저는 잡지를 건네며 말했어요. '직접 읽어보라니까.'"

"햇빛이 그녀의 머리카락을 비췄어요. 낸시에게는 귀족적인 분위기가 있어요. 솟아오른 광대뼈, 고운 머리카락, 부드러운 피부. 낸시는 참 아름다워요. 그리고 저는 정말로 그녀를 사랑해요."

"'당신 것도 봤어?' 낸시가 그 잡지를 읽으며 말했죠. '당신의 생활 방식에 예기치 못한 변화가 이달 초 또는 이달 말에 있을 수 있습니다. 가정의 화합이 잠시 깨질 수 있지만 곧 결정적인 전환이 있을 것입니다. 그사이 여행이 예상되며, 기쁨을 동반할 것입니다.'"

"그녀가 곁눈질로 저를 봤어요.

'그거 휴가 얘기일 수도 있잖아? 우리 몇 달째 아무 데도 못 갔잖아. 발레리는 메인에서 막 돌아왔는데, 거긴 신이 만든 땅이라면서, 참 좋다더라. 정말 좋은 캠핑장들이 많대.'"

"저는 가족과 함께하는 휴가를 늘 꺼려왔어요. 미안하지만, 가족과 함께 떠나는 휴가가 잘 풀린 적이 없기 때문이죠. 쓸모 없는 짐짝들을 너무 많이 챙기고, 정말 필요한 건 항상 집에 두고 온다니까요. 호텔은 아이들을 위한 곳이 아니예요. 애들은 그저 침대 위에서 정신없이 뛰어다니고 엘리베이터 버튼 누르기 장난에 바쁘니까요.

결혼 초엔 어쩔 수 없이 캠핑을 따라나선 적도 있었어요. 낸시는 자연을 정말 좋아하니까요. 아이들도 자연을 좋아해요, 한 10분 정도는. 비 오는 날 플라이 시트를 안 쳤다는 걸 깨닫고 텐트에서 자봤나요? 아니면 32도 넘는 무더위에 모기가 방충망 구멍을 찾아내서 기어이 사람을 물어대는 그런 밤을 겪어본 적 있나요? 새벽 다섯 시, 아직 밖은 캄캄한데 소 떼가 사람 옷을 아작아작 씹고 있을 때 눈을 떠본 적 있나요? 다 자란 소의 덩치가 얼마나 큰지, 게다가 힘은 또 얼마나 센지요. 여하튼 낸시는 제가 캠핑을 얼마나 싫어하는지 아주 잘 알기 때문에 일부러 공격한 거죠.

저는 별수 없이 두 손 두 발 다 들었지요. 이런 식으로는 대화가 되지 않으니까. 저는 아내에게 말했어요.

'우리 이제 휴전하자. 할 말이 있어.'

제 말을 들은 낸시는 정원 장갑을 벗고 잔디에 주저앉았습니다. 화장도 안 했고, 머리는 질끈 묶은 상태였습니다. 낸시는 몹시 쓸쓸해 보였습니다. 마음이 아팠지요. 그녀를 더 속상하게 하고 싶지 않았습니다. 새 드레스를 사줄 수도 있었고, 오페라에 데려갈 수도 있었고, 캐슈넛 1파운드나 터틀 초콜릿 한 상자를 사줄 수도 있었습니다. 하지만 저는 계속 말을 이어갔습니다."

"'당신이 보리스 만나는 거 싫어.' 저는 최대한 부드럽게 말했습니다. '그래, 내가 그동안 다른 여자를 만났던 건 맞아. 하지만 이제 다시는 안 만날게. 우리 두 사람을 위해서, 이게 유일한 길이야. 난 우리 둘 다 서로에게 솔직한 관계를 원해.'"

낸시는 나무들을 바라보며 미간을 찌푸렸습니다.

'당신 또 대마초 했지?'

'아주 조금만 했어.'

저는 변명조로 말했습니다.

'당신 그러다가 언젠간 잡힐 거야.'

낸시가 말했습니다.

'당신은 나에게 조금이라도 마음은 있는 거야?'

저는 무척 당황했지요.

'무슨 말이야? 난 당신을 사랑해. 단지 이렇게는 같이 못 살겠다는 거야.'"

"낸시는 이를 악물었습니다.

'나라고 이게 좋은 줄 알아?'

그녀가 말했습니다.

'꼭 나에게 죄책감이 들게 해야겠어?'

그녀의 눈가에 눈물이 가득 맺혔어요.

'애들은 어쩌고?'"

"저는 형편없이 무너지는 느낌이었습니다. 낸시가 가장 두려워하는 건 아이들과 자기만 집에 남겨지는 것이었으니까요. 그녀는 어린 시절 아버지가 집을 떠난 이후로 그 상처에서 아직도 회복되지 못한 것 같아요. 안타깝지만 그건 제 잘못이 아니잖아요. 저는 제 뜻을 고수했지요."

"'더 이상 못 참겠어.'

제가 말했습니다.

'당신이 나와 사랑을 나누고 싶어 하지 않는 건 어떻게든 견딜 수 있어. 하지만 그렇다고 해서 당신이 다른 사람과 만나는 건 너무 지나쳐.'"

"그 말에 낸시의 감정이 폭발했습니다.

그녀는 보리스가 그저 친구일 뿐이라며 강력하게 부인했습니다. 그리고 내게 의심이 많다며, 질투가 얼마나 해로운 감정인지 설교했습니다.

'늘 의심하는 건 당신 심각한 고질병이야. 내게는 이제 친구밖에 없어. 그것조차 바라면 안 되는 거야?'"

"아내는 눈물을 펑펑 흘렸습니다. 그리고 온갖 쓰라린 감정과 비난이 폭포수처럼 쏟아졌습니다. 저의 끝없는 외도, 그녀의 외로움과 조용한 고통, 죄책감과 괴로움. 비난, 분노, 적개심. 제가 얼마나 차갑고 무정하며, 냉담하고 무뚝뚝한지. 제가 얼마나 공감 능력이 없고, 무감각한 사람인지, 그녀는 끝도 없이 지적했어요. 정말로 제가 아내를 사랑한다면 진정으로 남편을 필요했을 때 옆에 있어 줬을 거라고도 이야기했죠. 아내의 감정은 그야말로 무섭게 폭발했어요. 폭발하는 아내의 감정은 대포처럼 강력한 무기였고, 저는 그저 자그마한 모종삽 하나를 들고 있을 뿐이었지요."

"그녀는 그렇게 폭발하듯 감정을 쏟아붓더니, 갑자기 차분해졌습니다.

'당신이 알아야 할 것이 또 하나 있어.'

낸시가 말했습니다.

'잠자리에서 당신은 여전히 서툴러. 아무것도 배운 게 없어. 당신은 그저 짐승 같아. 너무 거칠기만 하다고. 난 세심한 사랑을 원한다고. 그 정도는 이제 알 법도 하잖아!'

그녀는 보란 듯이 발을 세차게 구르고는 홱 돌아서서 이렇게 말했어요.

'이젠 당신을 정말 어떻게 해야 할지 모르겠어. 한계야. 정말 미치겠다고.'"

"저는 완전히 무너졌습니다. 모든 걸 다 잃은 기분이었지요. 고개를 푹 숙이고 지하실로 도망쳤어요. 정말 형편없는 인간이 된 기분이었습니다."

노먼은 의자에 몸을 기대고 얼굴을 감쌌다.

"이제 어쩌죠? 전 이제 그 어디에도 설 자리가 없어요."

그의 탄식이 내 가슴을 아프게 찔렀다. 나는 최대한 객관적인 모습을 보이려 애쓰지만, 나 또한 돌로 만들어진 존재는 아니다. 나는 노먼의 어깨에 팔을 두르고 말했다.

"결국 모든 게 잘 풀릴 겁니다. 오히려 이렇게 해서 건강한 분위기 쇄신이 가능할 겁니다. 이제 두 사람의 감정이 솔직하게 다 드러났으니, 뭐든 가능해진 겁니다."

이렇게 말하면서도 나는 내 말을 믿을 수 없었다. 분석가라는 임무를 수행하다 보면, 가끔은 나 자신도 믿지 않는 말을 저절로 하게 된다. 묘한 방식이지만, 그것이 오히려 우리 모두를 정직하게 만든다.

7

홀로서기,
아무도 없는 곳의 한가운데서

"읽다 보니 숨이 막힐 것만 같아요."

나의 아니마 레이철이 말했다.

"이 다음엔 무슨 일이 일어나죠? 당신은 이 이야기를 어디로 끌고 가는 거예요? 다음 장면이 너무 기대돼요!"

그녀는 소파에 앉아 있었다. 다리를 밑으로 접은 요가 자세로. 레이철은 그런 자세가 꽤 편하다고 생각하지만, 내가 보기엔 전혀 아니다.

"나도 어떻게 될지 모르겠는걸."

내가 말했다.

"자기 안의 용을 마주하고 지하실로 도망친 노먼은 신화 속의 영웅은 아니야. 한동안 노먼을 그냥 거기 둬야 할까, 생각 중이야. 어쩌면 지금은 지하실이 그가 있어야 할 장소인지도 모르지."

"그래도 그는 진심으로 뭔가를 보여주려고 했던 것 같아요."

레이철이 말했다.

"노먼은 힘껏 노력했잖아요. 그냥 한 번 주저앉은 것뿐이에요."

"그럴 수도 있지만, 노먼의 이야기는 어쩐 일인지 점점 나의 과거 이야기와 비슷해지고 있어. 내 의도는 중년의 위기를 설명하려는 거였지, 다시 겪으려는 게 아니었거든."

"나는 노먼과 낸시의 대화가 정말 마음에 들어요."

레이철이 말했다.

"정원에서의 말다툼 장면은 정말 압권이었어요! 설마

두 사람의 대화는 실제로 있었던 일인가요?"

나는 안락의자에서 앉아 있다가 몸을 움찔하며 뒤척였다.

"원래 있던 사실을 상당히 많이 각색했지. 과거의 이곳저곳에서 이야기의 조각들을 모은 거야. 그래도 정원에서 일어난 두 사람의 에피소드는 당시 노먼이 느꼈던 감정을 정확하게 압축하고 있어. 내가 이해하고 있는 노먼과 낸시의 심리 상태를 있는 그대로 묘사한 거야."

레이철은 골똘히 생각에 잠겼다.

"그런데 낸시는 노먼만큼 솔직하게 진실을 털어놓지 않아요. 낸시는 왜 자신의 불륜을 인정하지 않는 걸까요?"

"예전에 말했듯이, 낸시도 노먼 못지 않게 두 사람의 결혼생활에 인생을 걸었어. 굳이 외도를 인정해서 결혼생활을 완전히 잃어버리는 위험을 감수하고 싶지 않은 거지. 물론 노먼은 아내의 외도를 이미 알고 있지만, 씩씩하게 대면할 수가 없어. 노먼은 여전히 어머니 콤플렉스에 완전히 묶여 있거든."

"하지만 나는 말이지요."

레이철이 말했다.

"낸시는 노먼보다 훨씬 공감 가는 인물이에요. 노먼의 행동은 지나치게 극단적이지요. 어떤 순간엔 매력 넘치는 돈 주앙처럼 굴다가도, 다음 순간엔 광대처럼 우스꽝스러워지고, 그다음엔 바보처럼 굴기도 해요. 어떤 여자가 노먼 같은 사람과 같이 살 수 있을까요? 낸시는 왜 진작에 떠나지 않았을까요?"

"레이철, 노먼과 낸시의 대화에서 행간을 읽어내야 해. 내가 두 사람 관계의 미묘한 뉘앙스를 너무 많이 생략했는지도 모르겠네. 3장에서 아니무스에 대한 이야기, 기억나? 낸시는 노먼에게 자신에게 없는 아버지의 이미지를 투사하고 있어. 낸시는 노먼이 진정 책임감 있는 가장으로 살아가는 모습을 보고 싶은 거야. 하지만 그는 아직 푸에르라서 그 이미지에 부응할 수 없어. 그래도 노먼은 그런 아버지의 이미지를 투사하기에 좋은 대상이야. 낸시는 여전히 노먼을 믿고 있어. 희망을 놓지 않지."

"생각해 봐, 그녀는 어린 시절 이후 실제 아버지와의 인연이 끊어져 버렸어. 이건 매우 중요한 부분이야. 낸시에겐 심리적으로 그녀를 성장할 수 있게 도와줄 균형 잡힌 아니무스 모델이 없어. 남자를 좀 더 관대하게 받아들이거나, 있는 그대로의 노먼을 받아들일 수 없는 거야. 그녀는 실제 자신의 아버지에 대한 경험이 없어서, 그 경험의 공백이 아버지에 대한 환상으로 채워져 있어. 원형적 아버지로부터 비롯된 기대들로 말이지. 노먼은 그 환상을 실현해 줄 존재로 자리 잡은 거야. 엄밀히 말하면, 낸시는 아버지 콤플렉스가 있는 것도 아니야. 그녀는 아버지 콤플렉스를 투사하는 것이 아니라 곧장 아버지 원형, 그러니까 신처럼 강력한 아버지의 이미지를 노먼에게 곧바로 투사하고 있어."

"낸시가 정말 아버지 원형에 사로잡혀 있다면, 그건 정말 만만찮은 아니무스를 만들어 내겠네요."

211

레이철이 말했다.

"그래, 정말 강력한 헤비급 아니무스지. 노먼은 낸시의 아니무스와 싸워 이길 가망이 없었어. 이번에는 골리앗이 이긴 셈이지."

나는 그 표현이 썩 마음에 들었다. 하지만 레이철은 그런 내 속내를 알아차리지 못한 듯했다.

"안타깝게도, 낸시도 자신들이 얽혀 있는 상황을 노먼만큼이나 제대로 자각하지 못해."

내가 말했다.

"그리고 마찬가지로 벗어날 수 없지. 그녀는 마치 동화 속에서 실을 잣는 여인 같아. 영웅이 보물을 찾도록 상상력으로 자극을 주는 어머니 이미지 말이야. 바로 그 순간, 그녀는 자신도 덫에 걸려들게 돼. 그녀는 한 남자의 아내가 아니라 어머니가 되어버리는 거지."

"이 점에 대해 더 이야기하고 싶어. 상대방의 투사를 받는 사람에게 그 투사가 미치는 영향 말이야. 내가 보기에, 노먼은 낸시가 생각하는 남자, 혹은 그녀가 갈망하고 좋아하는 남자가 되고 싶어 하지. 그건 그녀와 그녀의 욕구에 자신을 동일시하기 때문이야. 반대로도 작용해. 낸시는 '어머니'와 자신을 동일시하지. 어머니 콤플렉스에 사로잡힌 노먼에게 필요한 것은 여전히 어머니 같은 여자니까."

"모든 게 너무 복잡하게 들려요."

레이철이 말했다.

"두 사람은 계속 서로를 한밤중에 스쳐 지나가기만 하

네요."

"그래."

내가 고개를 끄덕였다.

"낸시의 기대가 너무 비현실적인 건지, 아니면 그저 시기상조였는지는 단정하기 어렵지. 어쩌면 노먼은 낸시의 아버지 원형을 만족시킬 정도로 아직 충분히 나이를 먹지 않은 걸 수도 있어. 누가 알아? 푸에르 시기를 충분히 겪고 나면, 우아하게 세넥스로 변신할 수도 있을지."

"물론 이건 모두 내 추측일 뿐이야."

내가 말했다.

"진짜 비극은 바로 지금 이 순간에 있어. 낸시는 심리학적으로 아직 아버지 원형을 향한 기대에 묶여 있기 때문에, 마음속으로는 여전히 어린 소녀야. 노먼은 그녀의 마음속에서 여전히 '아버지' 이미지와 동일시되기 때문에, 낸시는 그에게 성적으로 반응할 수 없어. 낸시는 노먼이 '진정한 남자'에 대한 자신의 기준을 충족시켜 준다면, 자신이 진심으로 남편에게 끌릴 거라고 믿는 것 같아. 하지만 내 생각은 달라. 그녀가 노먼을 아버지 이미지로 간직하는 한, 근친상간의 금기 때문에 그녀는 노먼에게 성적으로 끌리지 못하게 될 거야. 낸시는 노먼과 형제처럼, 혹은 가장 친한 친구처럼 지낼 수는 있겠지만, 연인으로는 절대 안 돼."

"그럼 노먼의 근친상간 금기는 작동이 안 되는 거예요?"

레이철이 나에게 항의하듯 말했다.

213

"그가 낸시에게 그렇게 강한 어머니 이미지를 투사하고 있다면, 왜 다른 여자들 앞에서는 발기가 뜻대로 되지 않는데, 낸시와는 그렇지 않은 거죠?"

레이철은 늘 나를 긴장하게 만든다. 레이철의 이야기를 듣고 보니, 낸시와 노먼의 사이는 내가 공부한 이론에 딱 맞아떨어지지 않았다. 왜 그런지는 나도 알 수 없었다.

"아, 그렇군."

내가 말했다.

"그건 두 사람 사이에 있었던 일이고, 사실이야. 당시 상황이 그랬어. 노먼은 낸시와는 정말 문제없이 육체적 사랑에 빠질 수 있었지. 심리적인 면은 나도 잘 모르겠어. 좀 더 생각해 봐야겠어."

레이철은 원고를 넘기며 말했다.

"이 부분은 앞뒤가 잘 안 맞는 것 같아요."

그녀는 하품하며 말했다.

"당신이 옛날 일기와 글쓰기에 대해 말하는 부분 있잖아요? 당신의 상처가 노먼하고 무슨 상관이 있죠?"

나는 잘 대답할 수 없었다. 뭔가 생각했던 연결고리가 있었는데, 지금은 기억나지 않았다. 내게는 그 부분이 어울리지 않는다고 느껴지지 않았지만, 레이철에게 설명할 수가 없었다.

"니체에 대한 언급은 무슨 맥락이에요?"

레이철이 물었다.

"릴케가 쓴 '위로'에 대한 문장은 왜 들어간 거예요?

214

키르케고르가 오리에 대해 한 이야기는 꽤 재미있긴 한데. 르네 도말은 또 누구예요?"

"그들은 내가 예전에 존경하던 영웅들이야."

내가 말했다.

"꼭 관련 있는 건 아닐 수도 있겠지만, 이 책 속에 그들의 문장이 들어온 데는 뭔가 의미가 있을 거야. 융이 말한 '동시성synchronicity' 때문 아닐까?"

레이철은 어처구니없다는 듯 미소를 지었지만, 그녀가 점점 지쳐가는 게 보였다. 레이철은 보통 이렇게 오래 머무르지 않는데.

"노먼은 허구의 세계에서 살고 있었지."

내가 말했다.

"그는 자기 내면을 탐구하는 작업이 어느 정도 효과를 봤다고 생각했어. 마침내 자신의 진심을 드러낼 수 있게 되었고, 그걸 정직하게 표현하기만 하면 아내가 감격해서 그의 품에 안길 거라고 믿었던 거야. 그래서 둘의 이야기가 정원의 에피소드로 이어진 거지. 적어도 노먼의 머릿속에서는 모든 게 딱 맞아떨어졌던 거야. 단지 아내의 현실은 그의 짐작과는 다르다는 걸 예측하지 못했을 뿐이지. 그는 그녀를 제대로 보지 못하고 있고, 그녀 또한 마찬가지야."

"그는 추락할 운명이었어. 그건 퇴행이야. 지하실은 무의식을 상징하는 은유였지. 그거 알아챘어?"

레이철은 대답하지 않았다. 레이철의 모습은 이제 거의 사라져가고 있었다. 나는 이 대화를 마무리했다.

"노먼과 낸시 사이에 특별한 일은 없어. 단지 두 사람은 한때 잘 맞았고, 지금은 잘 맞지 않게 되었을 뿐이야. 문제는 이 상황을 어떻게 해결할 수 있는지 고민해야 한다는 거야. 궁극적으로 두 사람은 함께 있을 때는 결코 실현할 수 없는 잠재력을 가지고 있다는 점이 문제야. 성적인 측면이든 그밖의 다른 문제든, 그들은 이제 둘이 함께 있는 상태에서는 각자의 잠재력을 실현할 수 없게 됐어. 나는 오랫동안 두 사람이 함께 잘 해낼 수 있을 것이라고 생각했지. 노먼도 그렇게 생각했어. 그런 기대가 없었다면 애초에 이 심리분석을 시도조차 하지 않았겠지."

나는 노트를 정리하고 컴퓨터를 껐다. 이 모든 것에 대해 할 말이 더 있었지만, 그건 내일로 미루기로 했다.

8

초월적 기능,
무의식의 그림자를 극복하다

정신의 작업은 통찰insight, 인내endurance, 행동action이라는 세 단계로 이루어진다. 심리학은 첫 번째 단계에만 필요하지만, 두 번째와 세 번째 단계에서는 도덕적 의지와 내면의 힘이 주된 역할을 한다.
— 카를 구스타프 융,《서신집》

그는 목이 마르지만, 단지 덤불 몇 개가 가리고 있어서 샘물에 닿지 못한다. 그는 자기 자신과 분열되어 있다. 그의 한 부분은 전체를 내려다보고, 자기가 이곳에 서 있고 샘물이 바로 곁에 있음을 본다. 하지만 다른 한 부분은 아무것도 알아차리지 못하며, 기껏해야 첫 번째 부분이 모든 것을 보고 있다는 것을 어렴풋이 예감할 뿐이다. 그러나 그는 이 모든 것을 알아차리지 못하기에, 샘물 바로 앞에서도 결국 물을 마실 수 없다.
— 프란츠 카프카, 〈그He〉,《중국의 만리장성》

노먼의 회복은 쉽지 않았다. 그는 깊은 충격을 받았다. 지난 몇 달간 키워온 자신감은 온데간데없었다. 나조차도 노먼의 변화를 믿기 힘들 정도였다. 그는 심각한 우울증 상태로 다시 빠져들었다. 그의 뱃속에 다시 응어리가 생겼다. 내 뱃속에도 마찬가지로 응어리가 생겼다.

"실패했다고 단정하지 마세요."

나는 내가 느끼는 것보다 더 명랑한 어조로 말했다.

"사소한 퇴행일 뿐입니다. 융이 말한 '**더 잘 도약하기 위한 후퇴**reculer pour mieux sauter'의 사례일 뿐입니다. 앞으로 더 잘 뛰어오르기 위해, 한 걸음 뒤로 물러선 거예요."

노먼은 회의적인 표정을 지었다.

그는 자신이 아내에게 느끼는 감정을 설명하려고 애썼다.

"낸시, 난 온몸이 아파. 마음의 평화를 잃어버린 거야. 마치 숲속에서 길을 잃은 어린 소년이 된 것 같아."

낸시는 대답했다.

"당신은 다 큰 어른이잖아요. 그런 식으로 느끼면 안 되죠." 그러고 나서, 낸시는 내가 생각하기에도 꽤 잔인하게 덧붙이고 말았다. "나는 당신의 어머니가 아니라고요."

실의에 빠진 노먼은 아내와 다시 대화를 시도하지 않았다.

다음 몇 번의 상담 세션 동안 우리 둘에게는 크게 웃을 일이 없었다. 노먼은 약속을 지켜 꾸준히 상담실에 찾아왔지만, 그의 정신은 완전히 무너져 있었다. 그의 기분은 암울했다. 나는 노먼의 무의식으로부터 어떤 정보가 전해지기를, 앞으로 노먼이 나아갈 방향에 도움이 될 만한 힌트를 간절히 원했지만, 노먼은 자신의 꿈에 더 이상 주의를 기울이지 않았다. 하염없이 오랫동안 그는 벽만 멍하니 바라보며 한숨을 쉬곤 했다. 유리창으로 비친 햇살이 만들어 낸 벽 위의 무지개조차도 그에겐 보이지 않는 것 같았다.

"노먼."

나는 말을 걸었다.

"정신 좀 차리세요."

"낸시와 뭔가 진실한 관계로 거듭나기를 바란 제 소망은 정말 어리석었어요."

그가 말했다.

"다 저의 착각이었어요. 전 당신이 지금 보는 그대로의 초라한 존재일 뿐이에요."

"그렇다면 당신 내면에 있는 수많은 꿈은요? 삶을 향한 갈망은요? 당신의 무한한 가능성은 어떻게 되는 겁니까?"

"괜찮아요, 아마 전 괜찮아질 거예요. 그냥 계속 버텨낼 거예요."

당시 노먼은 아내에 대한 두려움에 완전히 지배당했다. 그는 아내를 향해 이전보다 두 배로 더 의존하게 되었고, 아내의 뜻을 거스르는 말은 한마디도 하지 않았다. 그는 아내가 그를 바라보는 부정적인 시선을 그대로 받아들였다. "아내 말이 다 맞아요." 그가 말했다. "나는 짐승 같은 존재예요. 감금당해야 마땅해요."

나는 물었다.

"당신은 '단지' 짐승에 불과할 뿐이라는 건가요?"

"그런 것 같아요."

"지금 당신 모습을 보니 카프카의 일기가 떠오르는군요."

내가 말했다.

나는 그에게 카프카의 《일기》를 읽어주었다.

자신에 대한 인식을 깊이 추구하다 보면, 그리고 자신에 대한 깨달음에 유리한 환경이 갖춰지고 나면, 당신은 비로소 자신이 혐오스러운 존재임을 깨닫게 될 것이다. 당신은 비참한 속임수로 가득 찬 쥐들의 둥지와 같은 존재임을 깨닫게 될 것이다.[1]

"이런 문장이 왠지 익숙하게 느껴지나요? 그럼 이 대목도 들어보세요."

본질적으로 나는 무능하고 무지한 사람이다. 만약 학교에 다니지 않았다면, 개집 안에 웅크리고 숨어 있다가 음식이 나오면 튀어나와 음식을 먹고, 다 먹으면 다시 개집으로 들어가 움츠러드는 것 외에는 아무 것도 할 수 없는 사람이었을 것이다.[2]

노먼은 힘없이 미소 짓고 말았다.

"그래요. 그런 모습이 바로 저예요."

나는 무척 걱정스러워졌다. 융이 말한 '페르소나의 퇴행적 복원'이 일어날까 봐 두려웠다. 이는 평소의 의식적인 태도

221

에 중대한 붕괴가 일어날 때 종종 발생한다.

이것은 분석 치료에서만 일어나는 일이 아니다. 융은 지나치게 큰 위험을 감수했다가 파산한 한 사업가의 예를 든다.

만약 그가 이 우울한 사건에 좌절하지 않고, 낙담하지 않은 채 예전의 대담함을 유지할 수만 있다면. 그리고 그가 약간의 신중함을 더한다면, 그의 상처는 흉터 없이 치유될 것이다. 하지만 반대로, 만약 그가 완전히 무너져 내리고, 앞으로의 모든 위험을 회피한다면, 게다가 훨씬 더 제한된 페르소나의 틀 안에서 사회적 평판을 힘겹게 복구하려고 애쓴다면, 그리하여 두려움에 떠는 소년의 심리로 퇴행한다면, 자신의 능력보다 한참 떨어지는 자리에서 하찮은 일을 한다면, 심리학적으로 그는 자신의 페르소나를 퇴행적으로 회복한 것이다. 그는 파산 **이전**의 자기 모습을 뒤늦게 흉내 내면서, 자신을 깎아내리는 것이다. 이전의 그는 자신이 해낼 수 있는 것보다 더 많은 것을 원했을 테지만, 지금 그는 자신이 능히 할 수 있는 일조차 감히 시도하지 못한다.[3]

이 사업가의 사례처럼, 노먼의 이번 체험 역시 그를 완전히 박살낼 수 있었고, 최소한 영구적으로 그를 정신적 불구로 만들 수도 있었다.

사실, '불구crippled'가 된다는 것은 평소의 방식대로 기능할 수 없는 상태를 말한다. '불구'라는 말은 중년의 위기를 겪는 사람들을 묘사할 때 흔히 쓰는 은유다. 영혼이 부서진 사람은 실제로 '불구' 상태인 셈이다. 비유하자면, 이들은 절뚝거리며 무릎으로 기어서 분석 치료에 들어온다. 그리고 치료실을 나갈 때는 다시 똑바로 일어서서 나가기를 바란다. 자신의 능력 중에서 우월한 기능을 잃어버린 사람은 그저 절뚝거리며 상담실을 나간다.

역사와 신화 속에서 '불구의 모티프'는 어디에나 존재한다. 그리스 신화에서 신들의 대장장이로 일했던 신 헤파이스토스Hephaestus는 절름발이였다. 성배 전설의 어부 왕도 절름발이였고, 메소포타미아의 왕들 또한 절름발이의 계보를 잇는다. 악마 판Pan은 염소의 발을 지니고 있었고, 오시리스Osiris 신은 성기를 잃었다. 오시리스와 이시스의 아들 하르포크라테스Harpocrates 또한 절름발이였다. 마니교의 창시자 마니Mani, 이집트의 신 베스Bes도 마찬가지로 절름발이였다. 신화 속에서 이런 '불구'의 모티프를 찾으면 끝이 없을 정도다. 이렇듯 신화 속에서 절름발이가 된다는 것은, 종종 위대한 대지의 지혜와 연결되는 운명을 상징한다.

'불구'라는 특성은 대체로 영웅이나 비범한 운명을 지닌 이들과 관련이 있다. 큰 결핍을 지닌 주인공들이 마침내 영웅의 여정을 걸으며 주인공으로 거듭난다. 그래서 나를 괴롭힌 것은 노먼이 정신적으로 '불구' 상태인 것 자체가 아니라, 그런 마음고생이 아무런 결실 없이 끝날 수도 있다는 가능성이었다.

마침내 노먼과 나의 관계 자체가 위태로운 지경에 이르렀다. 노먼의 자기연민이 너무 짙어져서 나조차도 견디기 어려웠다. 어느 날 나는 노먼에게 당분간 분석을 중단하는 것이 어떻겠냐고 조심스레 제안했다.

"저는 이제 아무것도 제대로 받아들일 수가 없어요."

그가 대답했다.

"하지만 걱정하지 마세요. 저는 정말 괜찮으니까요."

그의 자기비하적 태도는 나를 짜증 나게 했다.

"아니면 다른 분석가를 만나보는 게 좋겠네요."

"넘어진 사람한테 발길질하시는군요."

그가 씁쓸하게 말했다.

"요즘 저에겐 선생님 말고는 아무도 없다고요."

"이젠 정말 당신의 태도가 신경에 거슬리기 시작하네요. 당신은 상담실에 축 처져 들어와서 축 처져 나가요. 책도 안 읽고, 꿈도 기록 안 하고, 말도 거의 없고. 아무런 날카로움도 없어요. 우리가 함께 분석하며 물어뜯을 거리조차 없어요. 당신이 스스로 도우려 하지 않으면 나도 도울 수 없어요."

"이제 절 내치시겠다는 건가요? 그렇게 쉽게요?"

"나는 당신의 손을 잡아주러 여기 함께 있는 게 아니에요. **나는** 당신의 엄마가 아니에요."

그 말만은 삼키려 했지만 이미 입 밖으로 나오고 말았다. "나는 당신의 엄마가 아니다"라는 말은 마치 《맥베스》에 나오는 뱅쿠오Banquo의 유령처럼 우리 사이에 떠 있었다.

노먼은 눈을 감고 침묵했다. 나는 이렇게까지 몰아세우려던 것은 아니었다. 나는 마음속으로 속삭였다. '레이철, 이 말; 지금 네가 한 거니?' 하고.

나는 부엌으로 가서 물잔을 다시 채웠다. 노먼에게는 얼음 세 개, 나는 네 개. 얼굴에 찬물을 끼얹고 주변을 서성였다. 노먼과 나는, 이렇게 끝나는 건가? 나는 생각했다. 이렇게 흐느끼고 징징거리면서? 노먼에게는 더 이상 미래가 없는 걸까?

우리의 첫 상담 때를 떠올려 보았다. 나는 그때 노먼에게서 어떤 가능성을 보았다. 상담하며 내가 적었던 말이 기억났다. "노먼은 한때 내가 어떤 존재였는지, 그리고 내가 어떻게 융 학파의 분석가가 되었는지를 때마침 제대로 떠올리게 해주는 존재다." 내가 놓친 게 무엇일까? 노먼이 아직 하지 않은 것, 그런데 그때의 나는 해냈던 것은 무엇일까? 나는 머리를 쥐어짰다.

거실로 돌아갔을 때, 노먼은 내 책장에서 책을 훑어보며 담배를 피우고 있었다. 노먼은 분명 몇 주 전 담배를 끊었었다. 낸시가 노먼의 흡연을 매우 싫어했기 때문이었다. "당신에게서는 타버린 담뱃재 냄새가 난다고." 낸시는 그렇게 말했다. 정말 으스스하다!

노먼의 흡연, 아내를 향한 이 작은 저항의 몸짓이 내게 희망을 주었다.

"이건 뭔가요?"

그가 물었다. 그는 존 샌포드의 《보이지 않는 파트너들*The Invisible Partners*》[4]을 들어 올렸다. 그는 부제목을 읽었다. "우리의 내면 안에 존재하는 남성성과 여성성이 우리의 관계에 어떤 영향을 미치는가."

"그건 바로 당신이 지금 겪고 있는 일에 관한 책이에요."

내가 말했다.

노먼은 자리에 앉아 어깨를 펴고 자세를 반듯하게 고쳤다.

"좋아요. 힘을 내서 다시 한번 시작해 보죠. 뭐부터 시작할까요?"

나는 두 손바닥을 문질렀다. 뭔가 새로운 희망이 되살아나는 느낌이었다.

"그림을 그려본 적 있나요?"

내가 노먼에게 물었다.

"초등학교 2학년 이후론 그려본 적이 없어요."

노먼이 대답했다.

내 가슴이 철렁 내려앉았다.

"어디서부터 시작해야 할지 모르겠어요."

노먼이 덧붙였다.

나는 그에게 색연필을 준비해서 기분이 울적하거나 상태가 안 좋을 때 그림을 그려보라고 권했다.

다음 상담 세션에서 노먼은 미안한 기색을 보였다.

"저, 그래도 시도는 했어요."

그가 말했다.

"그런데 종이의 빈 공간을 보면 겁이 나요."

나도 같은 종류의 심리적 부담감을 겪은 적이 있기에 노먼의 말에 공감했다. 내가 그림을 잘 못 그리자, 한 친구가 내게 조언해 준 적이 있다.

"이렇게 해봐."

친구가 말했다.

"신문지 한 면을 써보는 거야. 신문지는 빈 종이가 아니니까 무섭지 않을 거야. 신문지 위에 접시 하나를 올려놔. 그리고 크레용이나 색연필이나 붓으로 그 접시의 외곽선을 그려. 그다음 네가 그린 동그라미를 가만히 바라봐. 곰곰이 생각해 봐. 그리고 원 안에 뭔가를 그려봐. 아무거나 그려도 좋아. 휘갈긴 선, 얼굴, 삼각형, 사각형, 뭐든 좋아. 전부 너한테 달렸어. 떠오르는 대로 마음껏 그려봐."

이 방법을 가르쳐 주었더니, 노먼은 다음번엔 훨씬 나은 결과물을 가져왔다. 그는 약간의 두려움을 안고 자신이 첫 번째로 시도한 결과물을 내게 보여주었다.

"이 그림, 정말 훌륭하네요."

내가 진심으로 감탄했다.

"이 그림은 무슨 뜻일까요?"

노먼이 물었다.

"저도 모르겠어요."

융이 '적극적 명상active imagination'이라 부른 이런 예술적 활동의 목적은 평소에는 의식하지 못했던 인격의 한 측면에 목소리를 주는 것이다. 즉 적극적 명상 의식과 무의식 사이에서 소통의 매개체가 되어주는 것이다. 이런 그림을 해석하거나 "무슨 뜻인지" 굳이 알아내려 할 필요는 없다. 그저 그림을 그려보고, 그 그림과 함께 살아가는 것이다. 당신과 당신이 그려낸 것 사이에는 무언가가 일어난다. 반드시 말로 표현되지 않아도 그것은 효과를 발휘한다. 오히려 말로 해석하려 들면 분석의 과정 자체를 방해할 수도 있다.

내가 보기엔, 적극적 명상은 마법 같은 효과를 발휘한다.

아내와 별거한 뒤 나는 매우 좁은 지하 아파트에서 살았다. 그곳은 침대 겸 거실 하나와 욕실 하나가 전부인, 무척 좁은 공간이었다. 나는 늘 우울했고 자주 울었다.

나는 그림을 그려보라는 친구의 조언을 따랐고, 나의 아파트 벽은 곧 내 그림들로 가득 채워졌다. 처음엔 신문지에 그리기 시작해, 두꺼운 보드지로 넘어갔고, 나중엔 질 좋은 도화지로 옮겨갔다. 손에 잡히는 건 뭐든 적극 활용했다. 연필, 펜, 물감, 사인펜, 심지어 손가락까지도. 내가 그린 그림들은 내 안에서 벌어지고 있던 일들을 거칠게 묘사한 것들이었다. 나는 그 그림들을 예술로 생각한 적은 전혀 없었다. 스타일이나 기법이라고는 없었고, 지금 보면 꽤 기괴하게 보인다. 집에 방문한 사람들은 그림들을 발견하면 매우 의심스러운 눈으로 나를 바라보곤 했다. 하지만 나는 그 그림들을 사랑했고, 내 영혼은 그 그림들로 인해 기뻐했다.

적극적 명상은 그림이나 음악, 춤, 점토 작업 등, 무엇이든 할 수 있다. 당신이 하고 싶은 것이면 무엇이든 좋다. 중요한 것은 기법이 아니라 당신의 에너지가 가고 싶어 하는 방향을 물 흐르듯 따라가는 것이다. 기법적인 훈련을 덜 받은 사람일수록 더 좋다. 왜냐하면 과도하게 훈련된 마음은 표현의 자유를 억제하기 때문이다. 이것은 무의식에 배출구를 내주는 방식이다. 그래서 당신이 폭발하지 않고 견딜 수 있도록 해준다. 또 다른 형태의 '그릇'이기도 하다. 감정을 다른 사람에게 쏟아붓는 대신 스스로 품고, 자신의 감정에 책임을 지는 방식이다.

글쓰기 또한 적극적 명상의 한 형태다. 당신은 내면에서 벌어지는 일과 대화를 나눈다. 당신은 어떤 이미지를 떠올리고, 그것에 인격을 부여해, 대화를 나눈다. 내가 레이철과 했던 대화처럼. 당신은 그것을 글로 쓸 수 있다. 무의식의 내용을 실제로 만들고, 무의식에 실체를 부여하기 위해서다. 이것이 적극적 명상과 단순한 공상의 차이다. 글쓰기나 그림그리기를 통해 시간과 공간에 당신의 적극적 명상을 남겨두지 않으면, 그저 허황된 꿈이 될 뿐이다.

심리분석을 받는 사람에게는, 이런 식의 적극적 명상이 상담실을 떠나 스스로 독립을 준비하는 과정이기도 하다. 심리분석 안에 영원히 머무를 수는 없기에. 분석을 끝낼 때가 오면, 그림이나 글처럼 함께 가져갈 도구들이 있다면 더 좋다.

노먼이 그림을 그리고 색칠하기 시작하면서, 그는 자기연민에 빠지는 것을 멈췄다. 그는 자신이 없는 동안 아내가 무엇을 하고 있을까 생각하고 의심하는 것도 멈췄다. 그는 자기 자신과 자신의 감정에 집중했다. 기분이 가라앉을 때마다, 그는 그것을 구체적인 이미지로 포착하거나 아니마와 대화를 나눴다. 그는 자신의 아픔이 아내 때문이라고 상상하던 것을 멈췄다. 대신, 그는 자신의 마음이 왜 아픈지를 물었다.

노먼의 초기 스케치 중 하나에는 바위에 묶인 여성이 그려져 있었다. 물질과 결합한 여성성(어머니에 묶인 상태)으로서, 전형적으로 어머니 콤플렉스를 보여주고 있었다.

심리학적으로 이것은 아니마 발달의 이브 단계에 해당한다. 노먼은 그것을 "산 위의 아니마 mountain anima"라고 불렀다. 공주가 산꼭대기에 갇혀 있는 동화를 떠올리게 했기 때문이다.

"그녀는 정말 사랑스러워요."

내가 말했다.

"하지만 발이 없군요."

노먼은 고개를 끄덕였다.

"발 없는 그녀처럼, 제 감정은 뿌리를 내리지 못했어요."

초기 그림 중 하나는 전형적인 우울증의 이미지였다. 고개를 숙인 남자가 검은 구름 아래 서 있고, 그 위로 새 한 마리가 날고 있었다.

"이 새는 무슨 새인가요?"

내가 물었다.

노먼은 생각에 잠겼다.

"까마귀가 떠오르네요."

연금술에서 까마귀는 **니그레도**Nigredo의 상징이다. "우울, '검은 것보다 더 검은 것', 밤, 영혼의 고통, 혼란 등",[5] 우울 상태를 의미한다.

나는 카프카의 《일기》에서 또 하나의 애처로운 구절을 떠올렸다. 그 구절을 찾아서 노먼에게 보여주었다.

이 세상에 나만큼 쓰라린 내면의 고통을 겪는 사람이 존재한다고는 믿지 않는다. 그래도 그런 고통받는 사람들을 상상할 수는 있다. 하지만 그들의 머리 위에서 나처럼 비밀스러운 까마귀가 영원히 퍼덕이며 맴돈다고까지 상상하는 것은 거의 불가능하다.[6]

"이건 바로 '가엾은 나 증후군poor me syndrome'이군요."
노먼이 말했다.

자신이 느끼는 감정을 이토록 잘 표현한 카프카의 문장에 그는 깊은 인상을 받았다.

"맞아요."
내가 동의했다.

"이건 심한 자기도취적 과대팽창이 뒤섞인 감정이에요. 무의식적으로 '내 고통만큼 심한 사람은 없어'라고 느끼는 거죠."
노먼은 쑥스러운 표정으로 말했다.

"마치 우울증이 특별히 누군가를 편애라도 하는 것처럼 말이에요."

그 후 몇 달 동안 노먼은 자신의 내면에 있던 것들을 꺼내 밖으로 드러냈다. 그리고 그것을 그림으로 다루고 묘사하기 시작했다. 출장에서 돌아오면 그는 아이들과 놀아주고, 재워준 뒤 홀로 지하실로 내려갔다. 그는 더 이상 아내 주변을 맴돌며 자잘한 관심 한 조각을 구걸하지 않았다. 물론 그는 여전히 지하실로 내려갔지만, 예전처럼 대마초를 피우러 간 것은 아니었다. 그곳은 그의 사적인 공간이자, 집 안에서 유일하게 혼자 있을 수 있는 장소였다. 거기가 바로 그의 테메노스였고, 그는 그 안에서 자신과 교감했다.

그는 나를 찾아올 때마다 새로운 무언가를 가져왔다. 몇 장의 그림, 한두 장짜리 내적 대화, 확장해 본 꿈, 읽은 책 등등.

어느 날 그는 점토로 만든 남근 조각 두 개를 들고 왔다. 하나는 쭈그러든 아주 작은 것이었고, 다른 하나는 선명하게 발기된 강력한 형상이었다. 우리는 그것들을 테이블 위, 우리 사이에 세워두었다.

"버드 애벗과 루 코스텔로?"(버트 애벗과 루 코스텔로는 20세기 초중반 미국의 전설적인 코미디 듀오다. 버드는 냉정하고 이성적인 스타일이고 루는 우스꽝스럽고 엉뚱한 캐릭터다. 1940~1950년대에 인기를 끌었다. 이 둘은 언어유희의 천재다.-옮긴이)

노먼이 농담했다.

"다윗과 골리앗?"

내가 제안했다.

노먼의 변화는 꽤나 놀라웠다. 그의 분위기가 한층 밝아졌고, 유머 감각이 돌아왔으며, 심지어 외모까지도 달라졌다. 그는 콧수염은 남겨두었지만, 턱수염은 밀었다. 가죽 재킷을 입기 시작했고, 허쉬퍼피 대신 검은 가죽 부츠를 신었다.

"새로운 페르소나를 가지고 놀고 있어요."

그가 만족스럽게 말했다. 마치 내가 그런 걸 못 보고 있을 거라고 생각하듯이.

실제로 나는 그 변화 속에서 단지 새로운 페르소나뿐만 아니라, 노먼의 그림자가 외적으로 투영되는 모습을 보았다. 그는 서서히 자신의 또 다른 측면을 통합해 가고 있었다. 노먼의 서로 다른 두 가지 측면이 하나로 융합되고 있었다.

물론 이 모든 변화에 나도 어느 정도는 관여했겠지만, 그리 큰 비중은 아니었다. 내가 보기엔, 그가 자기 자신을 위해 그림을 그리며 해낸 분석 작업이 우리가 일주일에 한 번, 한 시간 동안 나눈 그 어떤 대화보다도 훨씬 가치 있었다. 나는 간혹 드물게 말 한마디씩 보탰고, 그에 대한 몇 가지 관찰을 공유했다. 노먼에게 읽을거리를 권하곤 했다. 그러나 이제는 노먼, 혹은 그의 내면의 어떤 것이 분석의 주도권을 쥐고 있었다. 나는 그저 흥미로운 방관자였다.

이제 전이의 본질이 바뀌었다. 노먼은 더 이상 내가 정답을 던져주길 기대하지 않았다. 여전히 질문은 했지만, 이제 그 질문들은 대개 수사적이었다. 마치 자기 자신에게 말을 거는 듯이. 그의 내면 속 분석가가 활성화된 것이었다. 우리는 이제 남자 대 남자로 대화했다. 완전히 동등한 위치는 아니었지만, 부자 관계 같은 느낌보다는 형제 같은 느낌이었다.

노먼의 그림자의 일부로 동성애가 떠올랐다. 나는 놀라지 않았다. 강한 긍정적 어머니 콤플렉스를 지닌 남성에게 있어 그것은 돈 주앙 유형의 정반대에 있는 극단이다. 하나를 벗어나면, 다른 하나에 가까워진다.

노먼은 튼튼한 남성과 성적 관계를 맺는 꿈을 여러 번 꿨고, 그에 관한 생생한 적극적 환상도 있었다. 그는 그런 발견에 흥분하면서도 동시에 불안해했다. 그는 자기 안의 그런 변화에 대해 신경을 많이 썼다.

"제가 게이일까요?"

그가 말했다.

"그동안 그냥 숨어 지낸 것뿐일까요?"

"잘 모르겠어요."

내가 말했다.

"남성에게 실제로 끌리나요? 그들과 사랑을 나누고 싶다는 생각이 드나요?"

노먼은 얼굴을 찡그렸다.

"아니요. 그래도 꼭 그래야 하나요?"

나는 그에게 이런 종류의 꿈과 환상은 매우 흔한 것이라고 말했다. 나도 그런 적이 있다고 했다.

"이런 문제는 상징적으로 바라보세요."

내가 말했다.

"꿈속의 그 남자는 당신의 그림자예요. 그가 당신에게 더 가까워지고 싶어 하는 꿈이지요. 그것을 실제로 행동에 옮길지는 당신에게 달렸어요. 당신이 결정하세요."

이 모든 과정을 거치며, 어머니 콤플렉스의 영향력은 약해졌다. 그것은 그의 아내를 향한 새로운 태도에서 명확하게 드러났다.

"며칠 전 꿈을 꿨어요."

그가 수첩을 읽으며 말했다.

"저는 산꼭대기 탑에 있어요. 어떤 이야기 소리가 들려오죠. 왕자와 공주가 사랑에 빠지고, 이후에 연인 간에 말다툼을 해요. 알고보니 아무 의미 없는 다툼이었어요. 결국 그들은 오래오래 행복하게 살죠."

'오, 이런.' 나는 속으로 생각했다.

노먼은 쓸쓸하게 미소 지었다.

"이걸 시험해 봤어요. 새벽쯤 그 꿈을 꾸고, 사랑스러운 기분으로 잠에서 깼죠. 일찍 잠들었는데, 낸시는 아직 부엌에서 뭘 정리하고 있었어요. 침대로 데려와서 사랑을 나누고 싶었죠. 그녀도 나를 밀어내지 않는 듯했어요. 촛불을 켜고 사랑을 시작했죠. 그런데 아내에게서 아무런 반응이 없었어요. 낸시는 키스조차 하지 않으려 하더군요. 저는 사랑의 행위를 계속해 보려 했지만, 그녀가 아주 조용히 말했어요. '난 지금 그러고 싶지 않아.'"

"저는 그녀를 침대에 남겨두고 부엌으로 가서 햄샌드위치를 만들어 먹으며 곰곰이 생각했죠. 생각해 보니 제가 계속 밀어붙였더라도 우리는 결국 잘 안됐을 거예요."

정말 그렇다. 나는 노먼의 말을 들으며 고마움을 느꼈다. 아들 연인은 오직 '어머니' 같은 여인과 함께 있을 때에만 진정으로 성적으로 강력해진다. 아들 연인의 존재 이유 자체가 어머니에게 만족을 주기 위해서이기 때문이다. 그게 바로 노먼이 다른 여성들과의 관계에서 종종 성적으로 무력했던 이유였다. '어머니'를 제거하면, 전혀 다른 게임이 시작된다.

"그녀에게서 이제 제가 원하는 걸 아무것도 얻지 못하고 있어요."

노먼이 말했다.

그건 그에게는 계시처럼 들리는 말이었지만, 나에게는 딱히 새로운 소식이 아니었다.

"지난 두 달 동안 낸시는 단 한 번도 애정 표현을 하지 않았어요. 다만 어떤 날은 평소보다 조금 친근하게 대할 뿐이에요."

"그래서 지하실에 내려가 색연필을 꺼냈죠. 낸시에게 실망스럽고 화가 나 있었어요. 두 시간가량 작업을 했어요."

그는 종이 한 장을 내밀었다.

"이게 그 결과예요. 선생님 드릴 복사본도 만들었어요. 이게 저고, 이게 낸시예요. 어떻게 보이세요?"

나는 충격을 받았다. 노먼과 그의 아내는 엉덩이로 이어져 샴쌍둥이처럼 묘사되어 있었지만, 노먼은 이제 막 바지선에 발을 들이려는 참이었다. 그의 부츠는 매우 컸다. 아내의 것보다 훨씬. 나는 그 부츠가 확고한 입장을 의미한다고 해석했다. 둘 사이의 적대감도 명확히 표현되어 있었다. 노먼은 그녀에게 총을 겨누고 있었고, 그녀는 칼로 무장하고 있었다. 까마귀는 여전히 그림 속에 있었다. 즉 노먼은 아직 어둠의 숲을 완전히 빠져나오지 못했다는 뜻이었다. 그리고 '어머니'를 상징하는 하나의 기괴한 유방은 그림 속에서 헛소리를 쏟아내고 있었다.

"중얼중얼중얼"이라고 쓰여 있었다.

나는 이것이 '분리'를 암시하는 상징처럼 느껴졌다. 하지만 입 밖으로 말하지 않았다. 왜냐하면 내가 그렇게 해석해 버리면 노먼은 그 책임을 지지 않게 될 수도 있었기 때문이다. 심지어 아내에게 "그건 분석가가 제안한 거야"라고 말할 수도 있었다. 그건 내면의 아버지(나, 분석가)를 이용해서 현실의 어머니(아내, 낸시)를 조종하는 일이었다. 노먼은 자기만의 싸움을 스스로 해내야 했다. 나는 단지 그를 관찰하는 자, 보조하는 자일 뿐이었다.

게다가 이런 그림은 진짜 이별이 아니라 심리적 분리를 상징하는 것일 수도 있었다. 물리적인 이별이 아니라, 말 그대로 심리적으로 그와 낸시가 '서로의 주머니 안에서 사는 것'을 그만두는 것이었을 수도 있었다.

"흥미롭네요. 독특한 기법인데요"라고 나는 말했다.

✳

며칠 후, 노먼은 생기 가득한 모습으로 내 사무실로 활기차게 들어왔다. 나는 속으로 생각했다. 이 외향인들, 정말 나를 깜짝 놀라게 한다. 아놀드와 함께 살던 시절이 떠올랐다.

"저는 낸시랑 헤어질 거예요."

노먼이 선언했다.

나는 그의 그림을 떠올렸다. 그건 고통스러운 단절, 말하자면 큰 수술 같은 것이 될 터였다.

"아이들은 어쩌고요?"

나는 물었다.

나는 마치 댐에 손가락을 막고 있는 네덜란드 소년 같았다. 막아보려 애써야 했지만, 그렇게 오래 버틸 수 있으리란 기대는 하지 않았다. 좋든 싫든 댐 안의 물은 다른 구멍을 찾아 쏟아져 나올 것이다.

"우리 아이들은, 괜찮을 거예요."

노먼이 말했다. 눈에 눈물이 고였다. 그는 아마도 영원히 무적이 될 수는 없을 것이다.

"낸시는 좋은 엄마예요. 아이들을 잘 돌볼 거예요. 물론 저도 아이들을 계속 보게 될 거고요."

나는 노먼의 말을 들으며, 나도 모르게 눈시울이 뜨거워졌다. 이런 일은 가끔 있다. 자신이 통제권을 쥐고 있고, 안전하게 거리를 두고 있다고 생각하는 순간에 어디선가 매복 공격을 당한다.

나는 담배를 말며 노먼이 자신의 결정을 이야기하는 것을 들었다. 그의 말을 들으면서도, 내 일부는 고통에 잠겨 있었다. 내 살점을 도려내는 듯한 고통. 나는 내가 아내와 세 아이를 떠나던 그날 밤을 떠올렸다. 막내는 여섯 살이었다. 나는 버스 터미널로 가서 처음 오는 버스를 탔다. 그리고 시러큐스로 가는 내내 울었다. 다시 돌아오는 길 내내도. 그때 나는 지하 아파트로 들어갔고, 내 영혼을 그림으로 그려 벽에 덕지덕지 붙이며 살았다.

"낸시에게 말했어요?"

내가 물었다.

"네. 아내는 많이 울더군요." 노먼은 마음속에서 자신과 싸우는 듯했다. "그녀도 이 상황을 좋아하진 않아요…. 뭐, 젠 장, 저도 이별이 좋지는 않지만요. 하지만 지금 떠나지 않으면, 제 자신을 총으로 쏴버릴지도 몰라요."

그가 정말 그럴 가능성이 있을까? 나는 궁금했다. 분명 그 안의 무언가는 죽어야겠지만, 자살은 결코 행복한 해결책이 아니다.

노먼은 문 앞에서 가방을 뒤적였다.

"이걸 보여드리려고 했어요. 어제 그렸거든요."

노먼이 남기고 간 그림은 보기 고통스러웠지만, 동시에 안심이 되는 면도 있었다. 그는 공 하나를 저글링하고 있었다. 나는 내게 분석을 시작하게 만든 꿈을 떠올렸다. 계속해서 내 게서 도망치던 튀는 공. 이전 그림에서 총은 아내를 향해 있었 는데, 이제는 자기 자신을 향하고 있었다. 노먼의 입에서는 뱀 이 튀어나와 총을 향해 달려들고 있었다.

일반적으로 뱀은 무의식의 상징이다. 그 의미는 언제나 애매하고, 맥락에 따라 달라진다. 여기서 나는 그것이 도움이 되는 존재, 즉 살고자 하는 내면의 충동으로 보았다. 그 뱀은 그의 몸 안에서 세상 밖으로 나와 온갖 위협과 맞설 것이다.

노먼은 결국 살아남겠구나, 나는 생각했다. 그 자신이든, 그 안의 무언가든 간에, 마침내 총알을 깨물 것이다.

나는 다시 노먼과 그의 아내가 함께 연결된 그림으로 돌 아갔다. 이번엔 전에는 보지 못한 것을 발견했다. 두 사람 사이에 발기된 남근이 있었고, 그것은 바로 그들의 결합된 엉덩이, 즉 공생적 연결을 향하고 있었다. 내 눈에는 그것이 남근적 에너지의 분출, 지하에서 솟구치는 강력한 대지의 남성성chthonic masculinity(이러한 남성성은 이성적이고 합리적인 남성성과는 달리 본능적이고 원초적인 욕망의 남성성을 가리킨다. 반대말로 이성적이고 합리적인 남성성은 olympian masculinity라고 한다. 대지의 남성성이 하데스나 디오니소스처럼 야생적이고 원초적인 무의식의 그림자를 보여준다면, 이성적이고 합리적인 남성성은 제우스나 아폴론처럼 제도와 통제를 추구한다.-옮긴이)처럼 보였다. 노먼이 어머니에게서 벗어나려면 바로 이런 강력한 힘이 필요했던 것이다.

나는 그의 파일을 덮고는 편안하게 잠들었다.

✳

노먼은 정말로 낸시를 떠났다. 한 달 후 그는 이사를 나갔다.

예상했듯, 그 이별은 절대 쉽지 않았다. 결정은 하나의 거대한 사건이었다. 그는 그 결정에 이르기까지 많은 것을 쌓아왔고, 그 결정을 '필수적인 것'으로 받아들였다. 그러나 그것을 실제로 실천하고 현실로 만드는 일은 또 하나의 장벽이었다. 그 주에 노먼은 두 번 나를 찾아왔다. 고통에 찬 얼굴로. 단지 아내와의 결별 때문은 아니었다. 이제 그는 아내와의 이별을 감당할 수 있었다. 아이들을 떠나는 게 큰 문제였다.

"아이들을 떠나는 아버지가 느끼는 감정을 어떻게 설명할 수 있을까?"

나는 레이철에게 물었다.

"그 비통함을 어떻게 전달할 수 있지?"

나는 참을 수 없었고, 울컥해졌다.

"그에 대한 모범답안은 없어."

나는 말했다.

"데메테르는 딸 페르세포네를 찾아 땅을 떠돌고, 인안나(또는 이슈타르. 메소포타미아 신화의 전쟁과 사랑의 여신-옮긴이)는 남편 두무지(수메르 신화의 성장과 풍요의 신-옮긴이)를 잃고 애도하며, 이시스는 오시리스의 시신을 찾아 미쳐버릴 듯 헤매지. 신화에서는, 여성이 사랑하는 이들을 잃었을 때 계절조차 멈추어 그 비탄에 공감하지. 하지만 남자는? 남자들은 더 강하게 만들어졌다고 여겨지나? 나는 자식을 잃은 아버지가 슬퍼하는 신화에 대해서는 아는 게 없어. 신화 속의 사투르누스는 분명 아버지인데 자식을 잡아먹을 정도니까."

레이철은 곰곰이 생각에 잠겼다. 나는 코를 풀고 방 안을 왔다 갔다 했다. 조급함은 푸에르 심리학의 증상이다. 나는 알고 있었지만, 어쩔 수 없었다.

"그건 그의 아니마 때문이에요."

레이철이 마침내 말했다.

"그의 아니마는 아직도 어머니 가까이에 있기에, 그는 마치 여성처럼 아이들을 그리워하는 거예요."

241

나는 만족스럽지 않았다.

"어쩌면 그의 내면아이가 안전을 갈망하고 있는 걸지도 몰라. 아이들의 필요와 감정에 자신을 동일시하고 있는 거지."

"그 모두가 맞아요, 그리고 그 이상도요."

레이철이 동의했다.

"하지만 그 고통을, 그 죄책감을 어떻게 설명할 수 있지?"

나는 손을 비틀며 정신 나간 사람처럼 방 안을 뒤척였다.

"그만 하세요!"

레이철이 단호하게 말했다.

"당신은 지금 너무 감상적이세요."

나는 그녀의 말에 따라야만 했다. 나는 발걸음을 멈추고 기다렸다.

"불가능한 일이에요."

레이철이 말했다.

"글쎄요, 테메노스를 깨지 않고는 말이죠. 전반적인 주제는 외로움이에요."

그래요, 물론. 노먼이 자신 안에서 얻은 성장을 공고히 하려면, '외로움'과 화해해야 했다. 이건 내가 어느 정도 권위를 갖고 말할 수 있는 주제였다. 아이들과 떨어지는 일은 노먼에게 단순한 외로움의 하위 항목일 뿐이었다. 그의 외로움은 보다 광범위한 '존재적 고립'의 일부였다.

내향인에게 혼자 있는 건 상대적으로 쉬운 일이다. 그

들은 외부 세계와의 생기 있는 연결은 부족할 수 있어도 일반적으로 활발한 내면적 삶이 있다. 내향인은, 그들의 외향적 그림자가 활성화되지 않는 한, 외로움을 잘 느끼지 않는다. 하지만 외향인들은 활기찬 활동이 삶의 자연스러운 장場이다. 외향인은 활기찬 삶을 의식적으로 찾는다. 공식적으로 '외향인 성향'이 있는 노먼은 차분히 자기 자신과 함께 사는 법을 배워야만 했다.

그전까지 노먼은 개인적인 중심이 없었다. 그 중심은 그의 가족에 투사되어 있었고, 그는 그것을 '전체성 wholeness'으로 경험했다. 그러나 그 가족이 사라지자, 그는 산산조각 난 듯 느꼈다. 가족을 떠난 것은 하늘과 땅, 태초의 부모 사이에 거대한 균열을 만들어 냈다. 그건 마치 부모가 이혼했을 때 아이가 겪는 심리 반응의 전형적인 모티프와 같았고, 노먼 혹은 그의 내면아이는 그걸 정확히 같은 방식으로 경험했다.

"정말 지옥 같아요."

그가 내게 말했다. 그는 가구, 침구, 식료품 등을 사러 다녔고, 모든 결정을 스스로 내려야 했다.

"이런 고통은 예상 못했어요. 이 긴장감 때문에 미쳐버릴 것 같아요."

노먼은 성인이 된 이후로 한 번도 혼자 살아본 적이 없었다. 대학교 기숙사에서 2년을 보냈고, 친구들과 아파트를 공유하며 또 2년을 보냈다. 사실상 그는 부모님과 살다가 곧바로 아내와 교외로 이사해 살았다. 그는 낸시를 사랑하긴 했지만, 제대로 알고 사랑한 건 아니었다.

나는 다행히도 노먼이 낸시를 떠나 다른 여성과 함께 살러 간 게 아님에 안도했다. 그랬다면 그는 아마도 과거의 사이클을 반복했을 가능성이 크다. 많은 이들이 그렇다. 노먼은 혼자 있는 시간이 필요했다. 자기 내면에서 '스스로의 동반자적 가능성들'을 발견할 수 있는 시간. 운 좋게도 그는 몇 가지 도구를 갖고 있었다. 꿈과 그림, 기분의 인격화, 그리고 적극적 명상.

외로움은 종종 버림받은 느낌으로 다가온다. 개인이 아닌 인류 전체로 보면, '버려짐'이라는 경험은 신화 속 신들과 영웅들의 유년기와 관련되어 있다. 제우스, 디오니소스, 포세이돈, 모세, 로물루스와 레무스 등, 이들은 모두 버려진 아이들이었다. 이 모티프는 너무나 광범위해서 융은 "버려짐은 단지 부수적인 증상이 아니라, 더 높은 의식이 태어나는 데 필요한 필수 조건"이라고 말했다.[7]

한 남자가 독립해 가는 과정에서는, 자신의 기원, 즉 어머니, 가족, 사회로부터 분리되어야 한다. 여성도 마찬가지다. 때로는 이 전환이 부드럽게 이루어지기도 한다(혹은 그렇게 보이기도 한다). 그렇지 않다면 결과는 이중적이다. 첫째는 의존에 대한 퇴행적 갈망의 특징인 '불쌍한 나' 증후군이며, 둘째는 창조적인 잠재력을 가진 심리적 경험이다 (신화적 아이 혹은 푸에르 원형의 긍정적인 면). 이 경험은 새로운 삶, 흥미로운 가능성을 품고 있다.

이 두 방향 사이의 양립 불가능성은 성장의 대가로 치

러야 할 갈등을 생성하며, 이는 중년의 위기에서 반드시 존재하는 갈등이다. 이 갈등이 바로 노먼이 감당해야 하는 긴장의 원인이다. 한편으로는 그는 과거로 돌아가고 싶어 하고, 다른 한편으로는 미지의 미래를 향해 어쩔 수 없이 끌려간다. 이는 내 꿈속에서 나타난 거미, 즉 면도날 위에서 스키를 타고 달리는 거미와도 같다. 아슬아슬한 경계 위를 걷는다.

초기에 이런 갈등은 외로움의 감정과 함께 발생하며, 그 이면에는 버려진 아이의 원형적 모티프가 있다. 융은 다음과 같이 관찰한다.

> 세속적 차원을 뛰어넘은 초월적인 의식, 혹은 우리의 현재 의식 수준을 넘어서는 고차원적인 지식을 지닌 사람은 세상 속에서 완전히 홀로 있는 것과 같다. 이 고립감은 더 높은 의식을 지닌 자와 그 주변 환경 사이의 갈등을 표현한다.[8]

노먼은 자신의 새로운 삶에 적응하면서 계속 나를 만났지만, 우리가 함께할 시간이 끝나가고 있음이 분명했다. 그가 스스로를 계속 탐색하면서, 모든 면에서 점점 강해졌다.

그는 이제 예전처럼 내가 필요하지 않았다.

*

한 사람이 중년 위기에 이르는 특정한 상황은 해변의 모래알만큼이나 무수히 많다. 그러나 그런 상황들이 저마다 "유일무이하다"고 말할 수는 없다. 모래알 하나하나가 크게 다르지는 않은 것처럼, 개인이 위기에 처하는 환경은 비슷비슷하다.

물론, 이들은 항상 개인의 심리적 특성과 삶의 상황과 관련되어 있다. 그러나 그런 개개인의 특수성 이면에는 인류의 시작부터 보편적으로 경험되고 표현되어 온 일반적인 사고 및 행동의 패턴이 존재한다.

이러한 패턴, 융이 '원형'이라 부른 것들을 이해하면, 세속적 현실을 다른 시각에서 보게 된다. 원형과 원형적 패턴에 대한 지식은 일종의 집단적 청사진이며, 이를 통해 개개인의 상황을 좀 더 보편적으로 이해할 수 있는 틀을 갖게 된다. 심리적 원형에 대한 지식은 융 분석가들에게 없어서는 안 될 도구다. 우리가 보았듯이, 노먼은 이들 중 몇몇 원형적 패턴에 얽혀 있었다.

지식은 심리분석에서 매우 중요한 요소이지만, 진정한 치유는 머리에서 일어나지 않는다. 바로 감정을 바탕으로 한 경험적 깨달음을 통해 일어난다. 융은 다음과 같이 썼다.

감정은 우리가 상징적인 것들의 의미와 현실성을 직접 느끼도록 연결해 준다. 이 연결 덕분에 우리는 자연스럽게 도덕적 기준을 받아들이게 된다. 단순히 미학적·이론적 관점만으로는 스스로를 완전히 이해하거나 변

화시키기 어렵다.[9]

지적 수준에서만 심리분석을 하면, 그것은 아무런 힘이 없다. 그리고 대부분의 자기 분석이 여기에 그치고 만다.

분석이 오직 정신적 차원에서만 이루어진다면 아무 일도 일어나지 않는다. 당신이 마음속에 떠오르는 모든 이야기를 다 털어놓는다 해도, 정신적 차원에서만 그친다면 아무런 차이를 만들지 못한다. 그러나 당신이 표면 아래에 있는 어떤 것(무의식)에 부딪혀 맞서 싸울 수 있다면, 그때의 사유는 살아 있는 체험의 형태로 떠오르며, 당신 앞에 실제 사물처럼 존재하게 된다. (⋯) 당신이 무의식을 그런 방식으로 경험하는 순간, 당신은 그것이 사실임을 즉시 깨닫는다.[10]

이렇듯 이론에 그치는 것이 아닌 '경험의 형태를 가진 사고'는 삶을 진정으로 변화시키며, 신성하고(누미노스) 압도적이다. 이것은 우리를 보다 균형 잡힌 관점으로 이끈다. 인간은 단지 인간일 뿐 전적으로 선하지도 않고(긍정적 팽창), 전적으로 악하지도 않으며(부정적 팽창), 선과 악이 뒤섞여 공존하는 존재다. 이러한 양면성을 자각하고 받아들이는 사람이 통합된 인격으로 성장한다.

무의식의 내용을 의식으로 통합시키는 과정은 노력 없이 이루어지지 않는다. 그것은 훈련과 집중된 실행, 그리고 신성한 영감(누미노스)에 대해 열린 자세를 요구한다. 내가 어느날 갑자기 코끼리의 의미에 주목한 것처럼 말이다. 나는 길에서 발견한 첫 번째 코끼리를 그냥 걷어찰 수도 있었다. 그리고 노먼, 그는 혼잣말을 하거나 색연필로 그림을 그리라는 조언을 단지 미친 짓이라고 판단했을 수도 있었을 것이다.

융은 체계적인 치료 기법을 제시하지는 않았지만, 분석 과정의 네 가지 특성적 단계를 설명했다. 고백confession, 조명elucidation, 교육education, 변형 transformation이 바로 그것이다.

첫 번째 단계에서는 마음속 억눌린 것을 토로하고, 두 번째 단계에서는 무의식의 내용을 자각하며, 세 번째 단계에서는 자신을 사회적 존재로 인식하게 되며, 네 번째 단계에서는 진정으로 변화한다. 당신이 언젠가는 되고 싶어 했던 바로 그 모습에 가까워지는 것이다. 이것이 대체로 융이 '개성화 과정'이라 부른 것의 전개다.[11]

융은 이렇게 이야기한다.

"오직 진정으로 자기 자신에 속한 것만이 치유의 힘을 가진다."

만약 분석가로서의 나의 태도를 형성하는 융의 문장 하나를 고르라고 한다면, 바로 이 문장일 것이다. 이 한 문장에 모든 개성화 과정이 담겨 있다. 노먼은 내가 이런 개성화 과정을 지켜본 첫 번째 인물은 아니며, 단지 내가 글로 쓰기 위해 영감을 받았던 사람일 뿐이다.

진정한 자기 자신이란, 오직 서로 반대되는 요소들 사이의 긴장을 버텨내는 과정을 통해서만 발견될 수 있다. 그러다 보면 제3의 것, **테르티움 논 다투르**tertium non datur(논리적으로 주어지지 않은 세 번째 존재, 뜻밖의 결과)가 나타난다. 바로 이 '제3의 존재', 즉 초월적 기능transcendent function은 언제나 극적인 방식으로 드러나는 것은 아니며, 반드시 노먼처럼 배우자와 이별하는 결말로 나아가는 것도 아니다. 전적으로 개인의 상황에 달려 있다.

그러나 이 초월적 기능은 언제나 내면의 자기가 창조적으로 개입하고 인도하는 과정을 나타낸다. 자기self는 융의 심리 모델에서 인격의 중심으로 기능하는 전체성의 원형이다.

어떤 변화든 가능하다. 변화는 시간과 노력이 필요하며, 희생이 따르기도 하지만, 진정한 변화는 분명 일어날 수 있다.

.

9

진정한 출발점,
마지막에서야 비로소 보이는

무의식을 의식 속으로 통합하여 개성화에 도달한 사람이라고 해서, 무의식의 모든 내용을 속속들이 알고 있는 것은 아니다. 다만 이제는 자신의 무의식을 다른 사람에게 투사하지 않는다. '투사'를 하느냐 하지 않느냐, 그것이 개성화된 사람과 그렇지 못한 사람의 차이점이다. 개성화 과정의 목표는 완벽함이 아니라 온전함이다. 그러나 대다수의 사람들은 온전함의 경지에 도달하지 못한다.
— 카를 구스타프 융,《서신집》

심리분석의 과정에서 우리는 무언가가 하늘에서 내려와 우리를 생생하게 사로잡는 특별한 체험을 하게 된다. 이 모든 과정은 태고로부터 현대사회에 이르기까지, 수많은 사람에게 일어났던 심오하고 숭고한 체험이다. 만약 심리분석의 체험을 상징적 언어로 표현하라고 한다면, 나는 '수태고지(하늘의 천사 가브리엘이 마리아에게 찾아가 '당신은 신의 아들을 잉태했다'는 소식을 알리는 사건-옮긴이)'라는 말로 묘사하겠다.
— 카를 구스타프 융,《세미나》, 1925

노먼과의 작별을 준비하며 나는 온갖 복잡한 감정이 밀려드는 것을 느꼈다. 노먼은 명랑한 기분으로 상담실에 도착했다. 파란 자켓을 입고 화려한 빨간 넥타이를 두른 모습이었다.

오늘은 우리의 첫 번째 만남을 기념하는 날이기도 했다. 정확히 2년 전, 그는 내 상담실로 찾아와 울음을 터뜨렸다. 내 비서가 그에게 차를 가져다주었는데, 그는 차를 바지 위에 쏟았다.

"어젯밤에 저는 하루 일찍 우리의 기념일을 축하했어요."

그가 이야기를 꺼냈다.

"오페라를 보러 갔죠. 오페라 〈라보엠〉을 처음으로 감상했어요. 세상에, 〈라보엠〉에는 인생만사가 다 들어 있더군요!"

"정말 그런가요?"

내가 물었다.

"푸치니의 〈라보엠〉은 병든 아니마에 대한 모든 것이 담긴 이야기예요."

노먼이 말했다.

"저는 언제나 쓰러질 듯 연약한 미인들에게 홀딱 반하곤 했거든요. 푸치니는 그걸 극단으로 밀어붙인 것 같아요."

그는 어딘가 먼 곳을 가리키듯 허공에 손짓을 했다.

"그동안 내가 홀려 있던 아니마가 뭔지 이제야 보이는 것 같아요."

노먼과 낸시의 이혼은 이제 법적으로 마무리되었다. 그는 이제 분석을 그만두기로 했다. 자신에게 분석이 더 이상 필요 없다고 생각해서가 아니라, 삶의 다른 계획이 그를 부르고 있었기 때문이다. 삶이 그를 다른 차원에서 부르고 있었다. 심리적으로 그는 매우 건강한 상태였다. 그는 앞으로도 계속 스스로 자기 분석을 해야 한다는 것을 알았고, 자신이 다듬어야 할 부분이 무엇인지도 잘 알고 있었다. 그는 새로운 여성을 만나고 있었지만, 결혼 생각은 아직 없었다.

"우리 사이에는 특별한 뭔가가 있어요. 하지만 지금은 혼자만의 시간을 가지는 것이 좋아요."

그는 아무렇지 않은 듯 명랑하게 말했다.

"그녀는 저를 사랑하고, 저에게 사랑을 표현하기도 해요. 저도 그녀가 날 사랑한다는 걸 진심으로 느낄 수 있어요."

그는 함박웃음을 지었다.

"전 그저 사랑이 필요한 단순한 시골 소년이에요. 사랑받는 것이 제가 바라는 전부예요."

나도 미소 지었다.

"정말 머나먼 길을 돌아 왔네요, 찰리 브라운."

나는 지금에서야 솔직하게 그를 높이 평가할 수 있었다. 노먼은 이제 칭찬받을 자격이 있었다. 노먼은 우리가 처음 만난 첫 해 뿐만 아니라, 작년에도 수많은 일을 겪었고 이혼에 따른 수많은 시련을 견뎌내야만 했다. 그는 아내와의 힘겨운 이별을 견뎌내고 꿋꿋이 살아남았다. 그는 내면의 갈등을 진지하게 받아들였고, 자신을 깊이 들여다보며 꾸준히 노력했다. 노먼에게 그 이상의 것을 바랄 수는 없다. 나는 알고 있다. 그가 분명 최선을 다했다는 것을.

노먼을 처음 봤을 때 그에게서는 뚜렷한 정체성이 느껴

지지 않았고, 정신의 또렷한 형태가 없었다. 물웅덩이에 고인 물 같기도 했고, 접시에 담긴 젤리처럼 흐물흐물한 느낌이었다. 이제 그는 훨씬 단단한 존재가 되어 있었다. 그의 몸짓에서도 또렷한 변화가 느껴졌다. 머리를 드는 방식, 걸음걸이는 물론 손짓하는 모습까지 달라졌다. 무엇보다도 그의 눈빛이 또렷해졌다.

그에게서는 이제 고요한 기품이 풍겨져 나왔다. 그는 자신을 있는 그대로 받아들였고, 나는 그런 그의 모습을 존중했다.

노먼은 마지막 꿈 이야기를 들려주었다.

"한 여성이 아기를 데리고 저에게 다가와요. 남자아이이고, 한 살쯤, 어쩌면 두 살쯤 됐을 수도 있어요. 그 여자는 어딘가 낯익은 모습이에요. 그녀는 저에게 아이를 위한 영적인 설교를 해달라고 요청해요. 저는 사람 잘못 보셨다고 손사래를 쳤죠. 잘못 찾아왔다고 말해줬어요. 그녀는 미소를 지으며 아이를 제게 안겨줘요. 무척 신비로운 느낌이었는데, 저는 무척 놀라서 깨어났지요."

"그 꿈을 어떻게 해석해요?"

내가 노먼에게 물었다.

"그 여자는 제 아니마의 한 측면일지도 몰라요. 하지만 그 이상은 모르겠네요."

나는 고개를 끄덕였다.

"그리고 그 아기는 새로운 삶, 또는 새로운 가능성을 뜻하는 존재인 것 같아요."

"아, 그렇다면"

노먼이 말했다.

"제가 낸시와 헤어진 지 딱 1년이 넘었어요. 그때 제 안에서 뭔가 새로운 존재가 탄생했겠군요. 그 아이가 바로 그 시기 즈음 잉태된 것일까요?"

나는 동의했다.

"그렇다면 꿈속의 그 아이가 정신에서 잉태된 건 심리분석 초기였겠네요."

분석 과정에서 이런 꿈을 꾸는 것은 드문 일이 아니다. 무의식은 때론 놀라울 정도로 시공간을 초월하여 각 개인에게서 비슷한 모습으로 나타나는 듯하다. 그러나 때로는 무의식의 사건이 일상의 사건 흐름과 놀랍도록 딱 들어맞는 이미지들을 던져주기도 한다. 그것이 바로 정신이 존재하는 방식이다.

"꿈속의 여자가 왜 당신에게 영적인 설교를 해달라고 부탁했을까요?"

내가 물었다.

노먼은 어깨를 으쓱하며 모르겠다는 표정을 지었다.

"그건 잘 모르겠어요. 제가 교회에 다니는 사람은 아니잖아요."

나는 책장에서 카를 융의 《심리학과 종교》를 꺼내 들었다. 책장을 넘기며 말했다.

"융은 중년의 위기에 즈음하여 겪는 신경증은 종교적인 태도의 발달 없이는 결코 치유되지 않는다고 했어요."[1]

"저는 무신론자예요."

노먼이 단호하게 말했다.

"정말 그런가요?"

나는 내가 찾던 구절을 드디어 발견했다.

"잘 들어봐요. '종교religion'라는 용어는 '**신성한 체험**numi-nosum'을 겪은 뒤 변화된 의식의 특유한 태도를 뜻해요."

나는 또 다른 페이지를 펼쳤다.

"그리고 융은 말하지요. 심리적 갈등 상황에 처한 사람은 '신성한 위안과 해결책'에 의존해야 한다고요. 이러한 위안과 해결책은 인간의 영혼 속에서 자발적으로 솟아오른다⋯. 폭풍 뒤에 정적이 찾아오듯이, 어둠 속에서 번개가 치듯이, 궁극적으로는 화해의 빛이 나타나게 될 것이다⋯. 그 빛은 그의 영혼 속 혼돈에 비밀스레 질서를 가져오는 빛이라고요." [2]

노먼은 골똘히 생각에 잠기다가 말을 꺼냈다.

"정말 흥미로운 구절이네요."

그는 마침내 말했다.

"그런 식으로는 생각해 본 적이 없었어요."

이윽고 문 앞에서 우리는 작별의 포옹을 했다. 나는 노먼에게 어느덧 애착이 생겼던 것 같다.

"꿈속의 그 아이를 잘 보살펴요."

내가 말했다.

"그리고 혼자 분석을 하다가 궁금한 것이 생기면 편지 해요."

우리는 악수를 나누었다. 나는 그가 코트를 입는 것을 도왔다. 봄이 왔지만 여전히 조금 쌀쌀했다. 눈이 완전히 녹지는 않았지만, 여기저기서 새싹이 올라오고 있었다. 어제 아놀드는 말했다. 씨를 뿌릴 시간이 되었다고.

"이제 말해줘요, 노먼."

나는 말했다.

"내가 당신에게 영향을 줬을까요?"

나는 얼굴이 붉어졌다.

노먼은 걸음을 멈췄다. 나를 놀란 눈으로 돌아보며 말했다.

"물론이죠. 나아갈 방향은 분명했지만, 여기까지 오는 방법은 몰랐어요. 당신이 없었다면, 전 여전히 아무것도 아니었을 거예요."

나는 그 말을 듣고도 아무렇지도 않은 척했다.

"저도 당신에게 영향을 줬나요?"

노먼이 나에게 물었다.

"물론이죠."

나는 솔직히 말했다.

"가끔은 당신 때문에 숨이 막힐 정도였어요."

노먼은 환하게 웃었다.

"농담인 거 다 알아요."

노먼과의 상담은 그날 내 마지막 일정이었다. 나는 지난 2년간 상담 일정을 서서히 줄여나갔다. 이제는 온종일 일에서 자유로워져 완전히 해방된 날도 많았다. 겨울에는 스쿼시를 쳤고, 더운 여름날에는 수영장 옆에 누워 코끼리 모양으로 흘러가는 구름을 바라보았다.

정 심심할 때면 나는 지하실로 내려가 내가 그린 그림들이 쌓여 있는 책장을 뒤져보곤 했다. 그런 일상은 아주 만족스러웠다. 나는 노먼이 나에게 가져다준 변화에 대해 생각했다.

이제는 내 삶이 더 이상 지루하지 않았다. 하지만 이 이야기는 또 다른 책에 쓰려고 한다.

에필로그

나는 설거지를 마치고, 그릇들을 제자리에 정리했다. 잠자리에 들 때, 부엌이 어질러져 있는 건 싫다.

"어떻게 생각해?"

내가 물었다.

나의 아니마 레이철은 이제 막 마지막 장을 다 읽은 참이었다.

"난 더 읽고 싶어요. 이야기가 더 길었으면 좋겠어요."

그녀가 말했다.

"이렇게 끝내면 안 돼요. 처음엔 교과서 같더니 점점 소설 같아졌어요. 이 사람들에게 관심이 생겼어요. 노먼이 앞으로 어떻게 되는지 더 알고 싶어요. 그리고 낸시를 어중간한 상태로 남겨놨잖아요."

그녀는 잠시 말을 멈췄다.

"아놀드 이야기도 더 알고 싶어요."

나는 레이철을 사랑하지만, 그녀는 때때로 핵심을 놓친다.

"물론 더 이야기할 건 있어."

내가 인정했다.

"하지만 여기서 더 나가면 너무 구체적인 이야기가 되어버려. 그러면 노먼은 심리분석 과정의 전형paradigm으로서의 가치를 잃게 돼."

"그게 사실이라면."

레이철이 말했다.

"당신은 이미 오래전에 망친 거예요. 도입부만 빼면 이

261

이야기는 전적으로 노먼과 낸시가 주인공이 되어 펼쳐지잖아요. 그리고 뒤로 갈수록 점점 당신과 노먼을 구별하기 어려워져요. 당신은 아내와 헤어진 뒤 결국 분석가가 됐잖아요. 노먼도 결국 그렇게 되는 건가요?"

"노먼은 사업가야. 그는 지금 상태에 꽤 만족하고 있어."

"당신이 노먼이라면, 또는 노먼이 당신이라면 말이지요."

그녀는 밀어붙였다.

"그렇다면 노먼도 언젠가 분석가가 되어야 하지 않을까요."

"있잖아."

내가 말했다.

"전부 내가 지어낸 거야. 노먼도, 낸시도 존재하지 않아. 그들은 결혼하고 가정을 꾸리는 두 사람 사이에서 일어날 수 있는 여러 가지 일을 보여주는 모델일 뿐이야. 몇 년이 지나면 그중 한 사람이 중년의 위기를 겪고 심리분석에 들어가는 거지. 심리학은 진짜지만, 나머지는 다 허구야. 나는 남편 쪽을 따라가기로 했는데, 그건 그가 나를 떠올리게 했기 때문이야. 하지만 나는 반대로 시작할 수도 있었어. 아내 쪽을 따라갔을 수도 있었지."

"그 말, 정말 자신 있으면 판사 앞에서 해 봐요."

레이철이 말했다.

나는 미소 지었다.

"너 그림 형제 동화 '바다 토끼The Sea Hare' 이야기 알아?"

레이철은 고개를 저으며 찡그렸다. 그녀는 주제가 옆
길로 새는 걸 좋아하지 않는다.

"바다 토끼 이야기에는 이 세상 모든 걸 몽땅 다 알고
싶어하는 공주 이야기가 나와. 그 공주가 어떤 잘못을 했는
지 알게 된다면, 너도 깜짝 놀랄걸."

나는 이렇게 말하고 불을 껐다. 레이철에게 늘 모든 이
야기를 다 털어놓을 필요는 없으니 말이다.

대릴 샤프가 들려주는
융 심리학 이야기

Survival Report

신경증을 앓고 있다는 사실을 스스로 알고 있는 신경증 환자는, 그런 자각이 아예 없는 사람보다 훨씬 더 개성화된individuated 사람이다. 자신이 주변 사람들에게 골칫거리라는 것을 스스로 인지하는 사람은, 자기 본성을 순진하게도 전혀 모르는 사람보다 훨씬 더 개성화되어 있다.

— 카를 구스타프 융,《서신집》

신경증, 중년의 위기, 개성화

흔히 마음의 질병으로 여겨지는 신경증neurosis과 건강한 심리적 발달을 의미하는 일반적인 용어인 개성화individuation를 나란히 놓는 것은 부조화처럼 보일 수 있다. 실제로 언뜻 보기에 신경증과 개성화는 매우 어울리지 않는 짝처럼 보인다.

그러나 융 심리학에서는 신경증이 개성화 과정의 전제 조건이라는 주장이 가능하다. 이 책을 읽어가면서 여러분은 바로 그 과정을 분명히 알게 되었을 것이다. 신경증은 '자기 자신과의 분열'이며, 개성화는 '심리적 전체성을 향한 의식적인 움직임'이라 할 수 있다.

이러한 관점에서 보면, 신경증은 실제로 심리적 발달을 위한 자극과 동기를 제공한다. '무의식의 의식화'의 가치를 믿는 사람이라면, 신경증으로 고통받는 이들이 사실은 운 좋은 사람들이라고 볼 수도 있다. 신경 쇠약은 종종 더 의미 있고 만족스러운 삶의 길로 나아가기 위해 필수적인 전주곡이다. 많은 사람이 경험을 통해 이 사실을 입증했으며, 나 또한 그들 중 하나다.

한 지역 신문의 기자가 언젠가 다양한 치료법을 주제로 기사를 쓰기 위해 나를 인터뷰하러 왔다. 그는 조금 미안해하며, 융 심리학에 대해서는 별로 아는 바가 없다고 했다. 그는 자신이 미리 해온 메모를 확인하며 말했다. "융 심리학자들은 인격의 분열을 믿는 사람들이 아닌가요?"

그런 식으로 생각해 본 적은 없었지만, 융은 이렇게 말하고 있었다.

> 분열된 인격은 단순히 마음의 균열 정도가 아니라 오히
> 려 완전한 붕괴를 통해 치유된다. 인격이 분열되면 개성
> 화를 향해 나아가는 모든 힘, 온전한 자기다움selfhood을
> 향한 모든 건강한 욕망은 인격의 붕괴에 저항한다. 이
> 저항으로 인해 우리는 그동안 언제나 자기 밖에서만 찾
> 아왔던 내면 통합의 가능성을 깨닫는다. 그리하여 우리
> 는 분열되지 않은 자아라는 보상을 발견하게 될 것이다.
> 이러한 일은 흔히 중년의 시기에 일어난다. 그리고 이
> 러한 방식으로 경이로운 인간 본성은 인생의 전반부에
> 서 후반부로 이어지는 이행기를 준비하게 된다.[1]

기자의 질문은 내가 한때 디트로이트의 신화(당시 디트
로이트는 미국식 물질주의와 대량생산적 삶의 방식을 상징하는 도
시였다. 물질적 풍요를 추구하는 당시 미국사회의 세속적 분위기
를 가리킨다. 디트로이트는 20세기 미국 자동차 산업의 중심지였
고, 자동차로 대표되는 산업화, 기계화, 물질적 가치를 상징했다.-
옮긴이)를 믿기를 거부하던 시절을 떠올리게 했다. 내게 디
트로이트는 황금만능주의와 내가 도저히 받아들일 수 없
는 속도 위주의 삶의 방식을 상징했다. 그래서 나는 디트로
이트의 신화에 등을 돌리고, 그것이 존재하지 않는 척했다.
그러나 나와는 상관없이 수많은 자동차는 여전히 조립라
인에서 쉴 새 없이 쏟아져 나왔다.

우리가 믿든 믿지 않든, 수많은 일은 일어난다. 현대인의 인격이 실제로 붕괴하고 있다는 것은 사실이다. 도시마다 넘쳐나는 심리 상담실들을 보면 알 수 있다. 진정 중요한 질문은 '그런 일이 정말 일어나는가'가 아니라 '왜 그런 일이 일어나는가', 그리고 '그것이 어떤 목적을 가지는가'다.

신경증, 인격의 분열은 인생의 종착점이 아니라 새로운 삶을 위한 기회일 수 있다. 인격의 분열을 새로운 삶을 위한 기회로 받아들인다면, 그것은 불길한 사건이 아니라 새로운 시작이 된다. 인격의 분열을 겪는 사람이나 신경증 환자를 위한 단순한 위로가 아니다. 그들에게는 삶과 죽음의 차이만큼이나 결정적 차이를 의미할 수 있다. 예전에는 무의미한 고통이었던 인격의 분열이 이제 새로운 삶을 창조하기 위한 의미 있는 고통임을 깨닫게 되기 때문이다. 이런 현상은 중년의 위기를 겪는 사람들에게 더욱 커다란 의미가 있다. 이 시기 많은 남성과 여성들은 바로 이런 심리적 문제로 인해 커다란 좌절감을 겪고 있기 때문이다.

이 책은 신경증 상태를 감별하고 진단하기 위한 것이 아니고, 자기애성 성격장애에 대해서 다루는 것도 아니다. 이 책은 오로지 신경증이 발현되는 상황 속에서 작용하는 심리적 요인에만 집중한다. 신경증의 다채로운 증상들은 모든 면에서 중년의 위기와 구별이 되지 않는다. 융 또한 심리치료사들에게 그렇게 조언해 주었다.

단지 이런저런 병명으로 내담자를 진단하는 것은 매우

무의미한 일이다. 신경증 상태에 뭔가 꼬리표를 붙이는 것 외에는 아무것도 얻는 것이 없다. 예후나 치료를 위해서라도 특정한 병명으로 진단을 내리는 것 자체는 크게 의미가 없다. (…) 세부적으로 무슨 병명인지 진단하는 것보다는 신체적 장애와 구별하여 폭넓게 '정신신경증psychoneurosis'이라고 진단하는 것만으로도 충분하다.[2]

중년의 위기는 주로 변덕스러운 기분과 낯선 행동이 갑작스럽게 나타나면서 시작된다. 이러한 증상들은 인생의 전환점에 다다른 사춘기 청소년이나 갓 성인이 된 젊은 이들, 노인들에게서도 가끔 나타날 수 있지만, 이 책에서는 그들에게 초점을 맞추지는 않는다.

이 책에서 집중하고 있는 대상은 중년에 접어든 남성들과 여성들이다. 중년의 위기를 겪는 사람들은 대부분 지금까지 잘 살아왔고, 열심히 일해왔으며, 결혼하여 자녀가 있는 경우도 많지만, 어느 날 갑자기 모든 것이 더 이상 예전처럼 작동하지 않음을 깨닫는다.

그들은 마음을 갉아먹는 끔찍한 기분으로 고통받는다. 어두운 생각, 의심, 환상에 사로잡혀 마음의 평화를 찾지 못하게 된다. 그들의 전망은 암울하다. 에너지와 야망을 잃고, 불안해하며, 기회를 놓쳤다고 느낀다. 그들은 자신의 우울한 기분을 외부의 탓으로 돌린다. 우울의 원인을 사랑하는 사람의 상실, 불만족스러운 인간관계, 직장에서의 여러 문제, 또는 객관적으로 어려운 여러 외부 상황 탓으로 돌리는 것이다. 중년의 위기에는 변화에 적응하는 능력이 떨어지고, 평소와 같은 방식으로 새로운 상황이나 예상치 못한 돌발 변수에 제대로 대처할 수 없게 된다. 때로는 자신이 왜 갈등을 느끼고 있는지 깨달을 때도 있다. 하지만 대부분의 사람이 자신이 겪는 내적 갈등의 원인을 전혀 파악하지 못하는 경우가 많다. 예전에는 삶의 우여곡절 끝에 발 빠르게 대처할 수 있었지만, 이제는 대처하기 어려워진다. 삶은 무의미하게만 느껴진다. 그들은 고통스러워하며 급기야 자살 충동까지 느낀다.

융의 심층 심리분석에서는 불안, 갈등, 우울, 두려움, 죄책감, 불면증 등 외적인 증상보다는 신경증을 앓고 있는 사람 자체를 중시한다. 융 심리학에서는 증상보다는 사람이 중요하다. 시간이 지나면 이런 다양한 증상은 해결될 것이다. 진짜 문제는 이 다채로운 증상들을 경험하고 있는 사람이다. 따라서 분석의 목표는 개인의 심리를 밝혀내는 것이다(융의 심리분석은 단순히 외적인 증상을 없애는 것이 아니라 무의식의 내용을 밝혀내는 것이 목표다.-옮긴이)

분석이 어떻게 이루어지는지는 개개인의 사례마다 다르다. 하지만 환자의 무의식이 밝혀지면, 신경증적 고통을 새롭고 더 건강한 삶의 시각으로 변환시키는 것도 가능하다. 물론 심리분석이 만병통치약은 아니기에, 모든 심리분석에서 무의식이 제대로 밝혀져 마음의 건강을 찾게 되는 것은 아니다. 만약 내담자에게 긍정적인 변화가 일어났다면, 분석가의 조언이나 행동 때문이라기보다는 환자 본인이 가지고 있는 내적 동기나 타고난 잠재력 때문일 때가 많다.

중년의 위기에서 가장 눈에 띄는 것, 그리고 잠재적으로 가치 있는 증상은 바로 갈등이다. 융은 이렇게 썼다. "겉으로 보기에 견딜 수 없이 첨예한 갈등이 있다면, 당신이 삶을 제대로 살고 있다는 증거입니다. 내적 갈등이 전혀 없는 삶은 반쪽짜리 삶이거나, 하늘에 사는 천사들에게나 가능한 저 너머의 초월적 삶일 뿐입니다."[3]

내적인 갈등이 강렬할수록, 의식과 무의식 사이의 강렬한 소통이 더욱 절실해진다. 내적인 갈등을 이겨내고 의식과 무의식 사이의 소통을 이루기 위한 투쟁이 바로 개성화의 길이다.

개성화는 인격의 전체성이라는 원형적 이상을 추구한다. 만약 우리가 스스로에게 항상 '옳은 것', 우리가 나아가야 할 '진정한' 방향성이 무엇인지 항상 알 수 있다면, 우리는 완전한 내적 조화 속에서 늘 평화롭게, 도道를 이루며 살아갈 것이다. 완벽한 도를 이루며 살아가는 것이 개성화의 궁극적인 목표다. 그러나 이것은 본질적으로 손쉽게 다다를 수 없는 목표다. 많은 사람은 개성화의 어려운 과정을 거치지 않으며, 완벽한 도를 이루며 살아가는 것에는 관심이 없고 가치를 두지도 않는다.

융은 이렇게 말한다. "궁극적인 도를 이루겠다는 목표는 이상적인 아이디어일 뿐이다. 본질적으로 더 중요한 것은 목표를 향한 작업opus(스스로의 분석 작업) 자체다. 평생 개개인의 도를 이루기 위해 작업하는 것. 바로 그것이 일생의 목표다."[4]

다시 말해, 개성화 과정의 목표는 자신의 개인적인 심리를 극복하는 것, 즉 완벽해지는 것이 아니라, 자신의 개인적 심리와 친숙해지는 것이다.

가끔은 아무런 문제가 없는 건강한 사람들을 굳이 개성화 과정에 끌어들이려는 분석가들도 있다. 물론 이런 정상적인 사람들은 개성화 과정에 끌려 들어가지 않기 위해 울며불며 발버둥 치고 저항한다. 이런 경우는 '무의식 상태'를 '전체성wholeness'으로 착각하는 것이다. 전체성, 혹은 개개인이 저마다 도달할 수 있는 나름의 전체성은 분석가의 노력이 아니라 오직 '자기 성찰'을 통해서만 달성된다. 굳이 아무 문제도 없는 사람들을 데려다가 자기 탐구나 심리분석을 시도할 필요는 없다.

중년의 위기를 겪는 사람들은 '내면의 필연성', 즉 자기 발견의 여정을 시작해야만 하는 심리적 절박함을 느낀다. 우리는 이 의무에서 가볍게 도망칠 수 없다. 융은 괴테의 《파우스트》를 언급하며, 힘겨운 내적 탐구를 회피하며 '단순한 삶'을 갈망하는 파우스트를 메피스토가 조롱하는 장면을 인용한다.

그래, 돈도, 의사도, 마녀도 필요 없이, 이곳에서 도망치는 방법이 있긴 하지. 짐을 모두 싸서 고향으로 돌아가라. 거기서 땅을 파고 도랑을 파는 일을 시작해 봐. 좁은 울타리에서 만족하고, 가장 단순한 음식을 먹고 살며, 짐승들 사이에서 너 또한 짐승처럼 살아보라고! 그리고 꼭 기억해 두어라. 네가 기르는 곡식에는 네 똥을 거름으로 써야 한다는 걸![5]

융은 《파우스트》에 자신의 해석을 더한다. "물론 (파우스트가 진정으로 원한다면) 시골에 있는 방 두 칸짜리 오두막을 얻는다고 해서 막을 자는 없을 것이다. 또는 정원을 어슬렁거리며 순무를 캐 먹는다고 해서 말릴 사람도 없을 것이다. 하지만 그의 영혼은 그 자기 기만을 비웃을 것이다."[6]

'단순한 삶simple life'은 오직 외적인 상황 때문에 어쩔 수 없이 소박하게 살아야만 하는 사람들에게만 해당하는 선택지일 뿐이다. 대다수 사람은 단순한 삶을 살지 못하는 것이 현실이고, 그리하여 우리에게 남은 선택지는 둘뿐이다. 자발적이고 의식적인 개성화 과정의 참여자가 될 것인가, 아니면 불행한 희생자가 될 것인가.

융은 이어서 쓴다. "이 말은 꼭 하고 싶다. 어두운 심연 속으로 내려가는 운명에 맡겨진 사람이라면, 뒤로 넘어져 끝없이 빠지는 위험을 무릅쓰느니, 차라리 만반의 준비를 갖추고 스스로 내려가는 편이 낫다."[7]

중년 위기의 목적

《아메리칸 헤리티지 사전American Heritage Dictionary》에는 신경증을 다음과 같이 정의한다.

> 신경증이란 신체적인 변화나 손상이 없음에도 불구하
> 고 지성과 감정에 다양한 기능적 장애가 나타나는 것을
> 가리킨다. 불안, 공포증, 기타 이상행동 증상을 수반한
> 다. '정신신경증'이라고도 불린다.

이런 사전적 정의만 보면 신경증은 전혀 긍정적인 면
이 없는 것처럼 보인다. 신경증에는 어떤 가치나 목적도 없
어 보인다. 이는 단지 신경증을 질병으로 바라봄으로써, 건
강하지 못한 것, '비정상적인 것'으로 보는 일반적 관점을
보여줄 뿐이다. 이는 질병을 병리적 이상으로만 간주하고,
질병은 오직 치료되기 위해서만 존재한다고 보는, 육체적
질환에 대한 의학적 모델의 자연스러운 확장이다.

이런 인과적 모델에서는 심리적 증상은 두통과 유사
한 기능을 가진다. 이런 차원에서 의학의 역할은 근본적인
질병의 원인을 알려주고, 그에 따라 해당 질병을 제거해야
한다. 그래서 우리는 아무렇지도 않게 진정제를 삼켜 우울
증을 몰아내려 한다.

이와 달리 융은 오히려 신경증을 '무의식의 의식화'를
위한 기회로 바라본다. 즉 신경증을 단지 제거의 대상이 아
니라 '우리가 생각하는 우리 자신'이 아닌, '진짜 우리 자신'
이 누구인지를 일깨우는 계기로 본다. 신경증과 그에 수반
되는 증상을 통해 우리는 자신의 한계와 정면으로 마주하
게 된다. 하지만 동시에 자신의 강점과 진정한 본성도 발견
할 수 있다. 이러한 관점에서 보면 신경증은 일종의 자명종

과 같으며, 의학계나 대부분의 사람들이 생각하는 것보다 훨씬 더 긍정적인 역할을 수행한다.

1935년, 융은 런던에서 의사들에게 강연한 적이 있는데, 질의응답 시간에 다음과 같은 대화가 오갔다.

질문 "교수님, 신경증에 대한 정의를 내려주실 수 있습니까?"

융 "신경증은 콤플렉스의 존재로 인해 성격이 분열되는 상태입니다. 콤플렉스가 있다는 것 자체로는 정상입니다. 하지만 그 콤플렉스들이 서로 양립할 수 없다면, 의식적 부분과 지나치게 반대되는 성격 일부가 분리되어 나타나게 됩니다. (…) 그렇게 분리된 콤플렉스는 무의식에 숨어 있어서 간접적인 방식으로만 표현되며, 그것이 바로 신경증적 증상입니다. (…) 성격상의 어떤 불일치도 분열을 초래할 수 있습니다. 예컨대 사고기능과 감정기능이 지나친 분리되어 있다면 이미 경미한 신경증 상태입니다. 특정한 문제에서 자기 내면의 의견과 외적인 태도가 완전히 일치하지 않을 때, 이미 당신은 신경증적 상태에 가까워지고 있는 것입니다."

질문 "그렇다면, 융 교수님, 신경증의 발현을 자기 치유의 시도, 그러니까 열등한 기능을 보완하려는 시도로 보시는 것입니까?"

융 "맞습니다. 전적으로 동의합니다."

질문 "그렇다면 신경증적 질환의 발현은 개인의 성장이라는 관점에서 보면 바람직한 일로 이해할 수 있습니까?"

융 "그렇습니다. 그 의견을 말씀해 주시니 기쁩니다. 그것이 바로 제 관점입니다. (…) 신경증에 걸렸다면, 사실 우리는 이렇게 말해야 합니다. '하늘이시여, 신경증에 걸리게 해주셔서 감사합니다.' 신경증은 진정한 자기 치유의 시도입니다. 신체적인 질병의 일부도 궁극적으로는 자기 치유의 시도인 것과 마찬가지로요. (…) 신경계는 스스로 조절할 수 있는 심리적 시스템이며, 필연적으로 스스로 균형을 회복하려고 시도합니다. 꿈이 무의식을 통해 정신의 자기조절을 하려고 하는 기능과 다를 바 없습니다. 다만 신경증이 꿈보다 훨씬 더 강렬하고 과감한 방식으로 자기조절을 하고 있습니다."[8]

융의 믿음은 이렇다. 심리적 위기 상황에서 무의식적 내용들이 자동으로 활성화되어, 의식의 편향된 태도를 보완하려 한다는 것이다. 이러한 현상은 모든 연령대에서 발생할 수 있지만, 인생의 전반기에는 융이 말한 '대극opposites의 갈등', 즉 의식적 자아 태도와 무의식 내에서 벌어지는 현상 사이의 불일치에 반드시 맞서 싸울 필요는 없다.[9]

융은 청년들의 문제를 이렇게 지적한다. "젊은이들의 문제는 대체로 현실의 힘과 미성숙하고 유아적인 태도 사이의 충돌 때문에 벌어진다. 청년들이 실제 부모나 상상 속 이상적인 부모에게 과도하게 의존하는 태도에서 기인한다."[10] 이들을 치료하기 위해서는 부모의 바람직한 이미지에 더욱 적합한 대체 인물을 찾아 전이시켜 주고, 청년들이 더욱 강한 자아를 키워갈 수 있도록 격려해야 한다.

그런데 청년들과 달리 중년에 다다른 사람들에게 있어서는, "발달은 더 이상 유아기적 유대감의 해체, 유아기적 환상의 파괴, 오래된 부모 이미지를 새로운 이상적 인물로 교체해 전이하는 것만으로는 충분하지 않다. 중년 이후의 발달은 '대극對極의 문제'에 직면함으로써 비로소 이루어진다."[11] 따라서 내적 갈등에서 발생하는 긴장을 유지할 수 있는 능력이 매우 중요해진다. 이러한 내적 갈등을 견뎌내려면 확고한 자아가 이미 형성되어 있어야만 한다.

융이 신경증을 바라보는 관점은 프로이트에 비해 종합적이고 목적론적이었다. 융의 관점은 전통적인 정신분석학의 환원적 관점, 즉 심리적 문제는 본질적으로 성적인 것이며 아동기의 오이디푸스 갈등에서 비롯된다는 프로이트의 견해와 완전히 반대되는 것은 아니다. 오히려 융과 프로이트의 관점은 상호 보완적이라고 보는 것이 더 정확하다.

프로이트는 현재의 정신적 고통의 원인을 과거에서 찾았다. 이에 비해 융은 현재의 심리적 고통이 미래에 어떤 결과를 초래하는지 주목했다.

융은 프로이트의 오이디푸스 콤플렉스에 완전히 반대하지는 않았다. 프로이트는 유년 시절의 심리적 콤플렉스(예컨대 어머니에 대한 애착, 아버지에 대한 경쟁심-옮긴이)가 성인이 된 이후에 신경증으로 나타날 수 있다고 보았다. 융 또한 인생의 특정 시기, 특히 유아기가 인격에 지속적이고 결정적인 영향을 미칠 수 있다는 점에 동의했다. 그러나 융은 프로이트의 오이디푸스 콤플렉스로는 설명되지 않는 다른 신경증이 있다는 사실을 지적했다. 어떤 신경증은 인생의 특정 지점에 이르기까지는 전혀 증상으로 드러나지 않는다.

만약 오이디푸스 콤플렉스가 원인이 되어 어른이 된 후 신경증이 발생한다면, 우리는 오이디푸스 시기의 문제가 어른이 된 이후의 신경증으로 평생 이어진다고 인정할 수 있을 것이다. 하지만 이와는 다른 신경증이 있다. 어린 시절과 전혀 관련 없이, 현재 상황 때문에 신경증이 발생할 수도 있다. 어떤 환자의 신경증이 과거의 원인으로 인해 생긴 것이 아니라면, 그 신경증 환자가 집착하고 있는 유아기적 환상과 사건들을 면밀히 조사해야 한다. 그러면 이 환자의 유년기에는 본질적으로 신경증이라고 볼 만한 요소는 없다는 결론에 도달할 수밖에 없다. 정상적인 개인들 또한 대체로 동일한 내적·외적 경험을 하며, 놀라울 정도로 유아적인 환상과 집착에 빠질 수도 있지만 반드시 신경증을 일으키지는 않는다.[12]

그렇다면, 왜 어떤 사람은 중년의 위기를 겪고 다른 사람은 똑같이 어려운 환경에서도 신경증을 겪지 않는 것일까? 이에 대한 융의 대답은 다음과 같다. 개인의 정신은 자신의 한계와 잠재력을 모두 알고 있다는 것이다. 그리하여 자신의 한계를 넘어선 고통을 겪거나, 자신의 잠재력을 실현하지 못한다면 인격의 붕괴, 즉 신경증이 발생한다. 정신은 자기조절의 시스템이기에 스스로 잘못된 상황을 바로잡는 방향으로 작동하고 있다는 것이다.

에너지의 관점에서 바라본 융 심리학

유년기의 고착이라는 가설과 함께, 프로이트는 신경증 환자들이 유아기의 환상으로 퇴행하는 원인이 오이디푸스 콤플렉스로 인한 근친상간의 욕망에 있다고 주장했다.

융은 초기에는 프로이트의 이런 주장을 받아들였다. 그러나 1913년 융은 신경증 심리학에 새로운 에너지적 관점을 도입하면서 프로이트의 비엔나 정신분석학파와 결별한다.

로버트 마이어Robert Mayer가 에너지 보존의 법칙을 발견한 이후로, 세상의 모든 물리적 현상은 에너지의 표현으로 이해된다. 그와 마찬가지로, 모든 심리적 현상은 일종의 에너지의 표현으로 간주될 수 있다. 여러 가지 심리적 증상을 일으키는 이러한 에너지가 바로 '욕망'이다. 나는 이 욕망을 "리비도libido"라고 부르는데, 라틴어로 본래 욕망을 의미한다. 리비도는 결코 성적인 욕망에만 한정되지 않는다. (…) 리비도의 의미를 좀 더 확장하면 마치 베르그송의 생기élan vital(엘랑비탈) 개념처럼 일반적인 생명 에너지vital energy로 이해할 수 있다. [13]

융은 심리적 사건과 물리적 사건 사이의 유사성을 발견한다. 심리적 사건과 물리적 사건 모두 역학적 관점 또는 에너지론적 관점에서 볼 수 있다는 것이다.

물리 역학적인 관점에서는 원인이 있으면 결과가 따르게 마련이다. 어떤 원인이 있어야 그에 따른 사건이 일어나기에, 원인이 더욱 중요하다. 이 관점에 따르면 변하지 않는 물질들은 에너지 불변의 법칙에 따라 자신은 변하지 않고 다른 물질과의 상호 관계를 바꾸는 것으로 본다. 반면 에너지론적 관점은 원인보다 결과가 중요하다. 에너지의 흐름은 명확한 방향이나 목표를 가지고 있다. 에너지는 일정한 방향으로 흘러가는데, 그 흐름

융은 역학적 관점과 에너지론적 관점 모두를 수용하여 심리분석에 활용하고자 했다. 신경증 환자의 상태에 따라 어떤 관점을 적용할지 결정해야 한다고 봤다. "실용성, 다시 말해 결과를 얻을 수 있는 가능성만이 어느 관점을 선택할지를 결정한다."**15**

융과 프로이트 모두 신경증을 '리비도의 흐름이 막힌 상태'로 보았지만, 서로 관점이 달랐다. 프로이트는 결과보다 원인을 중시하는 역학적 관점에서 신경증을 바라보았기에, 신경증의 원인을 과거의 사건에서 찾았다. 반면 융은 에너지론적 관점 또는 목적론적 관점에서 신경증을 바라보았다. 융은 결과를 더욱 중시하는 관점에서 신경증의 원인보다는 결과에 관심을 기울였기에, 전체적인 정신의 의도를 묻는다. 즉 융은 심리적 에너지가 '원하는' 방향은 어디인가를 궁금해했다.

융은 인간의 마음에도 물리 세계에서와 유사한 에너지 보존 법칙이 존재한다고 보았다. 그는 물리학의 법칙인 '등가 원리'가 인간의 마음속에서도 적용된다고 보았다. 등가의 원리에 따르면, 어떤 상태를 일으키기 위해 일정량의 에너지가 소모되면, 동일하거나 다른 형태의 에너지가 다른 곳에서 동일한 양으로 나타난다.

등가의 원리를 심리학에 적용하면 이렇다. 마음의 한 지점에 에너지가 과도하게 집중될 경우, 다른 심리기능은 에너지를 박탈당한다. 반대로, 우울증처럼 리비도가 '사라지는' 경우에는, 한쪽에서 박탈당해 사라진 에너지가 반드시 다른 형태로 나타나는데, 우울증의 형태로 다시 되돌아온 것이다. 예컨대 마음의 한켠에서 박탈당한 에너지가 신경증이나 우울증의 증상으로 나타난다는 것이다.

어떤 사람이 한 가지 생각에 과도하게 집착하거나, 강박적인 확신을 지니거나, 극단적 태도를 보일 때, 바로 그곳에 리비도가 과도하게 집중되어 있다. 다른 곳에서 흐르고 있어야 할 리비도가 한 곳에만 과도하게 집중되고 있기에, 다른 곳에는 리비도가 부족하게 된다. 따라서 신경증의 증상은 리비도가 지나치게 많이 흘러 그 부위가 과잉 활성화된 것으로 바라봐야 한다. 반면, 리비도가 과도하게 결핍된 경우, 예컨대 지나치게 무감각해져 어떤 감동도 느끼지 못하는 경우에는, 그곳에 흘러야 할 리비도가 다른 곳으로 빠져나갔다는 의미다. 이 경우 우리는 반대로 질문해야 한다. 즉 "여기 있어야 할 리비도는 어디로 갔는가?"라고 물어야 하는 것이다. 마음속 어딘가 리비도는 여전히 존재하긴 하지만, 눈에도 띄지 않고, 환자 자신도 리비도를 사용할 수 없는 상태라면, 분석가는 환자의 리비도가 숨어 있는 마음의 장소를 찾아야 한다. 리비도가 숨어 있는 곳은 바로 제대로 의식화되지 않는 부분이다. 우리는 바로 이곳을 '무의식'이라 부른다. 그러나 우리는 무의식에 굳이 신

　융은 신경증의 발생 원인을 과거에서 찾는 것이 유익할 수도 있음을 인정했지만, 신경증의 결과를 중시하는 에너지적 관점, 목적론적 관점을 더욱 선호했다. 그는 에너지 모델이 심리의 발달 과정을 설명하는 데 있어 매우 필수적인 개념이라고 보았다. 예컨대 프로이트는 신경증 환자의 에너지는 오이디푸스 시기, 즉 유아기의 어머니 이미지에 고착되어 있어서 신경증이 발생한다고 본다. 그런데 결과를 중시하는 융은 목적론적 관점에서 다음과 같이 쓴다. "리비도가 과거의 어머니상으로 퇴행하는 이유는, 과거의 어머니상에서 현재의 심리적 성장을 촉진할 만한 기억과 연상을 찾아내기 위해서다."**17**

　'개인적 어머니personal mother'와 '어머니 상' 사이의 차이는, 콤플렉스와 원형적 이미지 사이의 차이와 같다. 어머니 콤플렉스는 자신을 보살펴 준 어머니에 대한 감정적 연상 작용이 축적된 상태를 가리킨다. 개인의 어머니 콤플렉스 뒤에는 늘 원형적인 어머니 상이 숨어 있다. 어머니 상에는 인류의 역사 속에서 그동안 쌓아온 '어머니'와 관련된 모든 긍정적 의미와 부정적 이미지들이 고스란히 쌓여 있다. 어머니 상이 곧 어머니의 원형이다.

　어머니 콤플렉스로 인해 에너지가 퇴행하면, 어머니에 대한 개인적 기억뿐 아니라, 한 번도 경험하지 않았던 '어머니'에 대한 원형적 이미지나 상징도 활성화된다.

융은 강조한다. "인과론적 관점에서 사실인 것이 목적론적 관점에선 상징이 된다. 반대로, 목적론적 관점에서 상징으로 여겨지는 것이 인과론적 시각에서는 사실이 된다. 한 관점에서는 현실적이고 본질적인 것이, 다른 관점에서는 비현실적이고 비본질적인 것이 된다."[18]

융은 이어서 지적한다. 신경증에 대해서 오로지 인과론적으로만 접근한다면, 개인의 발달을 가로막을 수도 있다고. 왜냐하면 환자의 리비도를 과거의 사실(예를 들어 자신을 길러준 어머니에게 리비도가 고착된 상태)에만 붙들어 매기 때문이다. 반대로, 목적론적 관점은 과거의 원인을 앞으로 개성화하여 나아가기 위한 수단으로 전환하며, 과거의 안 좋은 기억들조차 '다가올 미래를 위한 상징적 표현'으로 변화시킨다.

> 개인의 심리적 발달은 의도와 의지만으로 이루어지지 않으며, 상징symbol의 끌어당김이 필요하다. 이 상징에는 애초 신경증의 원인보다 더 큰 에너지의 축적 과정이 필요하다. 상징이 리비도를 끌어당기는 힘은 애초의 원인, 즉 나를 길러준 어머니의 힘을 능가한다. 그러나 상징이 제대로 형성되려면 개인의 정신이 과거의 기초적 사실(자신을 길러준 어머니에게 리비도가 고착되는 것)에 대해 충분히 고민하는 과정이 필요하다. 즉 삶의 내적 필연성 또는 외적 필연성이 에너지의 변화를 일으켜야 한다.[19]

이러한 에너지의 변형 작업은, 융의 신경증 치료 이론을 이해하는 데 핵심적이다. 이러한 에너지의 변환에는 앞서 말한 등가 원리뿐 아니라, 엔트로피 법칙도 포함된다. 엔트로피 법칙은 에너지의 강도 차이가 있는 폐쇄된 시스템 안에서만 에너지 변환이 가능하다는 원리다.

예를 들어 뜨거운 물과 찬물을 섞으면 미지근한 물이 되는 것처럼, 한쪽에서 다른 쪽으로 에너지가 이동하면서 차이가 평형 상태로 바뀐다. 이 폐쇄된 시스템(유리컵, 혹은 개인의 심리) 내부에서 에너지 변환이 일어나는 것이다.

융은 이러한 원리를 심리의 영역에 적용하여, 특히 갈등 상황에서 인간의 내면에서 어떤 일이 일어나는지를 설명했다.

심리적으로 우리는 지속적이고 비교적 안정된 태도의 형성에서 이 원리를 확인할 수 있다. 처음에는 서로 대립하는 힘들 사이에 격렬한 요동과 진동이 일어나지만, 시간이 지나면 이 대립들이 서로 균형을 찾아가며 조화를 향해 나아간다. 그 과정에서 점차 새로운 태도가 형성되고, 그 최종적인 안정성은 초기의 대립과 갈등이 얼마나 컸는지에 비례해 더욱 깊고 단단해진다. 즉 양극단 사이의 긴장이 클수록 그로부터 나오는 심리적 에너지 또한 강렬하다. (…) 이는 우리의 일상적인 경험에서도 확인된다. 가장 치열한 내적 갈등을 극복한 뒤에는, 쉽게 흔들리지 않는 평정과 안정감이 찾아오기도 하고, 반대로 깊은 상처와 좌절감이 남기도 한다. 그러나 이러한 격렬한 갈등과 그로 인한 내적 충돌이야말로 진정으로 가치 있고 오래 지속되는 변화나 성숙한 통찰로 건너가는 중요한 열쇠다.[20]

융은 이러한 리비도의 흐름을 강물에 비유하기도 했다. "리비도는 자연을 닮았다. 물이 높은 곳에서 낮은 곳으로 흐르는 것처럼, 리비도 또한 끊임없이 흐르기 위해서는 기울기, 경사가 필요하다."[21] 이 비유는 특히 중년의 위기를 이해하는 데 매우 실질적인 영감을 준다. 중년의 위기는 바로 에너지의 흐름이 막히는 것이기 때문이다. 심리적 갈등을 겪고 있는 사람에게 문제의 핵심은, 에너지가 자연스럽게 흘러갈 수 있는 적절한 '기울기', 경사를 찾아주는 데 있다. 중년의 위기를 해결하기 위해서는 리비도가 자연스럽게 흐를 수 있도록 경사면을 만들어 주어야 한다.

여기서 중요한 것은 의지력의 문제가 아니다. 에너지가 '흘러가야만 하는' 어떤 대상이나 방향을 이성적으로 선택하는 문제가 아니라는 뜻이다. 다시 묻자면, 당신 안의 에너지가 자연스럽게 '원하는' 곳은 어디인가? 융은 묻는다. "바로 지금, 당신 안에서, 당신이 진정으로 표현하고 싶은 삶의 자연스러운 충동은 무엇인가? 이것이 진정 중요한 질문입니다."[22]

이 질문은 종종 도덕적 딜레마를 불러일으켜, 기존의 갈등을 더욱 첨예하게 만든다. 그러나 융은 바로 그런 긴장과 갈등이 필요하다고 말한다. "대립되는 양극 사이의 긴장이 없으면, 에너지의 흐름도 없다. 그러므로 의식적 태도의 반대편에 무엇이 있는지 발견하는 과정이 필수다."[23] 이 과정은 억눌려 있던 심리적 내용을 드러내는 작업을 수반한다.

> 억압된 내용은 의식의 영역으로 끌어올려져야 하며, 그렇게 해야만 대립의 긴장이 생기고, 그 긴장이 있어야 비로소 발전할 수 있다. 의식은 위에 있고, 그림자는 아래에 있다. 높은 것은 낮은 것을, 뜨거운 것은 차가운 것을 갈망하듯, 모든 의식은 아마도 자신도 모르는 사이에 무의식의 반대편을 찾아 나선다. 이 균형이 무너지면, 정신은 정체와 혼란, 그리고 경직 상태에 빠진다. 삶은 오직 대립되는 것들 사이의 불꽃 속에서만 다시 태어난다.[24]

적응과 퇴행

아이에서 어른으로 성장하는 과정은 외부 세계에 점점 더 적응해 나가는 과정을 수반한다. 이 적응 과정에서 누구나 자신의 리비도가 장애물에 부딪히는 경험을 한다. 이렇게 리비도가 장애물을 맞닥뜨리면, 에너지가 흐르지 못하고 고여서 축적되는데, 이렇게 축적된 에너지가 이후 마음의 장애를 극복하려는 노력으로 바뀌게 된다.

그러나 그 장애물을 도저히 극복할 수 없을 것 같을

때 개인이 그 극복의 과제를 포기하면, 그동안 축적된 에너지는 과거로 퇴행해 버린다. 즉 이전의 적응 방식으로 되돌아간다. 융에 따르면, 이렇게 축적된 에너지는 유아기 때의 환상과 욕망을 다시 활성화한다.

> 이러한 퇴행의 가장 좋은 사례는 히스테리 환자들에게서 찾을 수 있다. 특히 사랑이나 결혼에서 실패한 사람들은 흔히 신경증과 히스테리 상태를 보인다. 이런 환자들은 각종 내장 질환, 식욕 부진, 소화 불량 증상 등을 호소한다. 그리고 사랑과 결혼을 위해 축적된 에너지가 과거로 퇴행했기에, 유년 시절의 수많은 기억이 생생하게 되살아난다.
>
> 이때 바로 부모의 이미지imago와 오이디푸스 콤플렉스의 재활성화를 목격한다. 이전에는 전혀 중요하지 않았던 유아기의 사건들이 갑자기 중요해진다. 과거의 사건들이 퇴행적으로 재활성화된 것이다. 인생의 여정 위에서 장애물을 제거할 수 있다면, 이 유아기의 환상적 세계 전체는 즉시 무너지고, 예전처럼 비활성화되며 무력해질 것이다.[25]

이러한 이유로, 융은 신경증의 원인을 머나먼 과거에서 찾지 않고 현재에서 찾아야 한다고 선언했다. "나는 묻는다. 환자가 지금 수행하기를 거부하는 필생의 과업은 무엇인가?"[26] 다시 말해 인간의 성장 과정에서, "신경증의 원인이 된 심리적 문제, 혹은 신경증 자체는 과거의 사건 때문이 아니라, 현실에 적응하는 데 실패했기 때문에 발생한다."[27]

앞서 언급했듯이, 융의 신경증에 대한 관점은 고전적인 프로이트의 관점과는 꽤 다르다. 그러나 분석 과정에서 실제로 일어나는 일을 본질적으로 바꾸지는 않는다. 심리적 건강, 즉 주어진 환경에서 적응하기 위해 개인이 필요한 에너지는 이러한 환상에 들러붙어 있으므로, 무의식의 환상은 여전히 드러나야 한다. 그러나 융의 목적은 프로이트와 달리, 신경증의 근본 원인을 굳이 과거의 사건에서 밝히는 것이 아니라, 의식과 무의식 사이의 연결 통로를 만들어주는 것이다. 오직 이러한 방식으로만, 지금까지 회피해 오던 '필수 과업'을 수행하기 위한 에너지가 퇴행이 아닌 치유와 성장을 위해 사용할 수 있게 된다.

이런 맥락에서 융은 다음과 같이 말한다. "정신분석은 더 이상 개인을 원시적 성적 욕망으로 환원시키는 작업이 아니다. 올바르게 이해된다면, 그것은 거대한 교육적 가치를 지닌 도덕적 과업이다."[28]

융이 신경증을 자기 치유의 시도로 보았던 점, 이것은 프로이트도 어느 정도 공감했다. 그리고 융이 에너지 보존의 법칙을 심리 현상에 적용하려는 시도는 분석심리학의 실천을 떠받치는 중요한 초석이 되었다.

예를 들어 우울증의 기본적인 가정은 다음과 같다. 우울증에 걸렸다는 것은 의식에서 사용할 수 없는 에너지가 단순히 사라지는 것이 아니라, 오히려 무의식 속의 내용들을 활발히 움직이고 있다는 의미다. 그리하여 심리적 건강의 차원에서 보면, 무의식을 숨기기만 할 것이 아니라 오히려 무의식의 내용들을 의식으로 드러내어 검토하는 것이 바람직하다.

그래서 당신을 걱정하는 친절한 친구가 "밖에 나가 사람을 만나보라"거나 "자신만 생각하지 말라"고 충고할지라도, 융 심리학 분석가는 환자에게 그렇게 조언하지 않는다. 분석가는 오히려 우울이나 감정의 상태 자체를 주의 깊게 관찰하도록 권한다. 감정을 피하거나 억누르기보다, 오히려 그 우울한 감정과 정면으로 대면하며 무의식이 무엇을 말하고 있는지 귀 기울이게 돕는 것이다.

삶이 정상적으로 흘러갈 때는, 리비도의 흐름이 비교적 원활하게 이루어질 때가 있다. 이럴 때는 개인의 에너지가 자유롭게 원하는 방향으로 흘러갈 수 있다. 융은 이렇게 말한다. "에너지가 원활하게 흘러간다는 것은 매일매일 순조롭게 심리적 적응이 일어나고 있다는 뜻이다."²⁹ 그런데 여기서 에너지의 진전은 발달과는 다르다. 진전이란 단지 삶의 연속적인 흐름이나 에너지의 운동을 뜻한다.

인간이 끊임없이 변화하는 세상에서 적응하기 위해서는, 주어진 상황에 적절한 액션을 취하는 것이 필요하다. 물론 외부 상황이 변하지 않는 한, 자신의 태도를 일부러 바꿀 필요는 없다. 하지만 외부 상황은 갑작스럽게든 서서히든 반드시 변하기 때문에, 여기에 대처하는 단 하나의 적절한 태도는 영원히 존재하지 않는다.

주변 환경의 변화는 새로운 적응을 요구하며, 환경이 변하면 이전에는 충분히 좋았던 적응의 태도에도 수정이 필요해진다. 그러나 사람들은 외부 환경에 적응하기 위해 자신에게 익숙한 특정한 기능만을 일방적으로 사용한다. 외부 환경이 변하면 내부의 기능도 변화에 적용해야 하는데, 사람들은 변화에 적응하지 못하고 익숙한 기능만 쓰며 저항하는 경우가 많다. 그러면 환경에 대한 적응은 실패로 돌아가고, 신경증이 고개를 들게 된다.

예컨대 감정기능이 뛰어난 사람은 주변 환경에 공감하는 태도를 통해 현실에 적응한다. 그런데 감정형 인간이 논리적 사고를 통해서만 문제를 해결할 수 있는 상황에 맞닥뜨리면, 쉽게 좌절하고 지금까지 순조롭게 진행되던 에너지의 흐름이 막혀버린다. 감정 중심의 태도는 무너지고 리비도의 원활한 흐름도 멈춘다. 감정형 인간 특유의 생기 넘치던 감정은 사라지고, 그 자리에는 억지로 수용한 논리적 사고와 불쾌한 심리적 반응의 흔적이 흉하게 남게 된다. 결국 자신에게 익숙한 주관적 경험과 감정적 반응의 에너지가 폭발할 듯 쌓인다. 결국 그가 억누른 감정들은 폭발 직전의 상태가 되어버린다.[30]

이러한 현상은 폭발할 만큼 리비도가 과도하게 축적된

상태를 보여준다. 인간의 마음속에서 서로 반대되는 양극단, 즉 대극의 균형이 무너질 때 이러한 증상이 나타난다.

> 리비도가 원활하게 진전될 때는 서로 반대되는 대극이 조화롭게 결합하지만, 리비도의 흐름이 막히면 대극의 양극단이 더 이상 균형을 이루며 결합할 수 없다. 서로 반대되는 양극단 모두 팽팽하게 맞서면서 대립하게 되고, 이러한 긴장은 내면의 갈등으로 이어진다. 갈등은 상호 억압을 낳고, 대립하는 힘 중 하나가 과도하게 억압되면 해리, 즉 인격의 분열이나 진정한 자기와의 단절이 나타난다.[31]

이렇게 상반된 대극의 갈등은 어느 한쪽의 리비도가 포기하고 후퇴하지 않으면 끝나지 않는다.

> 서로 충돌하는 대립적인 성질들은 점점 힘과 중요성을 잃는다. 그만큼 의식적으로 드러나는 대립요소들의 영향력은 줄어든다. 대신, 평소에는 의식적으로 거의 쓰이지 않던 정신 활동들이 점점 힘을 얻는다. 즉 겉으로 드러나지 않지만 내면에서 활발히 움직이는 정신 작용들이 점점 중요한 역할을 수행한다.[32]

이렇게 깨어난 무의식 속 잠재력은 결국 의식의 행동에 간접적으로 영향을 미친다. 프로이트가 말한 증상적 행동과 신경증 특유의 정서적 반응이 바로 그것이다.

　융은 말한다. 리비도의 흐름이 정지한 이유는 주요 의식적 태도의 실패에 있다. 따라서 의식에서 실패한 리비도가 후퇴하여 무의식으로 흐르게 되면, 의식의 기능이 작동되지 않는 대신 무의식의 활동이 깨어난다. 이렇게 활성화된 무의식적 내용에는 새로운 진전의 씨앗이 들어 있으며, 무의식에는 부족했던 의식적 태도를 보완하거나 대체할 잠재력을 지니고 있다. 융의 성격 유형 이론에 따르면(성격 유형에 관해서는 이 책의 5장을 참고할 것), 무의식의 내용은 의식의 내용에 반대되는 기능, 즉 열등기능을 포함한다. 이 열등기능은 현실에서 적응에 실패한 의식의 태도를 보충하거나 대체하는 잠재력을 지니고 있다.

　　예를 들어 사고기능이 감정기능보다 우월한 사람이 오직 감정기능이 절실하게 필요한 외부 상황에 맞닥뜨리게 되면, 그의 리비도는 무의식으로 퇴행하게 된다. 그러면 그동안 부족했던 감정기능이 무의식에서 활성화된다. 아직 감정기능이 미숙하고 발달되지 않은 상태임에도 불구하고. 감정기능이 우월한 사람의 경우에도 마찬가지 현상이 일어난다. 감정기능이 우월하고 사고기능이 부족한 사람도, 사고기능이 필요한 외부 상황이 되면 리비도가 후퇴하여 무의식의 사고기능을 깨워 부족한 감정을 보완한다. 이러한 에너지의 후퇴는 외부 세계에 적응하는 차원의 문제를 넘어, 자신의 내적 세 에너지가 외부에 쓰이지 못하고 무의식으로 퇴행함으로써, 사람들은 지금껏 억압해 왔던 심리적 기능을 만난다. 이렇게 억압된 심리적 기능을 수용함으로써, 새롭게 현실에 적응할 수 있는 능력이 향상된다. 융에 따르면, "퇴행을 통해서 우리는 정신의 내적 세계에 적응해야 함을 깨닫는다."³⁴

이때 주목할 심리적 요소는 페르소나(타인에게 보여주는 나의 모습), 아니마와 아니무스(남성의 아니마, 여성의 아니무스), 그림자 등이다. 그림자는 억압되거나 한 번도 의식되지 않은 자기의 모든 면, 선과 악을 포함한다. 이러한 관점에서 보면 리비도의 후퇴는 질병이 아니라 정상적인 정신의 진행 과정이다. 오히려 리비도의 퇴행은 진전만큼이나 정신의 발달 과정에서 자연스럽고 필요한 단계다. 즉 겉으로는 퇴행처럼 보이지만 실제로는 발전할 수 있다.

표면적으로, 외부 조건에 적응하기 위해 에너지가 의식 쪽으로 진전하는 것은 외향성과 비슷해 보인다. 반대로 내적 조건에 적응하기 위해 에너지가 무의식으로 흐르는 퇴행은 내향성과 유사해 보인다. 그러나 융은 이렇게 단순화하지는 않았다. 에너지가 의식의 방향으로 흐르는 것이 반드시 외향성과 연결되는 것은 아니고, 무의식 방향으로 후퇴하는 것이 반드시 내향성과 연결되는 것은 아니다. 양쪽 모두 상황에 따라 의미가 달라질 수 있다.

에너지가 진행된다는 것은 삶이 앞으로 계속 전진한다는 뜻이다. 시간이 미래로 흘러가듯, 삶도 앞으로 나아가는 것이다. 이때 삶의 흐름은 외향적인 방향과 내향적인 방향 모두 나아갈 수 있다. 외향적인 방향으로 에너지가 흐른다면, 사람은 외부 환경에 영향을 많이 받는다. 내향적인 방향으로 에너지가 흐른다면, 이때의 에너지는 주체의 상황(엄밀히 말해 주관적인 요소들)에 영향을 받는 것이다. 에너지가 퇴행한다는 것도 역시 마찬가지로 두 가지 방향으로 나타날 수 있다. 첫째, 에너지가 외부 세계에서 후퇴해 내면으로 들어가는 현상(내향성)이다. 둘째, 에너지가 내부 세계에서 후퇴하여 외부 세계의 다채로운 경험 속으로 도전하는 것(외향성)이다. 첫 번째 후퇴가 실패하면 그는 침울하고 처량한 상태에 빠진다. 반대로 두 번째 후퇴가 실패하면 그는 자신의 인생을 방탕아처럼 낭비하게 된다.[35]

결국, 융은 신경증 자체가 자기 치유의 시도라고 보았다. 이것은 정신이 스스로를 조절하는 체계라는 믿음에 근거한다.

실제 경험에서도, 갈등 상황에서 타인의 조언은 오래 지속되는 궁극적인 변화를 만들지 못한다.

융은 이렇게 말한다. "진정한 해결책은 오직 내면에서만 우러나온다.", "진정한 변화는 오직 환자가 스스로의 태도를 변화시킬 때에만 가능하다."[36]

심리분석을 하다 보면, 환자가 의식의 반대편, 즉 무의식에 있는 내용을 허심탄회하게 인정하고 받아들일 때 갈등은 저절로 해결되는 경우가 많다. "무의식의 내용을 수용하고 인정하기 위해서는, 결국 스스로의 성격을 바꿔야만 한다. (…) 이런 경우 외부의 조언이나 해결책은 차라리 없는 편이 더 낫다."[37]

다음 페이지는 중년의 위기를 겪는 개인이 심리적으로 어떤 일을 거쳐 치유되는지를 보여준다. 다음 페이지에서 소개된 '정신의 자기조절 과정'은 노먼이 겪었던 중년의 위기와 그 치유의 과정을 일목요연하게 정리한 것이다.

1. 적응의 어려움. 에너지의 흐름이 막힘.

2. 리비도의 퇴행(우울감, 사용할 수 있는 에너지의 결핍).

3. 무의식적 내용의 활성화(유아기적 환상, 콤플렉스, 원형 이미지, 열등기능, 반대 성향, 그림자, 아니마/아니무스 등의 활성화) → 부족한 정신 에너지에 대한 보상 작용 발생.

4. 신경증적 증상의 형성(혼란, 공포, 불안, 죄책감, 기분 변화, 감정 반응 등).

5. 자아와 무의식에서 활성화된 내용 간의 무의식적 또는 반의식적 갈등. 내적긴장. 방어적 반응.

6. 초월기능의 활성화 → 자기와 전체성의 원형적 패턴이 뒤따름.

7. 상징의 형성(신성성numinosity, 동시성synchronicity의 발현).

8. 무의식의 내용, 무의식의 에너지가 의식으로 이동 → 자아의 확대, 보다 원활하게 에너지가 흐른다.

9. 무의식의 내용이 의식으로 통합 → 개성화의 과정 진행.

볼링겐 시리즈 융 전집 목록

(볼링겐 시리즈 20, R. F.C. 헐 옮김, H. 리드, M. 포드햄, G. 아들러,
Wm 맥과이어 엮음, 프린스턴대학교 출판부, 1953~1979)

미주

프롤로그

1 〈정신분석과 신경증Psychoanalysis and Neurosis〉,《프로이트와 정신분석*Freud and Psychoanalysis*》(《전집》 4권), 563항.

1 '나'와의 만남, 그 시작의 어려움

1 릴케 지음, 존 린턴 옮김,《말테의 수기*The Notebooks of Malte Laurids Brigge*》, London:The Hogarth Press, 1959, p.217.

2 무의식의 욕망, 뱀이 깨어나다

1 〈꿈의 본성에 관하여on the Nature of Dreams〉,《정신 구조와 역동*The Structure and Dynamics of the Psyche*》(《전집》 8권), 560항.

2 구스타프스 힌드만 밀러Gustavus Hindman Miller, Northbook II:Hubbard Press, 1931(Northbook II는 2판 또는 시리즈 명을 표시하는 것으로 보인다. 밀러의 해당 책은 다양한 판본이 있다).

3 카를 융 전집과 마리-루이즈 폰 프란츠의 민담 및 연금술 관련 저작들은 원형적 이미지와 모티브를 이해하는 데 큰 도움을 준다. 또한 프레이저 보아가 폰 프란츠와 함께 작업한 영화들도 이러한 원형적 세계를 시각적으로 체험하게 한다. 프레이저 보아의 영화들은 〈꿈의 존재방식(The Way of the Dream)〉이라는 시리즈 제목으로, 1988년 토론토의 윈드로즈영화사에서 제작, 상영되었다.

3 뜻밖의 타자, 미지의 타인과 조우하다

1 〈동시성: 비인과적인 연결 원리〉,《정신 구조와 역동》(《전집》 8권).

2 〈토론토 글로브 앤 메일Toronto Globe and Mail〉, 1988년 3월 28일.

3 《성격 발달*The Development of Personality*》(《전집》 17권).

4 《아이온*Aion*》(《전집》 9권 파트 2), 30항.

4 영웅의 여정, 살지 못한 삶을 찾아 떠나다

1 〈어머니로부터의 해방을 위한 전투The Battle for Deliverance from the Mother〉, 《변환의 상징Symbols of Transformation》(《전집》 5권), 421항 이하 참조.

2 융은 푸에르 신드롬에 대해 몇 차례 간접적으로 언급했다. 그러나 이 주제에 대해 본격적으로 연구한 사람은 마리-루이제 폰 프란츠Marie-Louise von Franz다. 그의 연구서는 《푸에르 에테르누스: 어른의 어린 시절 낙원과의 투쟁에 대한 심리학적 연구Puer Aeternus: A Psychological Study of the Adult Struggle with the Paradise of Childhood》, 제2판(Santa Monica:Sigo Press, 1981)이다. 이 책은 생텍쥐페리의 《어린 왕자》를 해석한 것이다.

3 카프카의 글은 대릴 샤프의 저서 《비밀스런 까마귀: 갈등과 변형The Secret Raven:Conflict and Transformation》(Toronto:Inner City Books, 1980, p.68 이하)에서 푸에르 심리학 내 감옥의 상징적 의미를 길게 설명하는 부분에 인용되었다. 이 글의 원전은 카프카의 〈그 남자(He)〉라는 아포리즘으로, 《만리장성과 다른 수필들The Great Wall of China and Other Pieces》(Willa와 Edwin Muir 옮김, London:Secker and Warburg, 1946, p.134)에 수록되어 있다.

4 리처드 빌헬름 옮김, 〈60괘 수택절水澤節〉, 《역경, 변화의 책The I Ching or Book of Changes》, London:Routledge & Kegan Paul Press, 1968.

5 폰 프란츠, 《푸에르 에테르누스Puer Aeternus》, 제2판(Santa Monica:Sigo Press, 1981), p.137.

6 이 표는 조지프 캠벨의 《천의 얼굴을 가진 영웅》(볼링겐 시리즈 17, 프린스턴대학교 출판부, 1949, p.245)을 참고하여 인용, 수정한 것이다.

7 《변환의 상징Symbols of Transformation》(《전집》 5권), 306항.

5 현실, 그 자체와 용감하게 대면하기

1 이에 대해서는 나의 연구서인 《성격 유형: 융의 성격유형론Personality Types: Jung's Model of Typology》(Toronto:Inner City Books, 1987)에서 더 자세하게 다루었다.

2 《심리학적 유형Psychological Types》(《전집》 6권), 900항.

6 고통, 날마다 찾아오는 통과의례

1 《아이온Aion》(《전집》 9권 파트 2), 22항.

2 로저 섀턱 옮김, 《산의 비유: 진실한 독백Mount Analogue: An Authentic Narrative》, London: Vincent Stuart, 1959, p.10.

3 릴케, 존 린턴 옮김, 《말테의 수기The Notebooks of Malte Laurids Brigge》,

London:The Hogarth Press, 1959, p.200.

4 《변환의 상징*Symbols of Transformation*》(《전집》 5권), 351항 이하.

5 〈전이의 심리학The Psychology of the Transference〉, 《정신치료의 실제*The Practice of Psychotherapy*》(《전집》 16권), 470항.

8 초월적 기능, 무의식의 그림자를 극복하다

1 프란츠 카프카, 마틴 그린버그 옮김, 막스 브로트 엮음, 《일기》 1914-1923(London:Seeker & Warburg, 1949), p.114.

2 프란츠 카프카, 조셉 크레시 옮김, 막스 브로트 엮음, 《일기》 1910-1913(London:Seeker & Warburg, 1948), p.308.

3 《분석심리학에 대한 두 편의 에세이*Two Essays on Analytical Psychology*》(《전집》 7권), 253항.

4 New York:The Paulist Press, 1980.

5 《융합의 신비*Mysterium Coniunctionis*》(《전집》 14권), 741항.

6 프란츠 카프카, 마틴 그린버그 옮김, 막스 브로트 엮음, 앞의 책, p.195.

7 〈어린이 원형의 심리학The Psychology of the Child Archetype〉, 《원형과 집단 무의식*The Archetypes and the Collective Unconscious*》(《전집》 9권 파트 1), 287항.

8 위의 책, 288항.

9 〈전이의 심리학The Psychology of the Transference〉, 《정신치료의 실제*The Practice of Psychotherapy*》(《전집》 16권), 489항.

10 카를 융, 《비전 세미나*The Vision Seminars*》(Zürich:Spring Publications, 1976), pp.337~338.

11 마리-루이즈 폰 프란츠, 《C.G. 융: 오늘날 우리 시대 속의 신화*C.G. Jung: His Myth in Our Time*》(London:Hodder and Stoughton, 1975), p.66 이하 참조.

9 진정한 출발점, 마지막에서야 비로소 보이는

1 《심리학과 종교*Psychology and Religion*》(《전집》 11권), 9항.

2 〈삼위일체에 대한 심리학적 접근A Psychological Approach to the Dogma of the Trinity〉, 위의 책, 260항.

대릴 샤프가 들려주는 융 심리학 이야기

1 〈심리적 관계로서의 결혼Marriage as a Psychological Relationship〉, 《성격 발달*The Development of Personality*》(《전집》 17권), 334항 이하.

2 〈의학과 심리치료Medicine and Psychotherapy〉, 《정신치료의 실제*The Practice of*

Psychotherapy》(《전집》16권), 195항.

3 《서신집*Letters*》1권(볼링겐 시리즈 95, 프린스턴대학교 출판부, 1973), p.375.

4 〈전이의 심리학The Psychology of the Transference〉, 《정신치료의 실제*The Practice of Psychotherapy*》(《전집》16권), 400항.

5 《분석심리학에 대한 두 편의 에세이*Two Essays on Analytical Psychology*》(《전집》 7권), 258항에 인용된 괴테의 《파우스트》.

6 위의 책.

7 《아이온》(《전집》9권 파트 2), 125항.

8 〈타비스톡 강연The Tavistock Lectures〉, 《상징의 삶*The Symbolic Life*》(《전집》18 권), 382항 이하.

9 융은 이렇게 썼다. "인간의 모든 비극은 크든 작든 자아와 무의식 사이의 갈등에서 비롯된다." 〈분석심리학과 세계관Analytical Psychology and 'Weltanschauung'〉, 《정신의 구조와 역동*The Structure and Dynamics of the Psyche*》 (《전집》8권) 706항.

10 《분석심리학에 관한 두 편의 에세이*Two Essays on Analytical Psy-chology*》(《전집》7권) 88항.

11 위의 책, 91항.

12 〈정신분석과 신경증Psychoanalysis and Neurosis〉, 《프로이트와 정신분석*Freud and Psychoanalysis*》(《전집》4권), 564항.

13 위의 책, 567항 이하.

14 〈심리적 에너지에 관해서On Psychic Energy〉, 《정신 구조와 역동*The Structure and Dynamics of the Psyche*》(《전집》8권), 2항 이하.

15 위의 책, 6항.

16 〈정신분석의 이론The Theory of Psychoanalysis〉, 《프로이트와 정신분석*Freud and Psychoanalysis*》(《전집》4권), 254항 이하.

17 〈심리적 에너지에 관해서On Psychic Energy〉, 《정신 구조와 역동*The Structure and Dynamics of the Psyche*》(《전집》8권), 43항.

18 위의 책, 45항.

19 위의 책, 47항.

20 위의 책, 49항 이하.

21 《변환의 상징*Symbols of Transformation*》(《전집》5권), 337항.

22 《분석심리학에 대한 두 편의 에세이*Two Essays on Analytical Psychology*》(《전집》 7권), 487항.

23 위의 책. 78항.

24 위의 책.

25 〈정신분석과 신경증Psychoanalysis and Neurosis〉,《프로이트와 정신분석*Freud and Psychoanalysis*》(《전집》 4권), 569항.

26 위의 책, 570항.

27 위의 책, 574항.

28 위의 책, 575항.

29 〈심리적 에너지에 관해서On Psychic Energy〉,《정신 구조와 역동*The Structure and Dynamics of the Psyche*》(《전집》 8권), 60항.

30 위의 책, 61항.

31 위의 책.

32 위의 책, 62항.

33 위의 책, 65항.

34 위의 책, 66항.

35 위의 책, 77항.

36 〈정신분석에서 몇 가지 결정적인 지점Some Crucial Points in Psychoanalysis〉 (융과 로이의 공저),《프로이트와 정신분석*Freud and Psychoanalysis*》(《전집》 4권), 606항.

37 위의 책, 607항.

저자는 이 책에 관련된 자료와 영감을 준 모든 사람에게 감사를 전합니다.

특히 가까웠던 이들에게 감사를 전합니다.

그러나 여기 등장하는 인물들은 모두 저자의 창작입니다.

서바이벌 리포트

제1판 1쇄 인쇄 2026년 1월 27일
제1판 1쇄 발행 2026년 2월 3일

지은이 대럴 샤프
옮긴이 정여울
펴낸이 나영광
책임편집 이승원
편집 정고은, 김영미, 오수진
영업기획 박미애
디자인 송혜교
펴낸곳 크레타
출판등록 제2020-000064호
주소 경기도 고양시 덕양구 청초로 66
      덕은리버워크 B동 1405호
전자우편 creta0521@naver.com
전화 02-338-1849
팩스 02-6280-1849
블로그 blog.naver.com/creta0521
인스타그램 @creta0521
ISBN 979-11-92742-61-8 (03180)